...et le singe devint con

DU MÊME AUTEUR

Chez Pierre Belfond :
Les Ritals.
Les Russkoffs.
Bête et méchant.
Les yeux plus grands que le ventre.
Les Ecritures.

Théâtre :
Louis la Pétroleuse.

Aux Editions du Square :
Le saviez-vous ?
Le saviez-vous ? (2e fournée).
Les Aventures de Napoléon.

Aux Editions Hara-Kiri :
4, rue Choron.

Chez Jean-Jacques Pauvert :
Stop-Crève.
Droite-Gauche, piège à cons.

Aux Editions Julliard :
(collection « Humour secret »)
Cavanna.

Chez 10/18 :
Je l'ai pas lu, je l'ai pas vu mais j'en ai entendu causer (1969-1970).

Aux Editions l'Ecole des Loisirs :
adapté en vers français par Cavanna
Max et Moritz, de Wilhelm Busch.
Crasse-Tignasse (Der Struwwelpeter).

cavanna

...et le singe devint con

L'AURORE DE L'HUMANITÉ

Dessins de l'Auteur

PIERRE BELFOND

216, boulevard Saint-Germain
75007 Paris

Si vous souhaitez recevoir notre catalogue
et être tenu au courant de nos publications
envoyez vos noms et adresse, en citant ce livre,
aux Editions Pierre Belfond
216, boulevard Saint-Germain
75007 Paris

ISBN 2.7144.1667.5

Quand l'Homme cessa
d'être Singe, il fut Con.

Il y a un milliard d'années, la première molécule un peu vivante salissait un monde jusque-là bien tenu. Il y a un million d'années, un neutron perdu, errant par les espaces infinis, frappait le fœtus d'une guenon juste là où il fallait pour qu'il perdît sa queue et sa joyeuse humeur et commençât à calculer sa retraite des cadres. Depuis, les Hommes ont grouillé dans cette vallée de larmes. Ils ont inventé le feu, la roue, le klaxon à quatre notes, l'âme et le désodorisant pour les cabinets. Ils ont construit des civilisations tellement immortelles qu'ils ont failli désespérer de pouvoir inventer des bombes capables de les anéantir. Ils se sont haïs, aimés, rehaïs réflexion faite, reaimés mais c'était trop tard, ils se sont créé des dieux à l'image de ce qu'il y avait de plus moche en eux et des flics à l'image de leurs dieux, ils ont laissé traîner partout des os à moelle bien sucés et des boîtes de conserve rouillées. Vraiment, ils se sont donné du mal.

Et tout ça, ils l'ont fait vous savez pourquoi ? Pour que je puisse écrire ce livre. Enfin, c'est-à-dire surtout pour que je puisse vous vendre ce livre. Alors, si ça ne vous fait rien, avant d'en aborder la première page, recueillons-nous un instant en hommage aux générations innombrables qui sont la matière première de cette œuvre nourrissante sous un faible volume.

la lignée de l'homme

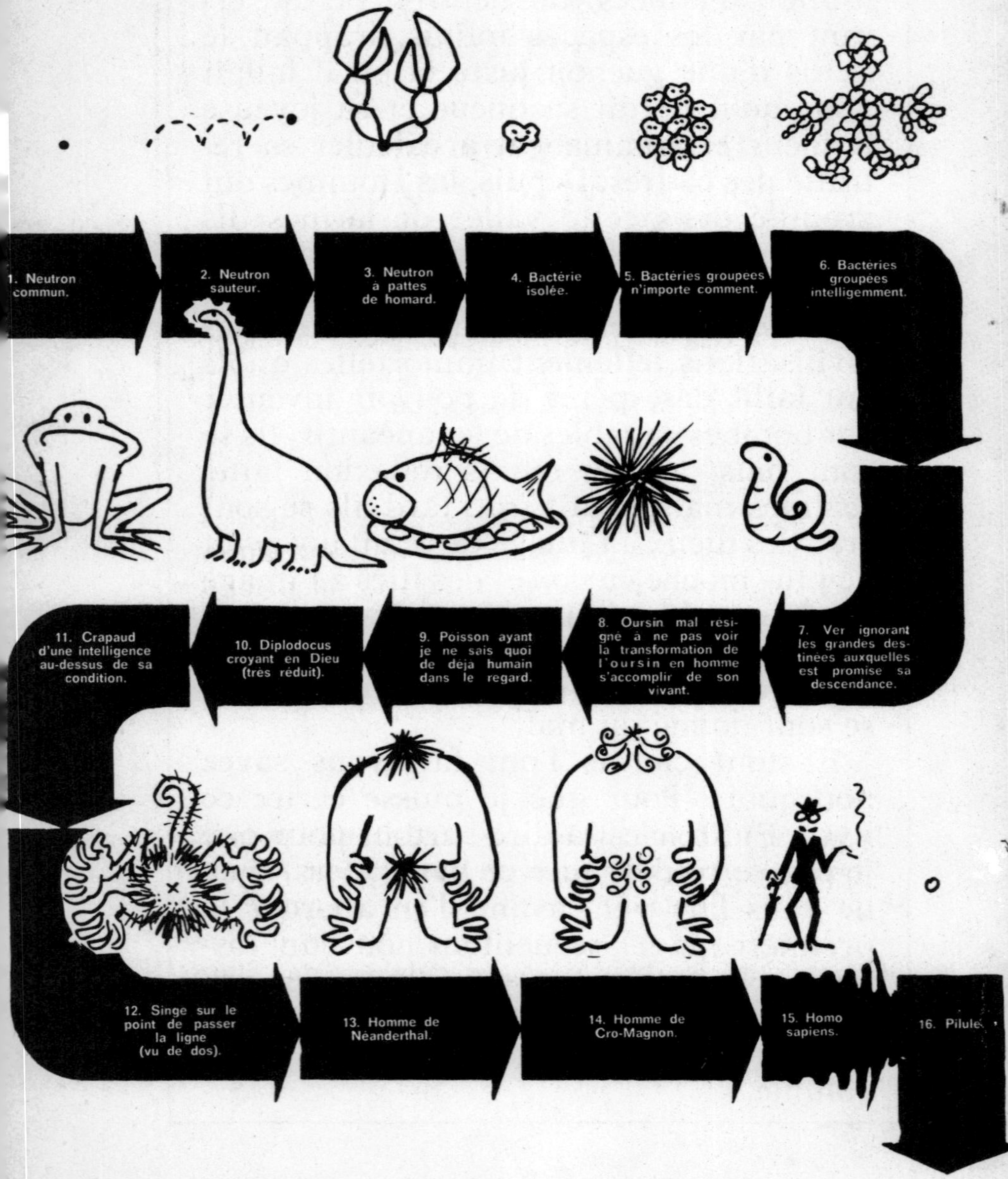

PREMIÈRE LEÇON

Quelques généralités pour situer le problème

Je veux ici aborder un problème essentiel et immense, celui des origines et du prodigieux développement de l'Humanité, cette grande famille à laquelle tout homme de bon sens devrait appartenir.

Qui ?

On trouve des traces de l'Homme jusque dans les civilisations les plus anciennes, fait qui pourrait être gros de signification si l'on n'y trouvait également des traces de puces, fait qui donne à réfléchir. Qui fonda la Civilisation ? L'Homme ou la Puce ? Cette question restera probablement à jamais sans réponse. C'est dommage.

D'où ?

D'où vient l'homme ? Ici, pas d'hésitation possible. L'Homme descend du singe en passant par Adam et Abraham, le Concile l'a permis. Laissons un instant notre imagination vagabonder à l'époque solennelle où l'homme qui était dans le singe décida d'en descendre.

Admirons ces mamans-singes allaitant des petits hommes qui, au lieu de grimper aux arbres suivant l'instinct naturel des singes, enfermeront leurs parents dans une cage et les feront danser au son de l'orgue de Barbarie suivant l'instinct naturel des hommes.

Dans ce temps-là, l'Homme avait bien de la chance de pouvoir descendre du singe. Aujourd'hui, les singes ne marchent plus et l'homme doit descendre de lui-même. Il le fait, il faut bien, mais il n'aime pas ça et il a toujours cherché à éviter la corvée. Et voilà qu'il a trouvé la pilule. Maintenant, il ne descendra plus du tout. Une grande épopée va finir. C'est triste.

Le don

On dit que l'Homme est le roi de la création, et c'est bien vrai. Il possède une faculté merveilleuse que les autres créatures n'ont pas, faculté qui lui a permis de subjuguer la nature entière et de la plier à sa volonté.

Cette faculté s'appelle la paresse.

On peut affirmer sans se vanter que l'Homme est la plus feignante de toutes les bêtes vivantes. Stimulé par la paresse, le cerveau humain imagina des moyens sans cesse plus ingénieux de faire faire le travail par les autres.

Il fit travailler pour lui les chevaux, les bœufs, les ânes, les chiens, les chameaux, les éléphants, les microbes, le vent, la rivière, le feu, le soleil, la pluie. Il se fit nourrir sans bouger de son lit par les vaches, les abeilles, les poules. Pour qu'il ait bien chaud et qu'il soit beau, le mouton lui donna sa laine, le ver à soie lui donna sa soie, le rhinocéros lui donna sa corne et le nègre lui donna son coton.

Mais la plus belle conquête de l'Homme, c'est l'homme.

Naissance du travail

Un jour, un homme de Cro-Magnon cassait des noix. Il plaçait la noix sur une grosse pierre et il la frappait avec une autre grosse pierre. Il frappait très fort car les

l'arme secrète de l'homme :
SON CERVEAU

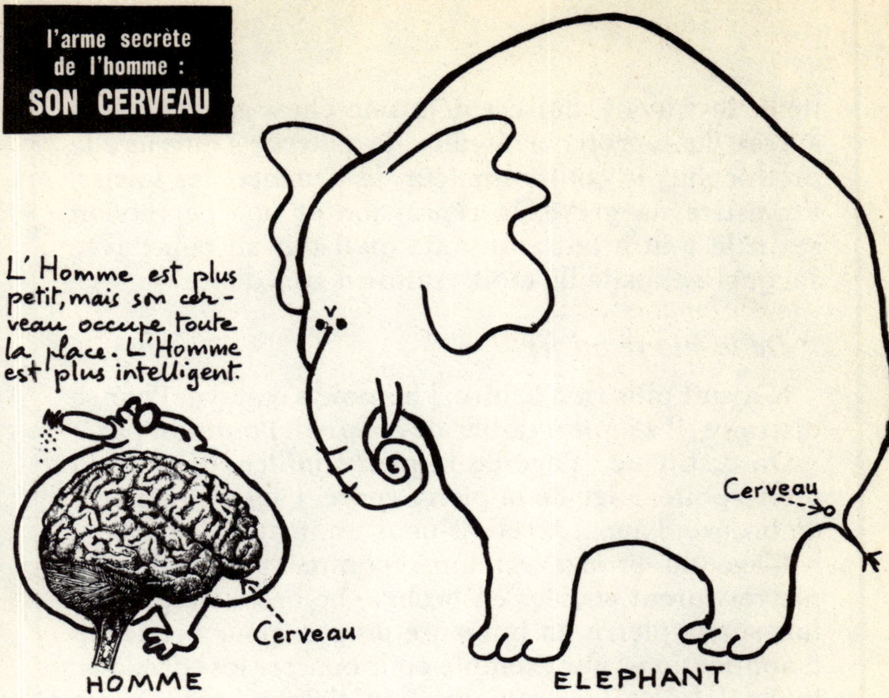

noix de ce temps-là étaient beaucoup plus dures que celles d'aujourd'hui. Il ratait souvent sa noix, et alors il se faisait très mal à la main. Son cousin, qui le regardait, riait à chaque fois et se claquait les cuisses. Il n'aurait pas dû, étant plutôt maladif. A la fin, l'homme de Cro-Magnon sauta sur le cousin et lui fit du mal. Et puis il l'obligea à casser les noix à sa place et à se taper sur les doigts à sa place. Quand le cousin s'arrêtait, il recommençait à lui faire du mal, et le cousin se remettait à casser les noix. Lui, pendant ce temps-là, il mangeait les noix et il faisait des petits enfants à la femme du cousin, qui s'appelait Jacqueline.

Le travail était inventé.

C'est une date extrêmement importante. En effet, ce jour-là, l'homme de Cro-Magnon inventa non seulement le travail, qui est déjà une chose sacrée, mais encore la hiérarchie sociale, le patron, l'ouvrier, le producteur, le consommateur, le bénéfice, les loisirs, l'injustice, la grève, la répression et une perversion sexuelle tout à fait amusante qu'il mit au point avec Jacqueline, laquelle était vraiment très douée.

De la pierre au fer

N'ayant plus rien à faire, l'homme s'ennuya. Pour se distraire, il se mit à tailler des pierres. Pourquoi pas ?

On distingue : l'âge de la pierre taillée, l'âge de la pierre polie, l'âge de la pierre sucée, l'âge de la pierre en bronze, l'âge... Arrêtons-nous un instant.

L'âge du bronze est ainsi nommé parce que les pierres furent coulées en bronze. Le bronze représentait sur la pierre un immense progrès pour beaucoup d'applications, par exemple pour bourrer les édredons, mais il laissait néanmoins à désirer sous bien des rapports. On sentait que ce n'était pas encore tout à fait ça. Quand on allait faire bronzer son cheval chez le maréchal-bronzant, ça faisait rigoler bêtement tout le monde. Il était temps qu'arrivât l'âge du fer. Et, justement, il arriva.

Le fer

Avec l'âge du fer, on entre dans la période vraiment sérieuse de l'Histoire. Jusque-là, c'est à peine si l'on peut parler de civilisation, tout au plus de bricolage. Le fer, ça coupe, ça pique, ça scie, ça gratte, ça troue, ça enfile, ça serre, ça cisaille, ça déchiquette, ça arrache, ça défonce, ça repasse, ça bat en neige. Avec ça, on peut faire des choses. L'Homme posséda enfin les instruments efficaces qui lui avaient jusque-là manqué. Maintenant, il pouvait franchir un pas décisif. Il le franchit. Il inventa la guerre.

Les conquérants se mirent à conquérir, les mères à

pleurer, les soldats à violer, les femmes à rêver d'être violées. Les beaux jeunes hommes moururent pour la Patrie et les beaux jeunes chevaux crevèrent pour rien.

Evidemment, les premiers conquérants furent ceux qui avaient des armes de fer. Ceux-là disaient : « La guerre, c'est du gâteau. » Le plus ancien manuel du gradé d'infanterie connu, trouvé dans les fouilles de Rabatonpéplum-Jévulanus, préconise : « Le fer, c'est dur. Le ventre, c'est mou. Ne jamais se trouver du côté du ventre. » Ceux d'en face, avec leurs sabres de bronze affûtés à la peau de chamois avaient dès le départ le moral sapé par les innombrables corvées d'astiquage des cuivres. Et voilà comment César fit l'Empire romain.

Les Gaulois étaient d'une autre trempe. D'abord, le fer, l'arme absolue, ils l'avaient aussi. Jules César, qui était volontiers un peu fourbe, se dit : « Attends un peu, mon coco. » Et il imagina une ruse abominable. Il leur vendit du minerai de plomb pour du minerai de fer. Lorsque, se décidant à jeter le masque, César envahit la Gaule, les valeureux Gaulois virent à la surprise générale leurs épées s'enrouler comme de la guimauve au lieu de découper du Romain. C'est la seule explication logique au fait que nous ayons pu être battus par des Italiens.

La route glorieuse qui conduit l'Homme vers les sommets étincelants est jalonnée par quelques grandes et décisives découvertes qui méritent d'être examinées d'un peu plus près.

La roue

Avant de connaître la roue, l'Homme menait une existence peu enviable. Il devait transporter tous les fardeaux sur le dos de sa femme. Il ne lui restait plus beaucoup de place pour s'asseoir. Les ménages à trois étaient encore plus à plaindre, et comme ils avançaient

LA GENESE DE LA ROUE

Fig. I

Fig. II

Fig. III

moins vite que les autres, ils devaient, à l'étape, se contenter de la caverne la plus moche, celle qui est juste à côté des cabinets.

C'est en voyant un tronc d'arbre abattu que l'Homme conçut l'idée de la roue (fig. I). A vrai dire, il ne la conçut pas comme ça, d'un coup, dans toute la plénitude de la chose. Il voyait bien que ça pouvait rouler, mais il se trompa de sens (fig. II). Il s'obstina longtemps dans son erreur (fig. III). Remarquez, ça fonctionnait, il n'y a pas de raison. Mais ce n'était pas réellement une économie de forces aussi grande qu'il l'avait cru. Heureusement, les roues s'usèrent et, lorsqu'il eut utilisé sa voiture pendant plusieurs dizaines d'années, elles étaient devenues tout à fait rondes (fig. IV). Cette fois, c'était parfait. Mais il se dépêcha de les remplacer par des neuves.

Le feu

Un incendie de forêt causé par la foudre fut probablement à l'origine de la première rencontre de l'Homme et du feu. L'Homme s'en tira avec quelques poils roussis. Mais toute sa famille était restée dans la forêt. Comme il avait justement envie de divorcer, l'Homme trouva que le feu était bon. Il se mit en route vers les lendemains qui chantent en regrettant seulement de n'avoir pas ce matin-là emprunté à son beau-frère sa belle pelisse en peau d'ennemi.

Fig. IV

Lorsque, un peu plus tard, l'Homme s'arrêta pour manger le morceau de tétine de louve qu'il portait sous sa fourrure, il eut une surprise : la viande était cuite. Il ne savait pas que cela s'appelait « cuite » mais il trouva cela très bon et devint porté sur la bouche. Il ne voulut plus manger que des choses cuites. Comme le seul moyen qu'il connût pour se procurer du feu était la foudre, il se tenait debout, sa nourriture à la main, et il attendait que la foudre tombât dans la gamelle.

On ne connut pas d'autre procédé pour faire la cuisine pendant longtemps. Exactement jusqu'à l'invention des allumettes suédoises. Lors de la retraite de Russie, les armées de Napoléon Ier devaient attendre que la foudre eût allumé le feu sous la marmite pour pouvoir manger. Evidemment, cela ralentissait un peu la marche des troupes. Or, les Suédois venaient tout juste d'inventer les allumettes. Ils communiquèrent la recette à leurs alliés les Russes et c'est pourquoi les Cosaques coururent plus vite que les Français. Voilà comment l'Aigle fut terrassé. Il n'y a pas de déshonneur. En tout cas, c'est la seule explication logique au fait que nous ayons pu être battus par des moujiks.

DEUXIÈME LEÇON

L'homme acquiert quelques prolongements utiles et devient vraiment homme

Ce n'est pas seulement par son cerveau que l'Homme domine les autres créatures. Ça, c'est ce que disent les intellectuels. En fait, l'Homme possède un second atout qui n'est pas mal non plus dans son genre. Cette petite merveille, c'est la main.

Le jour où il conçut l'idée de la main, le Créateur fut content de Soi, et il faut bien dire qu'il y avait de quoi. En ce temps-là, on ne pouvait pas encore deviner quelle serait l'espèce élue. Plusieurs candidats présentaient des titres fort estimables. Le Créateur était un peu embarrassé pour choisir qui serait le Roi de sa Création.

Il se dit : « Je couronnerai d'un cerveau à circonvolutions profondes l'espèce la plus débrouillarde. Je ne peux quand même pas tout faire ! Il faut qu'ils méritent un peu Mes faveurs. Pour commencer, on va voir comment ils sauront tirer parti de ce machin-là. » Et il laissa tomber sur la Terre son dernier bricolage : la main.

On a retrouvé dans les papiers intimes de Moïse des carnets de croquis que lui avait prêtés le Créateur pour l'aider à écrire la Genèse et que Moïse avait oublié de Lui rendre. Nous en reproduisons ci-contre une page.

PAGE EXTRAITE DES CARNETS DE CROQUIS DU CREATEUR

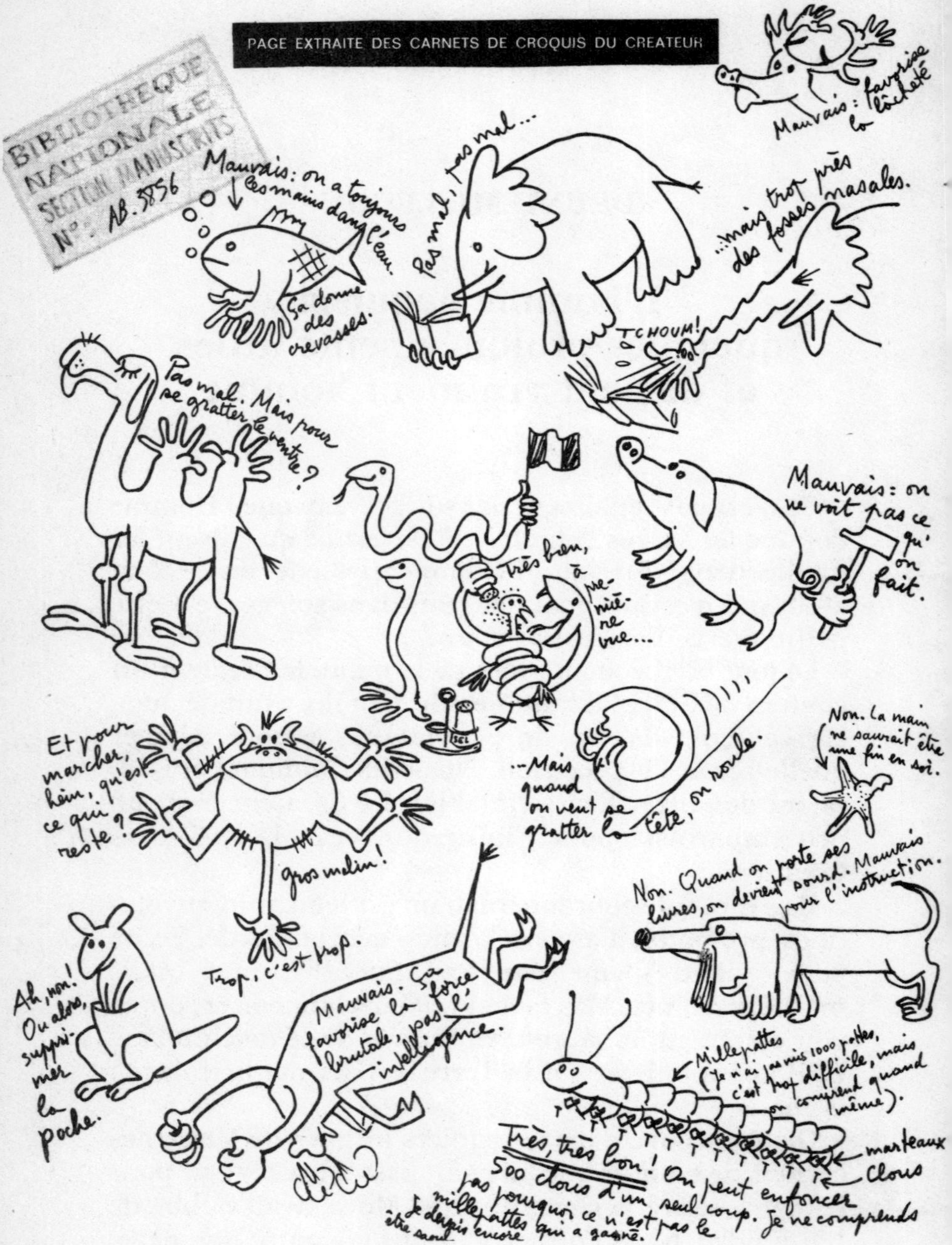

Vous pouvez y voir quelques essais parmi les meilleurs. Passons charitablement sous silence les tentatives piteuses des espèces peu douées.

La Pieuvre manqua de peu le premier prix, avec ses huit bras souples et pleins de ventouses terminés par huit mains agiles. Malheureusement, elle s'était aussi collé des ventouses aux doigts, si bien que lorsqu'elle fermait la main elle ne pouvait plus l'ouvrir sans l'aide d'une pince-monseigneur. Tant mieux pour nous, autrement nous serions des pieuvres, et je ne sais pas si vous êtes comme moi mais je ne peux pas piffer les pieuvres.

Seul l'Homme sut aborder correctement le problème. Il laissa faire les autres tout en les observant. Il comprit alors que quatre pattes pour marcher, c'est au moins deux de trop. Mais lesquelles ? Il essaya de courir rien qu'avec les pattes de devant : il se cassa la figure. Ou, s'il y arrivait, les autres animaux faisaient « Bravo ! » et lui jetaient des sous. Il essaya avec les pattes de derrière et il vit que ça fonctionnait, mais quand même moins vite qu'avant. Il se dit que, bof, avec les mains il pourrait conduire une voiture de sport et qu'il n'aurait plus besoin de courir.

Et voilà. Il eut des mains en haut, il eut des pieds en bas, tout marcha très bien et l'Homme devint l'Homme.

Le Singe, qui n'est qu'un vil imitateur, quoique pas bête non plus, il faut être juste, comprit aussitôt de quel avantage était la main. Seulement, il se dit : « Avec quatre mains, je serai encore mieux pourvu que cet imbécile. » Il n'avait pas réfléchi qu'il n'aurait plus de pieds du tout. Résultat : il se cassa la figure. C'est depuis ce temps-là que les Singes ne peuvent vivre que dans les arbres. Essayez, vous verrez : vous posez un singe à terre, il tombe. A tous les coups.

Même parmi les Hommes, certains furent perdus par l'ambition. Ils se dirent : « Avec une seule jambe, on peut encore très bien marcher à cloche-pied. Et ça permet d'avoir trois mains, mince, alors. » Ces prétentieux n'avaient pas pensé qu'un pantalon à une jambe est très très difficile à faire, et une veste à trois manches encore plus. Ils n'ont jamais vraiment réussi dans la vie. Leur race végète tristement dans les marécages où ne poussent que des radis noirs, du côté de la banlieue sud-est.

Mais en quoi, diront ceux qui ne se contentent pas d'affirmations gratuites, en quoi la main est-elle donc tellement supérieure à la pince, par exemple, ou à la trompe, ou au cil vibratile ?

Eh bien, voilà. Tout le secret, c'est d'avoir un pouce opposable aux autres doigts. L'éléphant n'a pas de trompe opposable aux autres trompes, le cerf n'a pas de corne opposable aux autres cornes, le mille-pattes lui-même n'a pas de patte opposable aux 999 autres pattes. ILS NE PEUVENT DONC PAS TENIR UN OUTIL.

Avec un pouce opposable aux autres doigts, tout change. Observons cet Homme de Néanderthal à peine sorti de l'animalité. Il a faim. Il a envie de manger un bon bifteck d'aurochs avec des oignons hachés dessus. Eh bien, tout cela, ses mains vont le lui procurer, dans un temps très court et avec une précision extrême. Regardez-le. Il commence par vérifier si son pouce s'oppose aisément aux autres doigts. Satisfait par cet essai, il ouvre sa main, puis il la referme autour d'un outil. Cet outil est en bois. Il est long, lourd et dur. L'Homme le soulève. Il le laisse retomber sur la tête de sa Femme, qui pousse un cri et se dépêche de courir dans la forêt tuer un aurochs, un jeune et pétulant juste comme les aime son mari, et de tailler dedans un bon bifteck, et d'arracher des oignons dans le jardin, et de les hacher menu, et d'allumer le feu, et de cuire tout ça exactement à point. Grâce à ses doigts de fée, l'Homme a obtenu ce qu'il désirait.

La main avait devant elle un brillant avenir. Au long des âges, l'Homme lui trouva sans cesse des applications nouvelles. Citons quelques grands précurseurs.

Au paléolithique moucheté, Khroksilex, de la tribu des Peaux-de-Vache, fut le premier à se curer le nez avec l'index. Au néolithique flamboyant, Mâchesilex découvrit l'art de deviner la direction du vent par le doigt mouillé. Vers le déclin du premier âge du bronze, Jarnisilex définit clairement les limites du rayon d'action de la main humaine et dressa la première carte précise des régions du dos qu'il est impossible de se gratter avec sa propre main. Mathusalem 1er Coprophage inventa la gifle. Son neveu, Mathusalem l'Eventreur, allant hardiment de l'avant, créa la paire de baffes. Mathusalem XVIII Gras-du-Bide perfectionna l'art de siffler dans ses doigts. Mathusalem CCLXIX la Grande Folle se teignit le premier les ongles en rouge. Aménophis IV Droit-au-But mit le premier la main au panier. Confucius III Fonce-au-Rab inventa les ombres chinoises. Balthazar XIII l'Ordure Sucrée fourra le premier des fers à repasser dans les gants de boxe. Ponce Pilate inventa l'art de percer les mains des dieux avec de gros clous. Vercingétorix II l'Enfant inventa l'art de plonger ses mains dans des choses dégoûtantes pour embêter sa mère. Alaric Belles-Fesses cultiva le poil dans la main. Godefroy II Triste-Hure se tordit les mains du désespoir d'être cocu sans savoir ce qu'il avait bien pu faire au Bon Dieu pour avoir mérité ça. Jean-Paul Sartre 1er Guigne-la-Lune dénonça les mains sales qui nous firent tant de mal.

De nos jours, l'utilité de la main n'est plus contestée par aucun auteur sérieux.

⁂

Tout à fait au début, l'Homme ne parlait pas. D'abord, il ne savait pas. Et puis, il n'avait pas besoin. Les relations humaines encore rudimentaires ne nécessitaient que des échanges d'idées très simples auxquels pourvoyaient aisément quelques gestes dont la signification avait été mise au point une fois pour toutes.

Vous rencontriez, par exemple, au cours d'une promenade, un couple de votre connaissance. Vous leviez la main avec bonhomie, ce qui, chez tous les peuples du monde, a toujours signifié « Ça boume ? ». L'autre Homme levait aussi la main, ce qui veut dire « Ça biche ? ». Vous baissiez ensuite votre bras d'un geste vif et printanier, et le casse-tête en silex à peine dégrossi qui était au bout ouvrait en deux l'angle facial de l'autre monsieur. La dame, comprenant à demi-mot le langage des gestes, vous suivait à la maison où elle faisait connaissance avec vos antérieures épouses au moyen de gestes eux aussi très expressifs. A moins que

l'autre type n'ait baissé le bras plus vite que vous. Dans ce cas, c'est votre propre figure qui se serait ouverte en deux. De toute façon, le dernier mot restait à celui qui savait le mieux manier la langue, ce qui montre bien que c'était un bon système.

Mais bientôt la vie devint plus compliquée. Les progrès foudroyants de la technique exigeaient un tel vocabulaire que parler par gestes était une fatigue et une perte de temps. Qu'on se figure seulement les gestes nécessités par une petite phrase toute simple comme celle-ci : « Ce mammouth m'appartient puisque la flèche qu'il a dans le fondement est une flèche à moi puisque toutes mes flèches ont une plume bleue et justement si celle-ci en a une rouge c'était exprès pour mieux tromper le mammouth et puisque les tiennes ont une plume rouge ça prouve bien que tu es un sale menteur et si tu viens chercher des histoires tu vas les trouver et... nom de dieu, le mammouth, voilà qu'il se

relève et qu'il nous court dessus, non mais, espèce de bon-à-rien... pff... pff... quel est le cochon... pff... pff... qui t'a appris... pff... pff... à tuer... pff... pff... les mam... pff... pff... mouths ?... Maman ! »

Il fallait de toute urgence trouver un moyen de communiquer plus approprié à la vie moderne. Bien des systèmes furent mis à l'essai. Entre autres, le langage craché. On crachait dans l'œil de l'interlocuteur. Un coup pour oui, deux coups pour non. Trois coups pour p'têt'ben. C'était un progrès. Mais comment poser les questions ?

Il y eut le langage des fleurs. Une pensée : « Je pense à vous ». Une rose rouge : « Amour ardent ». Un camélia : « Maman, je les ai ! ». Mais comment dire : « Va me chercher un kilo de rosbif bien tendre et n'oublie pas un os pour le chien, et puis rapporte-moi la monnaie ou gare à tes fesses ! »

Il y eut le langage des plumes. Une plume droite sur la tête : « J'ai tué un ennemi. » Une plume un peu penchée sur le côté : « L'ennemi est tombé tout seul. Il devait être saoul. » Une plume dans le bas du dos : « J'ai vu un oiseau rare. »

Bref, ce n'était pas ça. Et la civilisation faillit bien mourir dans l'œuf faute d'un véhicule un peu à la hauteur.

Mais le hasard veillait.

Un soir, la tribu des Oreilles-Sales faisait bombance. On avait tué tous les gars de la tribu des Ventres-Doubles. On finissait de dévorer tous leurs aurochs. On se préparait à culbuter toutes leurs bonnes femmes. Le chef se leva, la panse tendue à l'extrême. Il désigna du doigt la femme du chef vaincu. A ce moment, l'épais magma d'aurochs qui le boursouflait envoya jusqu'à ses lèvres une lame de fond qui explosa comme la foudre dans l'air nocturne. « Burp ! »

Tous se figèrent, femmes et guerriers. Car, justement, l'épouse du chef vaincu s'appelait Burp. Mais, naturellement, personne n'avait jamais prononcé son nom, puisque le langage parlé n'existait pas. Et Burp vint vers le chef. Ça, alors !

Le fils du chef, un garçon nettement en avance sur son époque, sentit qu'on était au bord d'une découverte capitale. « Répète-voir un peu ça ! » dit-il à son père, par signes. Mais le chef ne savait pas comment faire. Cela dépendait surtout de l'aurochs, et l'aurochs, pour le moment, n'avait plus envie de faire « Burp ». Le fils avait un esprit vraiment scientifique. Il fit manger à son père encore de l'aurochs, et même il lui en donna sur sa part à lui. Et puis il lui flanqua un grand coup de pied dans l'estomac. Le chef fit « Burp ! » trois fois de suite. La première fois, la femme nommée Burp accourut. La deuxième fois, elle se déshabilla en passant sa langue entre ses lèvres d'un air lascif. La troisième fois, elle se livra sur la personne du chef à des actes tellement lascifs qu'il m'est impossible d'en parler ici.

Le fils du chef vit que la parole était bonne. Il décida d'apprendre à parler.

Il mangea de l'aurochs par quantités énormes et chargea un esclave robuste de lui flanquer des coups de pied dans le ventre. Ça fonctionna très bien. Il était tout fier de son idée. Cependant, à la longue, ce système laissa paraître quelques inconvénients.

D'abord, il lui fallait se maintenir en état d'indigestion permanente, ce qui est plutôt agréable, d'un côté, mais ça revient cher. Ensuite, il devait avoir toujours devant lui cet esclave qui marchait à reculons, prêt à lui donner du pied dans le ventre dès qu'il aurait une pensée à exprimer. Enfin, il ne savait dire que « Burp », ce qui est tout de même un peu limité, d'autant plus que la nommée Burp accourait à chaque fois et que son père commençait à le regarder de travers.

Mais il mourut jeune sans avoir résolu son problème.

Pendant des milliers et des milliers de siècles, les Hommes ne connurent pas d'autre langage. Ils arrivèrent quand même à moduler les burps de façon à pouvoir dire un certain nombre de choses avec cet unique mot. Les grands philosophes de la Grèce antique traitaient des notions les plus abstraites de cette façon. L'un en face de l'autre, ils s'envoyaient à tour de rôle des coups de pied dans l'estomac et se burpaient d'immortelles sentences qui font encore le régal des connaisseurs.

Il fallut la découverte des Amériques pour que le langage s'affranchît du burp. C'est en effet dans les forêts inviolées du Nouveau Monde que Pizarre découvrit un oiseau qui parlait : le perroquet. L'Homme n'avait plus qu'à en faire autant.

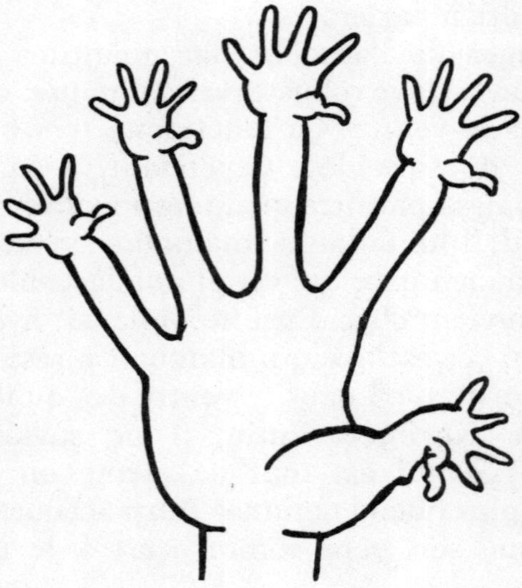

TROISIÈME LEÇON

L'homme essuie ses doigts sur le mur et s'aperçoit que ça parle

Lorsqu'ils eurent inventé la parole, les Hommes furent bien contents. Les femmes encore plus. Elles se mirent à parler tout le temps, mais surtout en pratiquant la copulation. Comme elles faisaient les demandes et les réponses, elles vécurent un beau rêve et foutirent un peu la paix aux hommes.

Les relations diplomatiques prirent du moelleux. Auparavant, tout l'art de l'ambassadeur consistait à envoyer son poing dans la gueule du roi étranger qui l'avait accueilli avec bonté. Il faut reconnaître que ça disait bien ce que ça voulait dire. Pourtant, certains raffinés trouvaient que c'était un peu familier.

Lorsque l'on sut parler, les choses prirent une allure moins campagnarde. L'ambassadeur saluait et disait au roi : « Fils d'une pute goitreuse et de trente-six mille crapauds siffleurs, je crache sur toi et sur ton peuple de bâtards châtrés, et je vomis sur toi, et tout mon peuple crache sur toi, et vomit sur toi, et fait ses besoins sur toi, et sur ta mère, et sur la mère de ta mère, et sur la mère de la mère de ta mère, et... Bref, tâchez de vous laisser égorger de bon cœur par nos vaillants guerriers qui n'ont pas que vous à s'occuper, sinon nous irons nous plaindre à l'O.N.U. »

Le peuple applaudissait quand c'était un ambassadeur bien doué. De toute façon, ça se terminait toujours par quelque chose de pointu dans le ventre de l'ambassadeur, ou quelque chose de rugueux autour de son cou, pour changer, et puis l'ambassadeur était débité en morceaux très petits afin que chacun pût en emporter un peu chez soi en souvenir de cette bonne journée au grand air.

Quand l'autre roi voyait que son ambassadeur ne revenait pas, il comprenait que son message avait été remis en mains propres et il faisait ce qu'il avait à faire. Si l'ambassadeur revenait, c'est qu'il n'avait pas rempli sa mission. Ou peut-être qu'il l'avait remplie, mais mal. En tout cas, les autres ne s'étaient pas mis assez en colère. Alors, le roi, qui était bon, mais juste, introduisait, en forçant un peu, un fer pointu dans le ventre de son ambassadeur, et il confisquait ses femmes pour lui et même ses petites filles, surtout une avec des yeux fripons et des genoux maigres qui lui faisait envie depuis longtemps, et peut-être bien que ça pourrait donner à réfléchir, ce qui d'ailleurs ne changerait rien à rien, alors autant prendre les choses comme elles sont.

C'était un système parfait et même très bon. Il permettait aux rois de se dire tout ce que des rois peuvent avoir à se dire, et je ne vois vraiment pas ce qu'on pourrait demander de plus. Pourquoi faut-il qu'il y ait TOUJOURS des mécontents ? Cette fois, c'étaient les ambassadeurs. Je veux dire : ceux qui n'avaient pas encore été ambassadeurs mais qui sentaient que ça pourrait bien être bientôt leur tour. Car on consommait beaucoup d'ambassadeurs.

C'est à un ambassadeur de génie que nous devons les premières tentatives de communications à longue distance.

Cet homme avait remarqué que la voix s'entend moins fort quand l'oreille de celui qui écoute s'éloigne

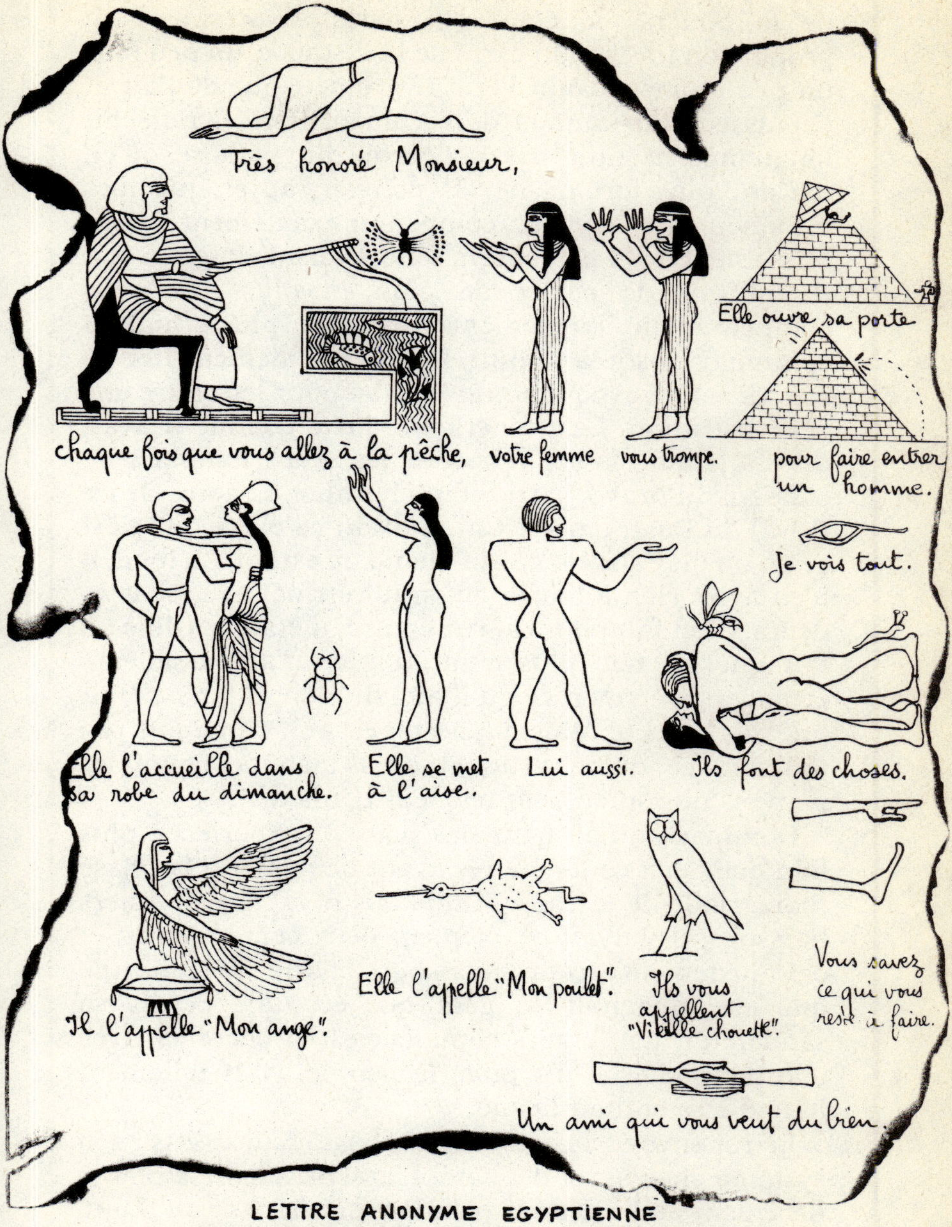

LETTRE ANONYME EGYPTIENNE

Trouvée dans la pyramide de Khanjaibu-Jefaihips

(XIIIème dynastie. Musée du Caire)

de la bouche de celui qui parle. Exactement en proportion inverse du carré de la distance, un peu plus un peu moins suivant l'état hygrométrique de l'air et l'épaisseur du tampon de cérumen. Bon. Il réfléchit longtemps et finit par concevoir l'hypothèse qu'en parlant plus fort on devait pouvoir, après quelques tâtonnements, bien sûr, compenser exactement l'affaiblissement de la perception sonore dû à l'éloignement. Il suffisait de parler de plus en plus fort pour compenser un éloignement de plus en plus grand, et comme ça jusqu'à l'infini. Il fut extrêmement fier de son idée. Il convoqua toute la tribu pour leur faire une démonstration. Cela fonctionna juste comme il avait dit. La tribu cria bis et encore. Un vrai triomphe.

Le roi dit bravo, je vous fais chevalier de notre Ordre Royal du Doigt dans le Cul. Il disait ça parce que c'est ce qu'on dit dans ces cas-là quand on est roi. Au fond, il n'en avait rien à foutre qu'on lui étripe ses ambassadeurs. C'est fait pour ça. Par contre, il était sensible au fait que lui non plus n'aurait plus d'ambassadeurs étrangers à étriper, ce qu'il aimait bien. Bilan : c'était lui, roi, le cocu. Mais quand on est roi, on ne fait pas toujours ce qu'on veut, et c'est bien pourquoi les pauvres ne connaissent pas leur bonheur.

Dommage qu'on n'ait pas poussé l'expérience plus loin que deux cents mètres avant de passer à la phase industrielle de la chose. Du palais royal aux premiers buissons, il y avait exactement deux cents mètres, et c'est justement aux premiers buissons que la jeune fille qui accompagnait le gars qui écoutait perdit sa sandale et que le gars commença à la chercher avec elle dans l'herbe. Et puis, le peuple avait tellement hâte d'être enthousiasmé...

Le roi envoya aussitôt son ambassadeur essayer son système chez le roi d'à-côté. L'ambassadeur se planta fièrement au bord de la frontière et cria tant qu'il put. Ça ne donna rien. Un peu étonné, il franchit la ligne pointillée et recommença. Toujours rien. La vérité, c'est que le roi ennemi faisait le sourd, exprès, parce qu'il était contre le progrès. Il laissa l'ambassadeur approcher peu à peu jusqu'à ce qu'il sentît son haleine chatouiller les poils de ses oreilles. C'est la fraîcheur toujours un peu surprenante de l'acier dans ses intestins qui avertit l'ambassadeur de l'échec de sa théorie.

La preuve était faite : la parole ne peut pas tout. C'est bien ce que se disait, amèrement, la femme du défunt ambassadeur en entrant dans la chambre du roi, car elle était vieille et sentait le suif, et elle savait que le roi se contenterait de lui planter une plume de paon dans le fondement pour faire rire ses jeunes concubines, et rien de plus. Elle avait l'âme fière et la ménopause ardente, ce qui ne peut qu'engendrer la mélancolie lorsque arrivent les temps difficiles.

Tout ça pour bien vous faire comprendre que lorsque l'écriture se décida à éclore, elle éclosit sur un terrain prêt à l'accueillir.

Il serait naïf de croire que l'écriture fut d'emblée parfaite, telle que nous la connaissons aujourd'hui, avec ses vingt-six lettres, ses virgules et les jolis petits zinzins qu'on met aux signatures. Non. Ça, c'est le fruit d'une longue et patiente évolution. Au début, l'écriture était plus simple.

On commença par inventer les bâtons, et c'était déjà très difficile pour l'époque. Pendant des siècles, les hommes s'envoyèrent des lignes de bâtons. Evidemment, cela restreignait un peu le champ de la conversation, mais l'imagination du destinataire complétait dans le sens qui lui faisait le plus plaisir.

Des civilisations florissantes n'ont pas connu d'autre écriture. Les Mésopotamiens, par exemple. Ils n'écrivaient qu'en bâtons, ce qui ne les a pas empêchés d'être au Musée du Louvre. Encore n'étaient-ils même pas capables de tracer leurs bâtons proprement, bien

Cette inscription en caractères cunéiformes est le début d'un célèbre hymne assyrien.

alignés. Il y en avait dans tous les sens, du vrai travail de cochon. Dans nos écoles maternelles, on couperait les mains à un bambin de cinq ans qui écrirait aussi salement. C'est pourquoi on appelle ça de l'écriture « cunéiforme », ce qui veut dire, en mésopotamien, « travail de cochon ».

Un jour — un beau jour —, quelqu'un inventa la première lettre. C'était un A. Ça tombait rudement bien, parce que A est justement la première lettre de l'alphabet. Les messages prirent tout de suite une autre tournure. Quand un roi recevait, par catapulte diplomatique, un message en granit orthorhomboïque compact d'une tonne et demie sur la figure et qu'il y déchiffrait des lignes de A majuscules bien moulés, il ne manquait qu'une chose à son bonheur : l'ambassadeur, resté modestement de l'autre côté de la catapulte.

La mortalité chez les ambassadeurs régressa notablement, alors que la natalité demeurait aussi forte, car l'ambassadeur est prolifique si l'on omet de le castrer à temps, ce qui est hélas trop souvent le cas. Conséquence : l'expansion démographique de l'espèce prit une allure explosive. Ils grouillèrent entre cuir et chair dans tout le sous-sol de la planète, qui se boursoufla d'ambassades comme un vérolé de pustules, et voilà pourquoi les petits Chinois ne sont pas contents.

La découverte du B ouvrit le chemin, après un temps raisonnable, au B, A, Ba. Puis vint le C, A, Ca et, peu à peu, tout le reste. Ce fut assez long. Songez que les Romains, qui se croyaient pourtant si malins, étaient encore des débutants tout fiers de savoir écrire « Veni vidi vici », ce qui veut dire « Riri a bu le lolo de Mimi ».

⁂

L'écriture, cependant, pour devenir le véhicule ailé de la pensée, devait encore s'affranchir de la matérialité du support. Les premières surfaces à écrire avaient été tout naturellement les murs des cavernes.

C'est Melchisédech l'Arsouille qui eut l'idée de rendre l'écriture portative. Il transporta tout simplement les murs de sa caverne. En ce temps-là, la main-d'œuvre n'était pas chère.

Aujourd'hui, on ne pourrait plus, il faudrait trop de Portugais. Les facteurs se mettaient à cinquante gros pères pour porter une lettre, plus quatre, derrière, qui portaient le timbre.

Autre chose : le granit, ça ne se grave pas comme ça, hop. Il ne faudrait pas croire. L'écrivain devait taper comme un sourd sur des outils hargneux. Les intellectuels acquéraient des biceps épouvantables. Ils mouraient en général dans la fleur de l'âge, d'une faute d'orthographe qu'ils avaient essayé de corriger à la pioche et qui leur avait envoyé un éclat vicieux dans le cerveau.

Agamemnon Dort-à-l'Ombre conçut l'idée de graver l'écriture sur des tranches de colin froid. Matériau, certes, plus facile à travailler que le granit ou l'obsidienne, plus aisément transportable aussi, mais qui se conserve rarement au-delà d'un millénaire ou deux, et encore, par temps sec et frais. Ce support fut universellement utilisé jusqu'à ce que le papier prît sa place.

On nous enseigne dans les écoles que le papier fut inventé à la fin du Moyen Age. C'est faux et bête. Le papier était connu des premiers hommes. La Bible nous apprend qu'Eve enveloppa le reste de la pomme dans un morceau de papier pour la finir le lendemain. Nulle part elle ne nous dit, la Bible, que les patriarches ne mangeaient pas de poisson. C'est donc qu'ils en mangeaient. S'ils en mangeaient, il leur fallait du papier pour l'envelopper. Le papier a FORCÉMENT précédé le poisson. Les hommes connaissaient donc le papier, mais ils n'auraient jamais pensé à écrire sur un machin qui enveloppait la nourriture. Ce qui est tout à leur honneur.

Comme tout le monde, Jeanne d'Arc écrivait ses lettres sur des tranches de colin froid qu'elle enveloppait dans du papier pour les expédier. Un jour qu'elle était saoule — tout à fait exceptionnellement, je dois dire — elle se trompa, vous savez ce que c'est, et elle écrivit sur le papier qu'elle enveloppa dans le colin froid. Charles VII rit comme un bossu en recevant la lettre, mais, très vexé au fond, il tendit son briquet quand les Anglais lui demandèrent du feu pour brûler Jeanne. Car il était ingrat et, que voulez-vous, on ne se refait pas.

La politique, ça va, ça vient. Un jour, Jeanne d'Arc devint sainte, ce qui, dans ce temps-là, équivalait à

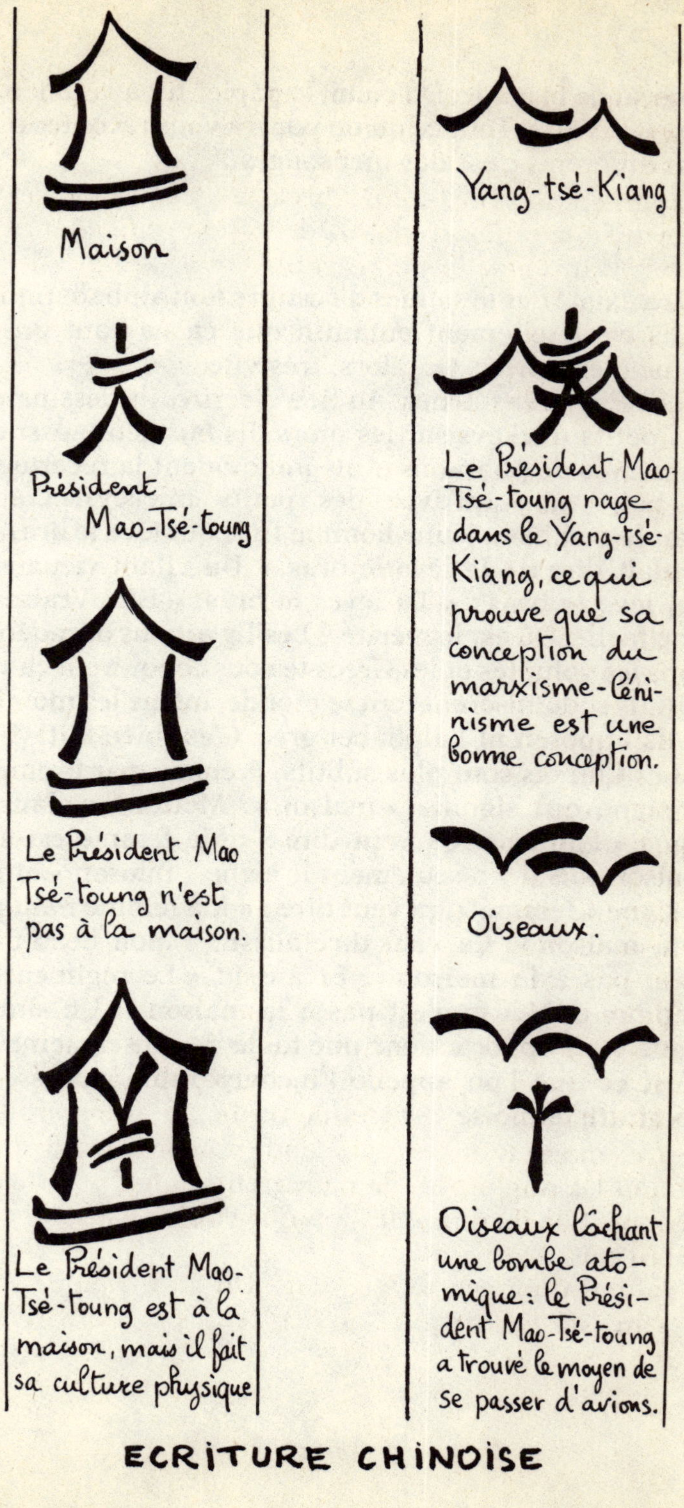

ECRITURE CHINOISE

général de brigade. Du coup, le papier fut à la mode, et le resta. Voilà. Tout ce qu'on pourra vous raconter d'un peu différent, c'est des mensonges.

⁂

Il a existé des systèmes d'écriture non alphabétiques, mais c'est tellement enfantin que ça ne vaut pas la peine d'en parler. Ou alors, très vite.

Les Egyptiens, tenez. Au lieu d'écrire, ils dessinaient des petits mickeys sur les murs. Ils faisaient aussi des conserves de pharaons et ils indiquaient la recette sur la boîte rien qu'avec des petits mickeys. C'était simple : un beau jeune homme frisé qui lève le bras, ça voulait dire : « Je lève le bras. » Un vilain vieux sale qui lève le bras : « Tu lèves le bras. » Etc. Vraiment trop facile. Où est le mérite ? Les Egyptiens décadèrent dans les voluptés et les Grecs te vous conquirent ça vite fait. Ils sodomisèrent tout le monde, même les momies, et ils imposèrent l'alphabet grec. C'est bien fait.

Les Chinois sont plus subtils. Prenons, par exemple, le signe qui signifie « maison ». Mettons dedans le signe « femme ». Ça veut dire : « Ma femme est à la maison ». S'il y a seulement le signe « maison » et pas le signe « femme », ça veut dire : « Ma femme n'est pas à la maison ». Ça veut dire aussi : « Mon beau-frère n'est pas à la maison ». Et aussi : « Le régiment de Sambre-et-Meuse n'est pas à la maison ». Un simple signe vous apporte donc une foule de renseignements. C'est ce que l'on appelle l'incomparable richesse de l'écriture chinoise.

QUATRIÈME LEÇON

De la reproduction à l'amour, ou comment l'homme se fit avoir

Il y en a qui vous diront que l'amour a toujours existé. N'allez pas croire ça. L'amour est venu petit à petit, comme le reste. Et il est encore loin d'être tout à fait au point.

Aux âges farouches, l'Homme ne faisait pas tant de manières. Le Créateur lui avait dit : « Croissez et multipliez. » Il croissa et multiplia. Seulement, la première fois, il ne savait pas comment on fait, alors le Créateur lui dit : « Regarde les fleurs, les petites bêtes, tout ça. Et fais-en autant. »

L'Homme baissa les yeux et, justement, il vit, dans le creux de sa main, une amibe qui se fendait en deux en criant « Maman ! ». (L'Homme avait des yeux bien meilleurs qu'aujourd'hui, car il n'était pas dégénéré par la civilisation.) L'amibe lui tira la langue — vous savez comment sont les amibes : pudiques, vieux jeu et tout — mais l'Homme avait déjà compris le truc, alors, bon, il se divisa aussi en deux. Puis en quatre, en huit, en tant qu'on voudra.

La Femme, qui était moins intelligente, n'y arriva pas tout de suite. Et puis, elle aurait voulu des pétales et sentir bon. Elle trouvait que les fleurs sont plus poétiques que les amibes. L'Homme lui dit : « Pousse un bon coup ! » et ça marcha.

Eh bien, voilà. L'Homme avait fait du bon travail. Il se disait que le Créateur allait être fier de lui. Or, pas du tout. Le Créateur S'arrachait l'auréole et Se la piétinait, ce n'était pas beau à voir. Il comprit qu'il fallait encore aider un peu Sa créature.

« La Femme ! », lui dit-Il. « Quoi, la Femme, Créateur ? » questionna l'Homme. « Je te l'ai donnée pour t'en servir. Sers-t'en. » « Bien, Créateur. Oh, merci, Créateur ! » Et l'Homme, docilement, se mit à regarder la Femme plus attentivement qu'il ne l'avait fait jusque-là.

Il comprit alors quel merveilleux objet c'était et il se dit qu'avec ça on devait pouvoir faire pas mal de choses passionnantes. Sa vie devint un paradis. Chaque jour lui faisait découvrir une façon nouvelle d'utiliser la Femme : pour s'asseoir dessus, pour mettre des fardeaux sur son dos et soi sur les fardeaux, pour touiller la soupe, pour vous presser les points noirs du nez, pour vous faire un rempart de son corps devant l'ours des cavernes, pour recoller la vaisselle quand on a été en colère, pour vous tenir la tête quand on a trop bu, pour tendre la joue gauche quand on lui a défoncé la droite, pour laver le linge, pour traquer l'aurochs et le persuader de se laisser cuire, pour sucer la morsure du serpent, pour vous tenir la main dans le noir en chantant doucement, pour rire de bon cœur en recevant le seau d'eau qu'on a placé au-dessus de la

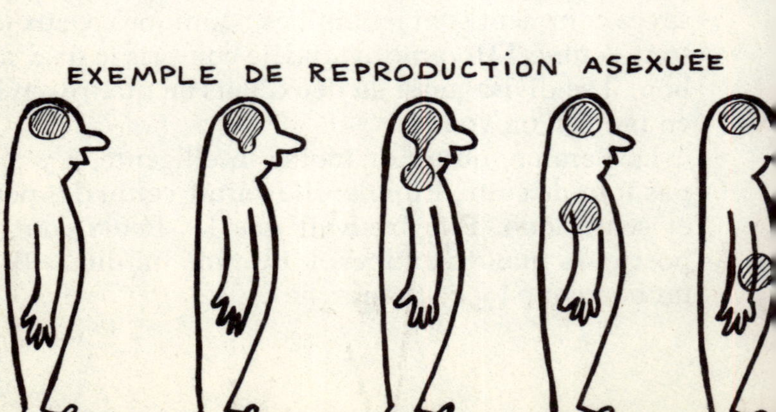

porte, pour vous emporter dans ses bras à travers l'incendie et enfin pour représenter une appréciable réserve de nourriture pour le voyageur.

L'Homme remarqua les deux bosses que la Femme porte sur la poitrine. Il se dit que ça pourrait bien être une réserve d'eau que le Créateur a placée là pour que la Femme puisse traverser le désert sans boire. C'est pourquoi la Femme est aussi appelée le Vaisseau du Désert.

On peut dire que si, de ses poils, on pouvait faire des brosses, la Femme serait aussi utile que le cochon. L'Homme était content et louait son Créateur. Ce fut le printemps. Le premier printemps. L'Homme se sentit tout drôle, pas bien du tout. Il battit la Femme. Ça le soulageait sur le moment, mais pas pour longtemps. Il tourna sa face vers le Créateur. C'est bien ce que le Créateur attendait.

« Qu'est-ce que j'ai, Créateur ? » « Trois fois rien. Le remède à ton mal est dans la Femme. » « Ah ? Bon. Merci, Créateur. »

Il se mit à ouvrir la Femme. Avec un silex taillé, c'est énervant comme tout. Le Créateur soupira et dit : « Arrête. Je vois qu'il faudra que je t'explique tout depuis le commencement. »

Le Créateur parla longtemps, en mimant les gestes difficiles et en faisant des croquis dans le sable, petit a, petit b. L'Homme comprit enfin. Il devint tout rouge et

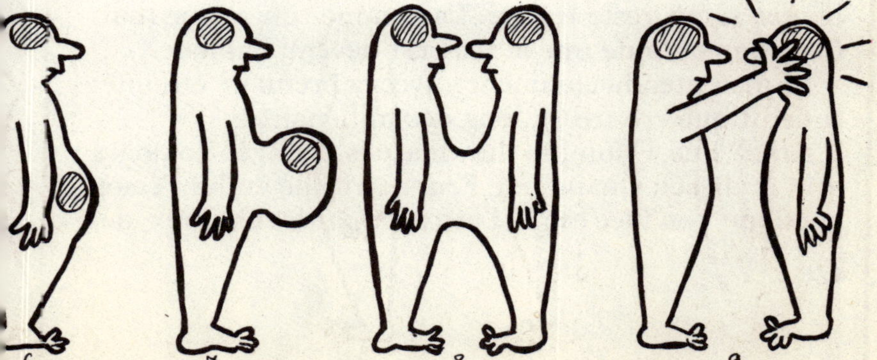

dit : « Eh, bien... Je n'aurais jamais cru ça de Vous. » « Exécution ! » répondit le Créateur.

L'Homme attrapa la Femme par les cheveux et la foutit par terre. Il lui fit ce que le Créateur lui avait dit de lui faire.

Il trouvait ça un peu sale et pas très correct, mais les ordres sont les ordres, n'est-ce pas. Et voilà : tout au bout, il y avait une surprise, une fameuse drôle de chouette surprise, mince, alors ! Quand les étoiles cessèrent de tourner, l'Homme balbutia, la voix mouillée de gratitude : « Oh, merci, Créateur ! Vous en connaissez des trucs... » Dans un arc-en-ciel, le Créateur souriait.

Avant, l'Homme avait l'aurochs rôti et l'hydromel. Désormais, il eut l'aurochs rôti, l'hydromel et la Femme. Il se dit que cette planète était vraiment bien organisée, puis il se tourna vers le mur et se mit à ronfler.

La Femme ne dormit pas, cette nuit-là. Elle prit la tête de l'Homme entre ses mains et la posa doucement sur ses tendres cuisses. Jusqu'au matin, elle regarda le visage de l'Homme en pleurant de bonheur. Pour la première fois au monde, quelqu'un fut beau pour quelqu'un d'autre.

Le Créateur se dit que les ennuis allaient commencer.

***

L'Homme est sain et direct. S'il n'y avait eu que lui, le sexe serait resté le sexe. La Femme complique tout. C'est par sa faute que le sexe est devenu l'amour.

Le malentendu commença avec la première étreinte. Il ne fit que croître au long des millénaires.

Notez que l'Homme, lui, n'a pas changé. Toujours sain et direct. Quand une Femme éveille en lui l'essor poétique, son idée est de l'attraper par les cheveux, de

la foutre par terre, de s'abattre dessus, de mu
se tourner vers le mur. Pendant longtemps, les c
se passèrent effectivement de cette façon. La Femme se faisait son petit cinéma à elle, l'Homme n'y trouvait rien à redire pourvu qu'elle ne parle pas trop fort pendant le coït, ce qui l'empêchait de se concentrer. Après, elle prenait la tête de l'Homme entre ses douces mains, la posait sur ses cuisses et le regardait toute la nuit en pleurant de bonheur.

Vous qui les connaissez, vous pensez bien qu'elles n'allaient pas se contenter de ça. Tenaces comme pas une. Et sournoises, les sales bêtes. Elles y ont mis le temps qu'il fallait. Et elles ont gagné.

L'histoire de l'amour, c'est l'histoire de la colonisation de l'Homme par la Femme. Oh, bien sûr, l'Homme ne se laissa pas faire sans réagir. A chaque initiative de la Femme, il contre-attaquait avec crânerie. Quand la Femme imagina de lui faire graver des cœurs enlacés sur les arbres, il se vengea en inventant les graffitis de pissotières. Quand elle créa la chanson d'amour, il créa la chanson de corps de garde. Quand elle mit au point le flirt, il inventa le pince-fesses. Elle inspira la poésie courtoise, il inspira le cinéma cochon. Elle inventa les serments, il inventa les mensonges...

En vain, en vain, en vain. La Grande Chichiteuse a gagné. Civilisation s'accorde au féminin, et tant pis pour les mâles rugueux. Pour atteindre le sexe, il faut passer par l'amour. C'est comme ça.

*
**

Pendant très longtemps, on ne sut pas comment les enfants viennent dans le ventre des gens. Un beau jour, quelqu'un avait un bébé. Bon. On le baptisait et on se saoulait, ou bien on le jetait et on se saoulait, ça dépendait des goûts, mais ça ne vous disait pas pourquoi il était là. On pensait que c'était comme ça, qu'il y a des gens qui se mettent à avoir un gros ventre, que des fois c'est du lard, des fois c'est la colique, et des fois c'est un bébé.

Au VIIIe siècle avant notre ère, un grand savant, Hippocrate Bouche-en-Cul-de-Poule, fit remarquer que, seuls, les gros ventres des Femmes donnent parfois des bébés, alors que ceux des Hommes donnent toujours du lard ou de la colique. Une étape importante était franchie. Restait à savoir lequel, parmi les nombreux gestes d'une journée de Femme, avait entraîné cette conséquence : un gros ventre avec un bébé dedans.

Nous sourions de ces naïvetés, et nous avons bien raison. Il faut toujours se moquer des imbéciles, ils sont faits pour ça. Que de chemin parcouru depuis ces âges de ténèbres ! On peut dire que la conception des bébés n'a pratiquement plus de secret pour nous, et même il n'est pas téméraire de penser que le XXIe siècle ne se terminera pas sans que nous sachions exactement quel geste de l'Homme déclenche l'apparition du bébé chez la Femme.

Quand ils apprirent que seules les Femmes pouvaient avoir des enfants, les Hommes furent très déçus. Tout le plaisir était pour les Femmes, comme toujours. Eux aussi auraient bien voulu crier, appeler leur mère et faire les intéressants ! Vous me direz que, jusque-là, aucun Homme n'avait eu de bébé. D'accord. Mais ça n'empêche pas l'espoir. Il faut bien que quelqu'un commence. Dès qu'ils prenaient de l'estomac, les Hommes tricotaient des layettes roses ou bleues qu'ils retrouvaient, quand ils étaient vieux, dans une malle, au grenier, et qui les faisaient pleurer sur leur vie gâchée. Maintenant que c'était une loi scientifique, il n'y avait même plus l'espoir. Alors, les Hommes se mirent à jouer au 421 en buvant des choses malsaines qui les faisaient rire bêtement et leur abîmaient la santé. C'est bien triste.

CINQUIÈME LEÇON

L'homme et l'animal signent un pacte d'amitié

La première fois que l'Homme vit un Cheval, il lui flanqua un coup de pied dans le ventre. Le Cheval n'avait jamais vu d'Homme, mais il avait déjà eu mal au ventre. Il ne fit pas le rapprochement entre la douleur et le coup de pied. Il était bon et ne pouvait imaginer tant de méchanceté. Il se dit simplement : « Quelle coïncidence amusante ! Juste au moment où ce type me lance gentiment sa patte de derrière dans le ventre pour me dire bonjour, voilà le mal de ventre qui me prend ! Ça, alors, on me la copiera ! » Il regretta de ne pas savoir parler homme pour pouvoir dire à l'Homme cher ami figurez-vous c'est trop drôle non mais quelle coïncidence.

Quand le deuxième coup de pied arriva, en plein dans les parties, cette fois, car l'Homme commençait à se faire une idée approximative de la géographie du Cheval, le Cheval se roula par terre en pleurant. Il était de plus en plus étonné. La coïncidence devenait vraiment une très grosse coïncidence. Il se dit : « Quand je raconterai ça à Denise (Denise, c'était sa Jument), elle va être drôlement épatée. » Et il voulut se relever pour courir vite raconter ça à Denise. Le troisième coup de pied lui écrasa les naseaux, en vache.

Eh bien, voyez-vous ça, juste à cette seconde, il se mit à avoir mal aux naseaux ! C'est quand même quelque chose, non ?

Cela continua comme ça assez longtemps. En fait, cela continua jusqu'au moment où un Tigre vint à passer par là. L'Homme n'avait jamais vu de Tigre. Il lui flanqua un coup de pied dans le ventre. Le Cheval aurait bien voulu savoir parler tigre pour demander au Tigre s'il avait, lui aussi, des coïncidences. Mais il ne savait pas et, de toute façon, le Tigre avait l'air très occupé, maintenant.

Vous me direz, mais enfin, le Cheval ne pouvait-il établir une relation de cause à effet du type le plus élémentaire entre les coups de pied et la douleur ? Eh bien, non, il ne pouvait pas. S'il l'avait pu, les Chevaux aujourd'hui joueraient aux courses et les Hommes galoperaient.

Cela restera devant l'Histoire le grand mérite de l'Homme d'avoir compris qu'en tapant sur quelqu'un, on lui fait mal. Cela s'appelle l'INTELLIGENCE. Retenez bien ce mot. Par l'intelligence, l'Homme s'est hissé au-dessus de la Bête.

*
**

La Femme fut le premier animal domestique. Elle demeura longtemps le seul. L'Homme avait moins de besoins qu'aujourd'hui. La Femme n'avait presque rien à faire (voir figure I). Seulement, c'était de gros besoins. La Femme, l'un dans l'autre, ne s'ennuyait quand même pas trop. Surtout en voyage (figure II). Tout le monde était heureux et cela aurait pu durer toujours.

Mais il est dans la nature de l'Homme de tendre sans cesse vers la perfection. Lorsqu'il voyageait, chevauchant sa Femme de voyage rapide et confortable, l'Homme s'ennuyait un peu. De l'ennui naît la pensée,

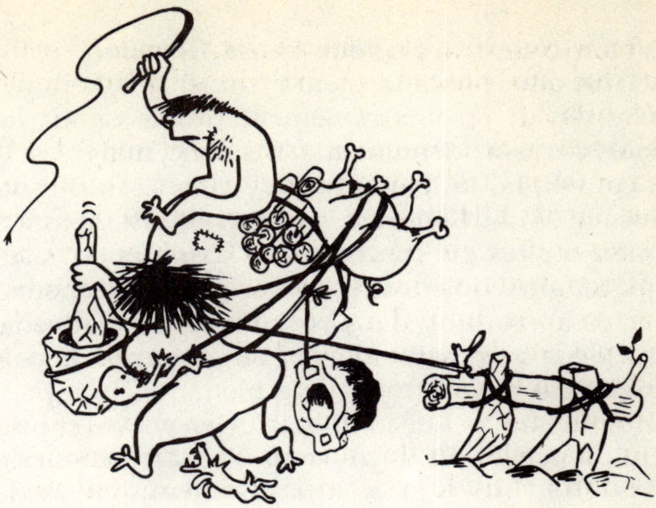

Figure I

FAMILLE PALEOLITHIQUE EN PROMENADE

Figure II

FAMILLE PALEOLITHIQUE EN VOYAGE

c'est bien connu. L'Homme pensa. Il pensa fort. Sa pensée fut que le balancement rythmé de la Femme en marche devait être extrêmement propice pour faire l'amour. Certainement, même. Dis donc, mais c'est une idée, ça. Oh, là, là, papa, tout de suite. Allez, monte, Geneviève ! Mais Geneviève ne pouvait pas monter sur elle-même, c'eût été contraire aux axiomes de base de la logique, ainsi qu'elle le fit remarquer à son époux. Et même, en admettant, il n'y eût plus eu le balancement rythmé de sa marche, et alors ça ne valait plus la peine, je ne sais pas si vous me suivez bien.

L'Homme fut très déçu. Il battit Geneviève, et puis il se remit à penser. Et il trouva. Il finissait toujours par trouver. Ici, suivez-moi attentivement, ça devient difficile. Vous vous rappelez l'expérience pratique par laquelle commence le présent chapitre ? Le Cheval, les coups de pied dans le ventre, oui ? A vous, tout ça ne vous suggère rien ? Evidemment. L'Homme, lui, bâtit là-dessus un plan grandiose. Car c'était un Homme de génie.

Il alla trouver un Cheval qui habitait tout à côté de chez lui. En ce temps-là, les Hommes et les Bêtes voisinaient sans façon, il n'y avait pas encore d'échelle sociale, on se saluait bonjour bonsoir, la jeunesse flirtait un peu, vous savez ce que c'est à la campagne, c'est comme ça qu'on a eu les centaures, les satyres, les sirènes, les loups-garous et des tas d'autres foutus bâtards dont vous avez sûrement entendu parler.

L'Homme entra chez le Cheval et lui flanqua un coup de pied dans les parties. (Il allait droit au but, car maintenant il savait où ça fait le plus d'effet. Cela s'appelle l'EXPÉRIENCE. Mot à souligner). Le Cheval regretta de n'avoir pas de mains pour les porter vivement là où elles lui eussent prodigué un réconfort purement psychologique peut-être mais que ne sous-estimera aucun de ceux qui sont déjà passés par là. Pendant qu'il se roulait par terre en hennissant comme seuls savent hennir les Chevaux, l'Homme lui flanqua une douzaine de coups de pied en choisissant les bons endroits. Lorsqu'il s'arrêta, le Cheval lui dit :

— Ami, je te prie de me pardonner si je me tiens aussi mal en ta présence, mais tu ne peux savoir ce que je souffre. Un mal soudain m'a saisi au moment même où tu me touchais pour la première fois et — admire en passant l'ironie du destin — à l'endroit exact où m'atteignit ta caresse. Quelle étonnante coïncidence, ne trouves-tu pas, ami ?

Il dit cela en langue chevale, et c'est dommage, mais de toute façon l'Homme n'était pas venu pour parler de la pluie et du beau temps. Il sauta sur le dos du Cheval et lui enfonça là où c'est le plus tendre des Oursins qu'il s'était fixés aux talons. (En ce temps-là, parfaitement, les Oursins vivaient sur la terre ferme, bien estimés de tout le monde, même. Ce n'est que plus tard, pour fuir la vanité des Hommes qui voulaient les peindre en rouge et en faire des pompons de marins, que les Oursins coururent se réfugier dans les profondeurs de la mer qu'on voit danser le long des golfes clairs, la mer.)

Le Cheval eut tellement mal qu'il partit comme une flèche, ce qui ne l'empêcha pas de remarquer ceci : « Quand l'Homme veut me donner une tape gentille ou toute autre marque d'amitié, je n'ai pas de chance : à tous les coups, mes douleurs me reprennent. Ce n'est pas sa faute, pauvre cher grand ami ! Par contre, quand il arrête de me tapoter, ça fait cesser la douleur que j'avais. Ce cher, cher ami me guérit rien qu'en ôtant son pied de sur moi. »

Je vous avais prévenu que le Cheval est très bon. Sinon, vous pensez bien que, costaud et bel homme comme il est, ça se serait passé autrement. D'une grande délicatesse de sentiments, le Cheval ne voulut pas que l'Homme pût penser qu'il n'appréciait pas ses marques de sympathie. C'est comme ça qu'on se retrouve avec un tas de choses lourdes sur le dos, plus un couple qui s'obstine à essayer de faire l'amour au balancement rythmé de votre marche et, comme chacun sait, il n'y a rien de tel pour vous donner mal au cœur. Voilà où mène la bonne éducation.

⁂

Donc, l'Homme était sur le Cheval, et toute la petite famille de l'Homme était sur le cheval, et aussi ses meubles, ses marmites, ses peaux d'ours, ses silex, ses provisions de bouche, son bois de chauffage pour l'hiver et, tout au bout, près de la queue, la mère de sa femme, qui avait l'haleine un peu forte mais savait comme pas une faire sauter les bonnes crêpes de bouse d'aurochs à la Chandeleur.

Au bout d'une petite lieue de promenade, le Cheval pensa à sa Jument. Il fit demi-tour pour rentrer à la maison. L'Homme alors cessa de cesser de lui piquer le ventre. Le Cheval eut excessivement mal. Il rua dans tous les sens en s'excusant beaucoup pour le dérangement mais il ne pouvait pas s'en empêcher.

L'Homme s'extirpa du buisson d'épines et dit au Cheval, par signes :

— Cheval, tu as mal quand je te donne des coups d'éperon dans le ventre parce que tu as l'appendicite. Je vais t'opérer. Tu n'auras plus jamais mal.

A ces mots, le Cheval ne se tint plus de joie.

— Chic ! hennit-il. Et il tendit son ventre, frémissant d'espoir.

— Ça me fera mal ?

— Même pas une piqûre de taon, dit l'Homme.

Il affûta son silex sur sa paume et, d'un geste plein de brio, il châtra le Cheval.

— Zut, j'ai glissé, dit l'Homme.

Le Cheval n'osa pas rentrer chez lui dans cet état. Il avait trop honte. Il n'osait même plus hennir, car sa voix était devenue toute flûtée. On l'aurait pris pour un merle. Il se dit que sa vie était désormais sans but et que, bof, foutu pour foutu, autant rester avec l'Homme, qui était son seul véritable ami. Quant à Denise, elle pleurerait un peu au début, et puis, encore bien conservée comme elle était, elle trouverait un autre Cheval et elle referait sa vie.

La méthode était au point. L'Homme fraternisa par la suite avec beaucoup d'autres espèces : Bœuf, Ane, Cochon, Eléphant, Chameau, Mouton, Chèvre, Lama, Poule... Il s'en tint toujours, pour l'essentiel, à ces deux règles sacrées qui sont l'A.B.C. de l'art de se faire aimer : taper dessus et châtrer.

***

La domestication des animaux devait avoir sur l'évolution de l'humanité une influence considérable. La Femme, déchue de son rôle ancestral de moteur universel, ne sut plus quoi faire de ses journées. Elle acheta des dessous transparents et se livra à l'adultère.

L'Homme put enfin faire la guerre à cheval, ce qui est tout de même plus glorieux que de la faire à femme, surtout si l'on veut bien songer que la Femme, sous prétexte que c'est elle qui raccommode les vêtements, a tendance à éviter le corps à corps.

Les animaux furent rabaissés au rang d'êtres subalternes et infréquentables. Ils logèrent à l'écurie ou au poulailler et mangèrent au bas bout de la table. Il y eut bien quelques hurluberlus bolcheviks pour émettre timidement l'hypothèse qu'un animal souffre et a sa dignité, mais il suffisait de leur répondre : « Si votre sœur vous disait : Je veux épouser un Cheval, que feriez-vous ? Hein, hein ? » pour les voir courir pendre haut et court le premier Cheval qui leur tombait sous la main.

Le racisme était né.

Les essais de coopération amicale entre l'Homme et l'Animal ne furent pas toujours couronnés de succès. Finalement, l'Homme put classer les animaux en deux groupes :

1° — LES BONS ANIMAUX (encore nommés ANIMAUX UTILES). Ils aiment l'Homme et sont heureux de lui donner ce qu'ils ont de mieux pour lui faire plaisir. Exemples : la Vache nous donne son veau, la Brebis nous donne son agneau, le Cochon son lard, la Poule son œuf, le Lapin sa fourrure, l'Abeille son miel. Nous devons aimer les animaux utiles et les protéger contre les animaux cruels, tels que le Loup, qui veulent les tuer pour les manger.

2° — LES MAUVAIS ANIMAUX (encore nommés ANIMAUX NUISIBLES). Ceux-là ne veulent rien donner à l'Homme, ou en tout cas pas de bon cœur. Ce sont des égoïstes. Exemple : quand on veut prendre ses petits à une Lionne, elle vous mord. Ensuite, ce sont des obsédés sexuels. Exemple : si l'on veut châtrer un Lion, il vous mord. Troisièmement, ce sont des lâches. Exemple : pour tuer un lièvre, le Lion lui court après, au lieu de lui laisser sportivement sa chance en utilisant un fusil à lunette, des chiens et des rabatteurs syndiqués, comme fait l'Homme.

CONCLUSION : Le Lion n'aime pas vraiment l'Homme. C'est un animal nuisible. Nous devons mépriser les animaux nuisibles et leur tirer la langue.

SIXIÈME LEÇON

Parce qu'il a peur la nuit, l'homme crée dieu à son image

Un jour, un Singe revenait de l'enterrement.

Les enterrements singes étaient simples et de bon goût. Quand un Singe cessait de remuer pendant plus de dix secondes, un de ses copains criait : « Jocko est mort ! » (ou Kéké, ou Toto, ou Vladimir Alexandrovitch Préobrajenski, ça dépendait du nom du mort). Les autres singes accouraient en riant et en cabriolant. On tirait le mort par la queue jusque sur la branche du gros arbre au-dessus de la rivière, on le balançait à la une à la deux rien que pour voir ces pauvres andouilles de crocodiles essayer de faire les beaux sans y arriver, et puis, quand on avait bien ri, on le laissait tomber, plof. Le repas des crocodiles était un spectacle inoubliable, surtout quand le singe n'était pas aussi mort qu'on l'aurait cru à première vue. On félicitait la famille pour la chance qu'elle avait, on la remerciait pour l'excellente journée, et puis chacun s'en allait en cabriolant et en mangeant des bananes.

Un jour, un Singe revenait de l'enterrement. Mais, au lieu de rire et de cabrioler, il était silencieux et triste. Au lieu de se dire, comme tout le monde : « Ça fait du bien de rigoler un peu », il se disait : « Pauvre vieux Kéké, c'est toujours les meilleurs qui s'en vont. »

Et, de là, il se disait : « Moi qui ne suis pas mal non plus, et même plutôt drôlement bien, il faut voir les choses comme elles sont, quoi, modeste, d'accord, mais les faits sont les faits et total, je serais le prochain sur la liste que ça ne m'étonnerait pas plus que ça. »

Là, il n'allait pas plus loin. Il était bloqué dans une espèce de cul-de-sac qu'il avait dans sa tête. Bien sûr, il n'avait qu'à penser d'autres pensées, des pensées de bananes, par exemple, ou des pensées de fornication, justement il avait devant le nez le joli petit derrière rose d'une guenon qui s'appelait Marie-Laure de Montesquiou-Fezenzac, à peine nubile mais déjà cochonne comme tout avec ses quatre petites mains noires pleines de doigts, bon, je vous raconterai ça une autre fois... Eh bien, non, il n'en sortait pas de cette pensée que tout Singe est poussière et qu'il faut qu'on y passe tous, les autres je m'en fous mais moi, merde, moi, non, c'est trop injuste, j'arrive pas à m'y faire. Aïe aïe aïe, venir au monde pour s'en aller dans la fleur de l'âge, c'est pas possible, les autres, je dis pas, les autres, c'est pas du monde, mais moi, ça ne se peut pas, il doit y avoir un truc !

Vous voyez, c'étaient des pensées tout à fait inconfortables. Et il s'acharnait là-dessus, et il tournait en rond dans sa tête. C'est ce qu'on appelle l'ANGOISSE MÉTAPHYSIQUE.

Si notre Singe avait su que ça s'appelait comme ça, il aurait été très fier. Mais il ne le savait pas, et il trouvait que c'était aussi terrible que les puces, sauf que ça ne se mange pas.

⁂

C'est quand même bizarre, non, ce Singe qui se pose des questions idiotes au lieu de gambader en mangeant des bananes ?

Eh bien, justement...

Voilà qu'il arrive chez lui, je veux dire sur son arbre à lui, et sa Guenon le voit venir. Elle va pour lui sauter au cou, comme tous les soirs quand il rentre si fatigué du bureau, mais elle s'écrie, épouvantée :

— Qu'est-ce qui t'est arrivé ? T'en fais une tête ! Et tu as perdu tes poils ? Et pourquoi te tiens-tu droit comme un arbre ? Et tes mains d'en-bas, qu'est-ce qui leur est arrivé ? Et ta queue, hein, ta belle queue pour laquelle je t'ai aimé, où est-elle, cochon ? Réponds-moi ! Mais vas-tu me répondre, à la fin, Adam ?

Que voulez-vous qu'il répondît, Adam ? Il n'y comprenait rien. Nous qui avons déjà lu la fin du livre, nous savons qu'il était tout simplement devenu Homme. Le premier Homme. Car ce qui caractérise l'Homme, c'est l'angoisse métaphysique, tous les bons catéchismes vous le diront.

La Guenon, dégoûtée, refusa sa bouche à Adam et lui lança des épluchures de banane. Mais il s'en foutait pas mal. Maintenant qu'il était un Homme, il méprisait cette Guenon au cul pelé.

La tête haute, sans un regard en arrière, l'Homme s'en alla vers son destin.

⁂

D'abord, il y eut un Homme. Puis il y en eut plusieurs. Puis il y en eut beaucoup. Tout ça, je vous l'ai déjà expliqué et je n'y reviendrai pas.

Tandis qu'ils polissaient leurs silex, les Hommes avaient le temps de réfléchir. Leurs réflexions prenaient toujours le même chemin. Mais ils étaient incapables de dépasser le stade du « Pourquoi moi ? » Et ils se flanquaient la tête contre les murs, et ils avaient peur dans le noir.

Quand leur heure dernière était venue, ils gueulaient comme des veaux, sans la moindre pudeur, et ils se cramponnaient aux montants du lit. C'était indécent.

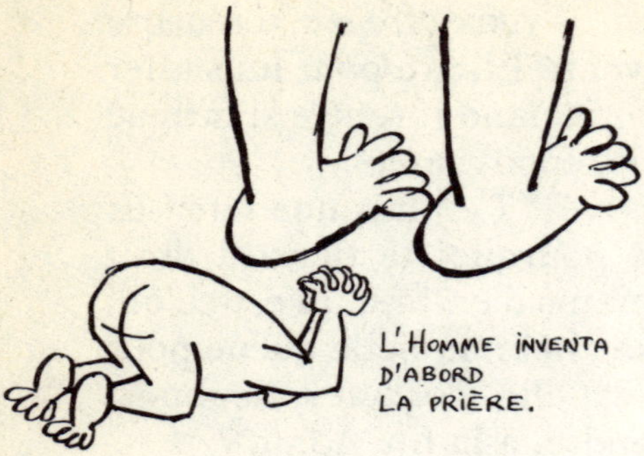

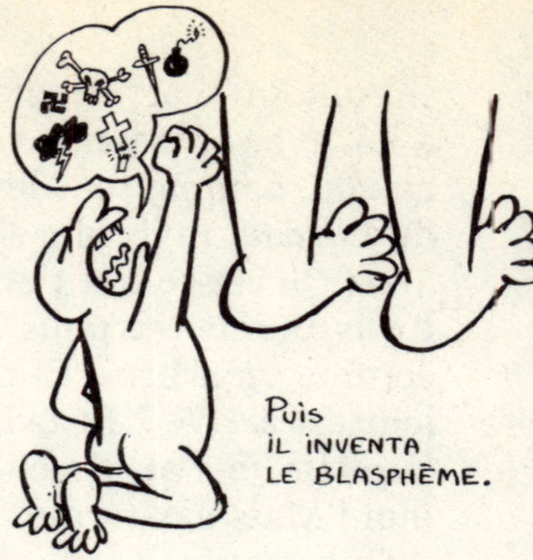

Il fallait que leurs enfants, pieusement, les aidassent d'un bon coup de bûche derrière les oreilles.

Si l'on en était resté là, il n'y aurait jamais eu de cathédrales.

*
**

Il était un Homme de la tribu des Fiente-à-Genoux (modeste sous-préfecture des Cro-Magnons de la branche cadette) qui, pour avoir trop mangé de chou-fleur au petit salé un soir de noces, eut la surprise, cette nuit-là, de voir sa Femme — une horrible mégère — lui sauter sur le ventre avec des cris abominables et lui déchirer le visage de ses ongles aussi longs que des griffes de tigre et beaucoup plus sales. Comme elle portait en outre des ailes de vampire, des défenses de mammouth et des cornes d'aurochs de huit ans, comme de plus elle crachait des flammes de diverses couleurs, cet Homme eut excessivement peur. Tellement peur qu'il se réveilla.

Il se souvint alors que sa Femme la calamiteuse était morte depuis douze fois douze lunes d'une bienheureuse arête de poisson qu'il lui avait enfoncée dans la gorge avec son genou et que, depuis, il s'était fait pédéraste, on se demande bien pourquoi.

Octave (je ne suis pas tout à fait certain qu'il s'appelait Octave. Je suis seulement certain qu'il ne s'appelait pas James. Mais nous l'appellerons Octave pour la commodité de la démonstration), Octave, dis-je, eut beaucoup de mal à se remettre de sa peur. Il regarda sous le lit — un bloc de silex pur d'environ quarante-cinq tonnes de notre monnaie —, sous les peaux d'ours, sous les ordures, sous la cruche, partout. Des poux, des punaises, des scorpions, des chacals [1] crevés, des chaussettes sales qu'il ne savait pas où elles étaient passées, tiens elles étaient donc là et moi qui les avais tant cherchées, du vomi séché, une rose fanée (un souvenir de Jean). Pas de femme. PAS DE FEMME.

Pourtant, il l'avait vue, nom de je ne sais pas quoi encore ! Vachement bien vue, même. Mince.

Octave eut encore plus peur. Une peur nouvelle, inconnue, qui lui faisait tout drôle dans le ventre. Soudain, il se passa quelque chose dans sa tête. Tilt ! ou quelque chose comme ça.

Octave bondit hors de sa garçonnière et courut jusqu'à la place du village, là où reposait le grand tam-tam de guerre, sous le kiosque à musique. Il se mit à tambouriner.

---

1. Un chacal, des chacaux ? Non ? Il me semblait bien. Merci.

La tribu accourut, les yeux collés, brandissant les massues par le mauvais bout. Ils commencèrent par traiter Octave de vieille pédale et de si tu bossais de tes bras au lieu de vendre tes fesses tu verrais si ça te ferait plaisir qu'on te réveille en pleine nuit, eh, minet. Quand ils furent fatigués de crier, Octave parla.

Il dit mes frères la lumière m'a frappé je sais je sais je sais. JE SAIS. Tu sais quoi, grande tantouze ? Ça, c'était un voyou comme il y en a partout, la mauvaise herbe, mais les gens sérieux le fendirent en deux et le mangèrent. Octave sentit son auditoire bien en main. Chauffe, papa. Je sais : VOUS NE MOURREZ PAS. Personne ne meurt. La mort, c'est rien. Une apparence. Un incident, une puberté, une dent de lait, rien. J'ai vu ma Femme. Elle est venue. ELLE EST VIVANTE. Là, Octave devint tout vert et les assistants comprirent que c'était vrai. Elle est vivante, mais elle n'est pas là. Elle est AILLEURS. Voilà. La mort, c'est ça. On va ailleurs. Ce qui reste ici, c'est rien. Charogne et compagnie. L'huître s'envole, la coquille reste. O mes frères, mes frères, mes frères ! Joie, joie, joie, joie, joie, joie, joie ! Je ne mourrai pas ! Je veux dire : nous ne mourrons pas. Alléluia ! [1].

Toute la tribu cria alléluia, et ils rentrèrent chez eux en chantant « Nous ne mourrons pas, tralalère ! » et ils se saoulèrent la gueule, et ils forniquèrent pendant trois jours et trois nuits.

***

Au matin du quatrième jour, quelqu'un demanda :

— Où est donc Octave ?... Voilà bien trois jours qu'on ne l'a pas vu.

---

1. Ce mot-là lui était venu comme ça, il ne savait pas pourquoi. Mais vous verrez ! Vous verrez !

Personne ne savait où était Octave. Et justement, voilà Octave qui descend de la montagne. Ce n'était pas vraiment une montagne, juste un tas d'os et de vieux machins, mais tout le monde l'appelait la montagne parce que c'était la seule montagne dans tout le pays. Des orties avaient poussé dessus et des rats à l'intérieur, des milliards de rats affamés qui passaient leur temps à courir à toute vitesse le long des vieux os pour voir si vraiment, vraiment il n'y avait pas un tout petit bout de croquant oublié entre deux phalanges [1]. Il arrivait que les lois du hasard fissent que les rats courussent tous à la fois du même côté, et donc que les énergies cinétiques de leurs courses, au lieu de s'annuler, s'ajoutassent. Alors, la montagne se mettait en marche. La tribu pliait bagage et la suivait, parce qu'on l'aimait bien. On n'aurait pas voulu qu'elle s'en aille chez une autre tribu.

Comme Octave descendait de la montagne, les gens purent voir une lumière rose, très chou, autour de sa tête. C'était le soleil levant. Octave s'était arrangé pour l'avoir dans le dos mais vous n'êtes pas obligé d'aller le leur répéter.

Octave s'arrêta pas tout à fait en bas de la montagne. Juste un peu avant. Comme ça, il était plus grand que les autres et ils devaient lever la tête pour le regarder. Le plus vieux de la tribu, qui était aussi le chef, dit :

— Hé, Octave, dis-moi encore que je mourrai jamais. J'aime bien quand tu me dis ça, moi.

Octave parla, et sa voix n'était plus sa voix.

— Mes frères, je suis resté trois jours sur la montagne, sans manger et sans boire. Et voici : je sais tout. Après la mort, vous vivrez. Mais il y a ceux qui vivent bien et il y a ceux qui vivent mal. Il y a ceux qui mangent de l'aurochs tendre et de l'ananas, qui

1. Il n'y en avait pas.

boivent de l'hydromel et qui forniquent avec des vierges de lait et de fraise. Ils ont même des ailes pour voler, des ailes comme l'arc-en-ciel. Et puis il y a ceux qui broutent des chardons, qui boivent de l'urine d'âne et qui forniquent avec des vieilles pestilentielles. Ceux-là ont des ailes de chauve-souris, comme mon épouse défunte. Eh bien, que préférez-vous ?

Tous répondirent :

— L'hydromel ! Les vierges de lait et de fraise ! L'aurochs tendre ! L'ananas !

Quelques-uns demandèrent s'ils ne pourraient pas avoir du fromage à la place du dessert.

— Alors, voilà, dit Octave. Ceux qui auront fait le bien boiront l'hydromel. Ceux qui auront fait le mal boiront l'urine d'âne.

Ils se regardèrent les uns les autres.

Le vieux chef dit :

— Qu'est-ce que c'est que ça, le bien et le mal ?

Octave répondit :

— Le bien, c'est d'apporter tous les jours à Octave beaucoup d'aurochs bien tendre, et beaucoup d'hydromel, et beaucoup de garçons de lait et de fraise, et de lui donner la plus belle caverne, et de se prosterner quand il passe. Le mal, c'est juste le contraire. C'est très facile.

Les gars se grattaient la tête. Ça leur paraissait cher. Un petit gros, genre fort en gueule, demanda :

— Et qui a dit ça ?

Octave répondit :

— Les dieux.

— Qu'est-ce que c'est que ça, les dieux ?

Octave fut embarrassé. Il avait dit « les dieux », comme ça, parce que c'était le premier mot qui lui était venu sur la langue, mais à vrai dire il n'avait pas eu le temps matériel de réfléchir sérieusement à la question. Le public commença à siffler. C'était le bide, et le chahut au bout.

Alors, tant pis, Octave improvisa. A toutes pompes, ce qui venait, n'importe quoi.

Il parla de la pluie et de la sécheresse, du soleil et de la lune, de ce qui est bon à manger et de ce qui donne mal au ventre, des jours où il y a du gibier et des jours où il faut faire cuire la grand-mère, des ennemis qui se laissent tuer et des ennemis qui vous tuent, des bonnes ménagères qui font des garçons et des maries-salopes qui font des filles, et il dit que tout ça c'était à cause des dieux. L'Homme se fatiguait pour rien. Les choses se faisaient si les dieux avaient décidé qu'elles se feraient, un point, c'est tout.

Les gars ouvraient grandes leurs oreilles et les dirigeaient droit vers Octave (dans ce temps-là, on savait encore les faire bouger). La bave leur coulait au coin de la bouche. Octave força l'allure.

Puisqu'il y a un dieu pour le soleil et un dieu pour la pluie, un dieu pour l'amour et un dieu pour l'ongle incarné, inutile de se mettre en sueur. Ce qu'il faut, c'est faire travailler le dieu responsable.

Ici, nous devons nous arrêter un instant. Octave avait mis le doigt sur quelque chose de grand. Bien sûr, par la suite, on a centralisé, mais pour l'époque c'était déjà très bien. Je ne sais pas si, d'où vous êtes, vous entrevoyez ce que j'entrevois.

Attendez encore un peu et vous allez sauter en l'air, moi je vous le dis. Ecoutons Octave.

Maintenant, il leur dit que les dieux, ça ne se commande pas comme ça, en faisant claquer ses doigts. C'est prétentieux, les dieux. Et susceptible, oh là là ! Il faut la manière. La manière, justement, c'est Octave qui la possède. Concessionnaire exclusif. Il a fait affaire avec le chef des dieux, là-haut, sur la montagne, dans le ciel. Alors, voilà. Donnant, donnant. Si tu demandes au dieu, disons, un aurochs qui se laisse tuer sans trop te faire courir, tu dois lui donner un petit quelque chose, au dieu, disons, je ne sais pas, moi, le plus beau gigot de l'aurochs, rôti à point avec une gousse d'ail et de la ciboulette. Tu déposes ça devant chez Octave. Octave se charge de la commission. Parce que, attention, il y a les Mots. Si les Mots sont dits comme ils doivent être dits, le dieu est forcé d'obéir. Sinon, tintin. Quelqu'un a-t-il une question à poser ?

Le vieux chef leva la main et dit :

— Pour gagner la guerre contre les Lave-plus-Blanc et devenir encore plus grand chef, ça irait chercher dans les combien ?

— Disons une fille de chef, vierge et bien grasse, avec sur elle cinq fois deux mains de colliers d'or et vingt fois deux mains de bracelets d'or.

— Trois fois deux mains de colliers et dix fois deux mains de bracelets, dit le chef.

— Coupons la poire en deux, dit Octave.

— Tope là, dit le chef.

Il courut chercher sa fille, la plus jeune, la plus blanche, la grasse, la bien-aimée, et la ramena par la main. Les colliers faisaient un joli bruit. Les bracelets aussi, un peu plus aigu.

La mère courait derrière en disant mon enfant c'est le plus beau jour de ta vie et je suis si émue fais bien tout ce que te dira le monsieur je suis si fière de toi tiens ton cierge bien droit et sois bien courageuse.

Octave dit :

— Couche-toi là, jeune fille.

Elle se coucha là.

Octave leva les bras, regarda le ciel et dit des choses qu'on n'entendait pas. On comprenait bien qu'il demandait aux dieux de regarder le beau cadeau du chef et de donner la victoire au chef.

Octave tira son couteau de silex et le plongea dans la poitrine de la jeune vierge. Mais c'était un vieux couteau ébréché qui ne faisait que du gâchis. Le vieux chef lui prêta son couteau à lui, et ça marcha très bien.

Octave tira les entrailles au-dehors et fit tout ce qui doit être fait, bien proprement. Et puis il emporta les morceaux dans la pièce du fond et il dit que les dieux allaient venir chercher tout ça cette nuit et que pour la victoire c'était dans la poche, pas besoin de s'en faire.

Les gars étaient très contents. Ils arrosèrent ça comme il faut, et puis ils allèrent se coucher car ils devaient se lever tôt le lendemain pour aller massacrer les Lave-plus-Blanc.

⁂

On peut dire hardiment que l'invention des dieux fut pour l'Humanité presque aussi importante que l'invention du chauffage central.

Jusque-là, l'Homme avait été comme un petit enfant tout nu perdu dans la nature méchante. Maintenant, il n'était plus seul. Il y avait les dieux. Les dieux, c'étaient ses grands frères, et qu'est-ce qu'ils étaient costauds, les dieux ! Quand il voulait quelque chose, il priait les dieux. Quand ça ne marchait pas à son idée, il engueulait les dieux. En tout cas, ça l'occupait.

Les successeurs d'Octave s'appelèrent les Grands Sorciers, avec des majuscules. Grâce à eux, l'Homme n'eut plus de soucis à se faire. S'il arrivait tout de même parfois que l'hydromel fût un peu piqué, l'aurochs un peu fibreux, la femme un peu rance et la colique un peu mortelle, c'était sûrement parce que le cœur de l'Homme n'était pas tout à fait pur. Ou bien quelqu'un s'était trompé dans les Mots. Ou bien les dieux voulaient le mettre à l'épreuve parce qu'ils l'aimaient tout particulièrement. Ou peut-être aussi que c'était la moralité publique qui n'était plus ce qu'elle était... Enfin, il y avait une raison.

On n'avait plus la colique parce qu'on avait mal au ventre, on avait la colique parce que les dieux avaient mangé des prunes pas mûres. Désormais, on crevait en sachant pourquoi, ce qui est une grande satisfaction, tout ce qu'on voudra.

⁂

Les Femmes, vous savez ce que c'est, en eurent vite assez de rester debout sous la pluie pendant qu'on sacrifiait les vierges. Elles inventèrent les églises. L'Homme, alors, inventa les cloches. Quand le Grand Sorcier sonnait sa cloche, les Femmes couraient à l'église et les Hommes au bistrot. Quand la cloche sonnait à nouveau, les Hommes sortaient du bistrot par la porte de derrière et rentraient vite faire semblant de réparer la machine à coudre.

La vie prenait du piquant.

SEPTIÈME LEÇON

Fatigué de se taper sur les doigts, l'homme se voue à la science

Tant qu'ils n'eurent pas connu la Science, les Hommes furent livrés aux tâtonnements décevants de l'Empirisme Grossier. Je vais vous expliquer.

Prenons, par exemple, les bateaux. Les bateaux étaient connus depuis toujours. On a retrouvé un peu partout des chantiers de bateaux préhistoriques qui prouvent bien que. A l'époque de la pierre taillée, les bateaux avaient déjà atteint un épanouissement technique extraordinaire et un confort qu'ils n'ont jamais dépassé depuis. Hauts comme des cathédrales, piscine, bar des premières, tout. Une tribu entière y tenait à l'aise, avec son bétail, ses menhirs et ses bons dieux de bois. Les hommes préhistoriques auraient très bien pu découvrir l'Amérique. Il aurait suffi que leurs bateaux flottassent.

Mais justement, ils ne flottaient pas. Et la tribu entière allait au fond de la mer, avec le bétail et les menhirs, mais sans les bons dieux, vous allez voir pourquoi.

Chaque fois qu'on lançait un bateau neuf, on était sûr que ça serait enfin la bonne. Tout le monde embarquait, la femme du chef cassait une amphore d'hydromel gazéifié sur la coque, on coupait les amarres, on faisait au revoir avec son mouchoir et le bateau glissait sur son berceau suiffé, bien droit bien fier, jusqu'au fond de la mer.

C'était encore loupé. Il ne restait que les bons dieux de bois qui nageaient, mais eux, évidemment, ils étaient dieux.

Un jour, un type réunit les constructeurs de bateaux et il leur dit qu'il avait pensé avec sa tête et que voilà, bon, vous en ferez ce que vous voudrez, mais si on essayait pour une fois de construire un bateau en bois au lieu de le tailler dans le silex, hein, ça ne coûtait rien d'essayer, et si des fois ça marchait, hein, hein ?

Eh bien, vous me croirez si vous voulez, mais ça marcha. C'est même depuis ce jour-là qu'on s'est mis à faire les bateaux en bois.

Le type s'appelait Principe d'Archimède. C'était un savant. Ça veut dire qu'il mettait les choses dans sa tête, d'abord il les rapetissait tout petit tout petit pour que ça tienne dans une tête, et puis il les tripotait dans sa tête, et puis quand ça marchait comme il voulait dans sa tête alors il les faisait en grand, mais pas dans sa tête, bien sûr, et voilà, ça marchait pareil comme dans sa tête. Pareil !

4.000 AVANT J.-C.
Adam découvre certains secrets de la Nature.

700 AVANT J.-C.
Pythagore découvre l'art de compter sur ses doigts.

Ça, ça veut dire la Science. Les Hommes virent que la Science était bonne et ils laissèrent tomber l'Empirisme Grossier, sauf les vieux, qui sont toujours contre le progrès, forcément.

⁂

Lorsque les Hommes eurent bien compris la Science, tout alla beaucoup mieux pour eux. Mais ils croyaient que la Science ça fonctionne seulement pour les bateaux. Un nommé Pythagore leur montra que ça fonctionne aussi pour les concombres.

Avant Pythagore, un Homme ne savait pas s'il avait mangé un concombre, ou deux concombres, ou cent soixante-douze concombres. Il savait seulement s'il avait mangé du concombre ou pas de concombre.

S'il avait mal au ventre, il en avait mangé. S'il avait faim, il n'en avait pas mangé. Ça manquait de précision. Les marchands de concombres se ruinaient tout en travaillant plus que les autres et ils passaient pour des andouilles, en plus.

Pythagore prit un concombre bien mûr et il le planta sur le pouce de sa main gauche, tout droit en l'air. Il

300 AVANT J.-C.
Principe d'Archimède découvre la manière de flotter sur l'eau sans vraiment se fatiguer.

200 AVANT J.-C.
Aristote découvre que la Nature est formée de quatre éléments : Athos, Porthos, Aramis et d'Artagnan.

prit encore un concombre et il le planta sur l'index. Et puis un autre sur le doigt du milieu, et un autre, et un autre. Voilà. Sa main avait des gros doigts en concombre. Tous les gars rigolaient, c'était un truc vraiment marrant.

Alors, Pythagore mangea le concombre du pouce. Il montra son pouce tout nu et il dit : « J'ai mangé un concombre. » Il mangea le concombre de l'index et il dit : « J'ai mangé un concombre et un concombre. » Il mangea le concombre du doigt du milieu et dit : « J'ai mangé un concombre et un concombre et un concombre. » Il mangea de la même façon les autres concombres et il demanda aux types :

— Combien ai-je mangé de concombres ?

Les autres répondirent :

— Tu as faim ou tu as mal au ventre ?

Pythagore fut un peu découragé. Mais il était très patient. Après beaucoup beaucoup de leçons et beaucoup beaucoup de mal au ventre, les gars de la tribu surent à peu près compter sur leurs doigts. Ça n'en a peut-être pas l'air, mais c'était un progrès très important pour l'Humanité.

Pythagore avait découvert les MATHÉMATIQUES.

1630
Pascal enfant découvre les propriétés du pendule.

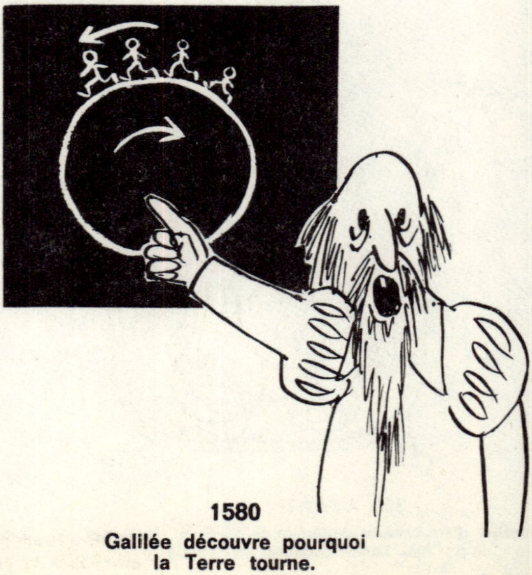

1580
Galilée découvre pourquoi la Terre tourne.

Ce mot vient du grec. Il est formé de **mathé** qui veut dire concombre et de **matiques** pour faire joli.

***

Les Hommes se passionnèrent pour la Science. Ils regardèrent le monde autour d'eux avec des yeux neufs et commencèrent à réfléchir. Ça veut dire mettre des choses dans sa tête. Leur tête grossit à cause de toutes les choses qu'ils mettaient dedans. Ils perdirent leurs cheveux, se cognèrent à tous les mammouths en disant « Pardon, madame » et eurent du jaune d'œuf dans la barbe. C'est à cette époque que l'Homme eut droit officiellement au titre d'Homo Sapiens. C'est aussi à cette époque que la Femme commença à regarder avec des yeux neufs les beaux grands Gorilles velus à l'âme d'enfant.

Quand deux Homo Sapiens se rencontraient, ils se posaient l'un à l'autre des questions difficiles. Celui qui ne pouvait pas répondre avait une tapette. Par exemple, un type nommé, disons, Isaac Newton, rencontre un autre type nommé, disons, Blaise Pascal. (C'est juste des noms comme ça.) Isaac dit à Blaise :

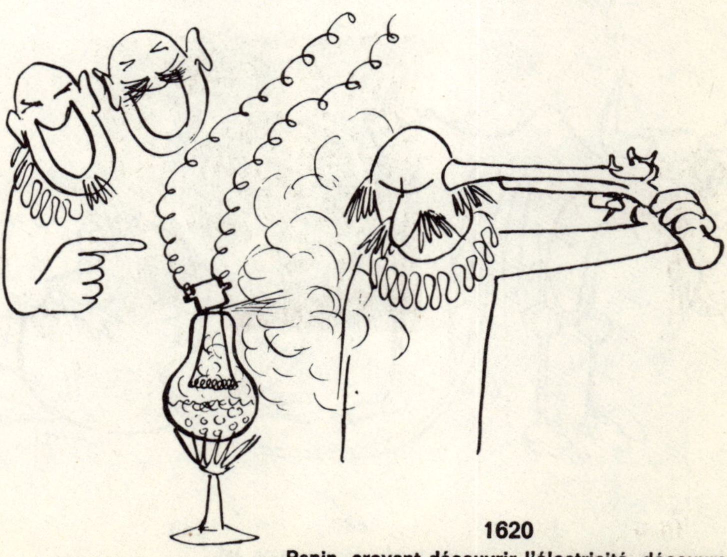

1620
Papin, croyant découvrir l'électricité, découvre en réalité la vapeur. Déshonoré, il se suicide.

— Je soulève cette grosse pierre. Je la soulève aussi haut que je peux au-dessus de vos pieds. Maintenant, si je la lâche, qu'est-ce qui se passe ? Réfléchissez bien. Ne répondez pas à la légère.

Blaise cherche longtemps, et puis il dit :

— Ben... Elle reste en l'air, non ?

— Nous allons voir, dit Isaac. Ça s'appelle une EXPÉRIENCE.

Blaise devient très attentif. Isaac lâche la pierre. Blaise crie très fort et se met à sautiller sur un pied.

Isaac dit :

— C'est amusant, n'est-ce pas ? Je vais vous expliquer. Quand je lâche la pierre, la Terre saute vers la pierre parce que la Terre aime les pierres comme un chien aime le sucre, et vous aussi vous sautez vers la pierre, puisque vous êtes sur la Terre. Ça s'appelle la PESANTEUR. C'est moi qui ai inventé ça.

Blaise dit :

— Moi aussi, j'ai inventé quelque chose. Vous voyez ce récipient plein d'eau ? Je pose dessus une feuille de papier. Si je retourne le récipient, qu'est-ce qui se passe ?

— La Terre va sauter vers l'eau, pardi !

— Nous allons voir.

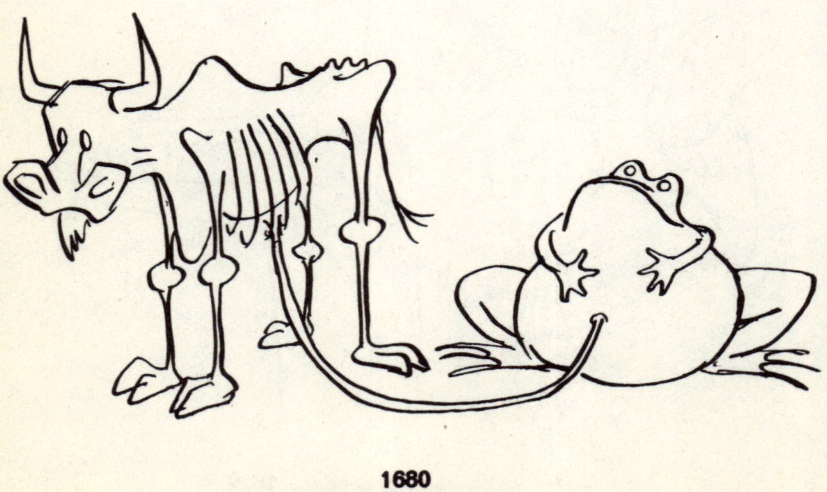

1680
La Fontaine découvre la loi des vases communiquants.

La Terre ne sauta pas vers l'eau. Et, en plus, l'eau se mit à bouillir. Blaise plongea la main dedans et en tira un bouquet de roses rouges, puis un lapin blanc, puis deux colombes qui allèrent se poser sur la plus jolie dame de l'honorable assistance.

— Voilà, dit Blaise. Ça s'appelle la PRESSION ATMOSPHÉRIQUE. C'est plus rigolo que la pesanteur. C'est moi qui ai inventé ça.

Isaac Newton fut très vexé. Il rentra en Angleterre et sombra dans l'ivrognerie.

***

Euclide fonda la Géométrie. C'est à son génie que nous devons les immortels théorèmes qui ont conduit tant de lycéens à la Légion étrangère.

Sur le soir de sa vie, il inventa les parallèles. Tant qu'il n'y en eut qu'une, ça marcha très bien. C'était une belle parallèle, un peu friponne. On venait la voir de loin. Euclide en était fier. Mais sa femme aurait bien voulu avoir la paire pour mettre sur la cheminée avec sa pendule au milieu qui lui venait de sa mère. Bon. Euclide fit une deuxième parallèle, juste à côté de la première. Il n'aurait pas dû.

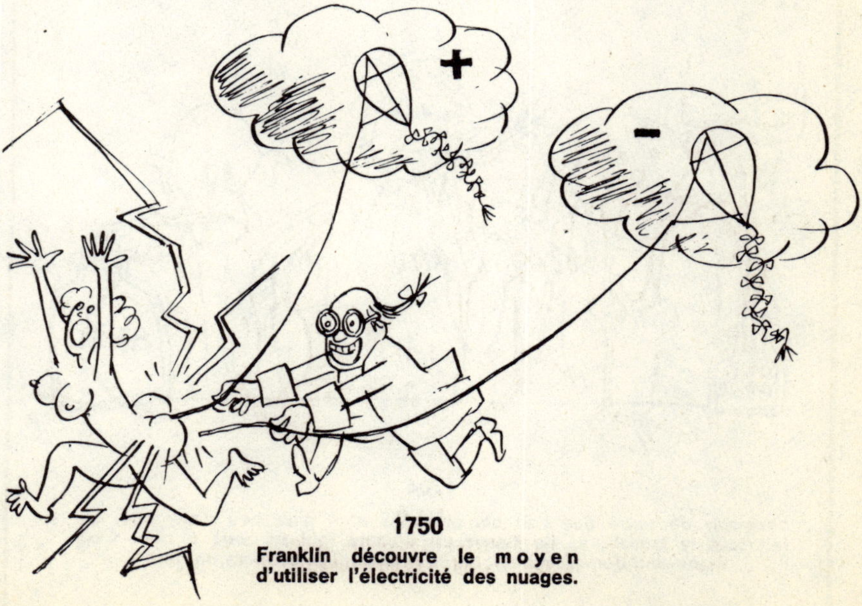

1750
Franklin découvre le moyen d'utiliser l'électricité des nuages.

Bien sûr, il ne savait pas. Il n'avait jamais vu de parallèles, avant. Nous, nous connaissons bien cette irrésistible morbide envoûtante impulsion qui pousse le malheureux voyageur à aller voir si VRAIMENT elles ne finissent pas par se rencontrer, là-bas, juste derrière l'horizon. Et nous tremblons, car nous pressentons ce qui arriva. Hélas, hélas ! Passant, suis ton chemin ! Détourne ton regard ! Obture ton ouïe quand chantent, perfides, les parallèles en rut dans le crépuscule d'or... Sinon, malheur, malheur, malheur à toi !

Euclide était sans défense. Il prolongea ses parallèles jusqu'à l'horizon, puis jusqu'à l'horizon, puis jusqu'à l'horizon... Il n'avait sur lui qu'une toute petite règle. C'est difficile de faire des parallèles bien parallèles avec une toute petite règle.

Quand il rentra chez lui, bien des années plus tard, par la porte opposée, il chantait à tue-tête sur un air qui donnait le frisson :

1784

Lavoisier découvre que l'air est composé d'un petit peu d'oxygène, qui fait tout le travail, et de beaucoup d'azote, qui ne sert à rien. Ceci étant anti-démocratique, la Révolution lui coupera la tête.

Par un point
Tsoin, tsoin
Pris hors d'une droite
Moite, moite,
On peut
Poil aux yeux
Faire passer une
Blonde ou brune
Parallèle
Belle belle
Et on ne peut
Repoil aux yeux
En faire passer
C'est forcé
Qu'une
Voilà.
C'est mon Postulat à moi.
Tra la la.

Sa femme, qui s'était remariée, cria :
— C'est un fantôme ! Fous-le dehors, Aristote, mon chéri, et fais-lui très mal !

1860
Pasteur découvre le microbe de la rage.

1870
Nobel découvre par hasard la dynamite.

Mais déjà, fiévreusement, le nouveau mari traçait une droite, puis, par un point pris hors de cette droite, une parallèle, et il les prolongeait, encore, et encore, et il disparaissait derrière l'horizon en sanglotant : « Ça doit pouvoir se prouver ! Ça doit ! »

Depuis, les parallèles ont fait d'innombrables victimes. On peut dire qu'après avoir entendu une fois le Postulat, un adolescent n'est plus le même qu'avant et ne le sera plus jamais. L'angoisse innommable est en lui. Après le Postulat, il ne reste à l'Homme que deux voies : le couvent ou le communisme chinois.

***

Finalement, la Science, c'est quoi, exactement ?

Eh bien, voilà.

Il y a la Science Pure et la Science Appliquée.

La Science pure, ça sert à gagner aux jeux télévisés.

La Science appliquée, ça sert à vendre des frigidaires et des Mirage IV. Tout ça serait plutôt utile. Mais il ne

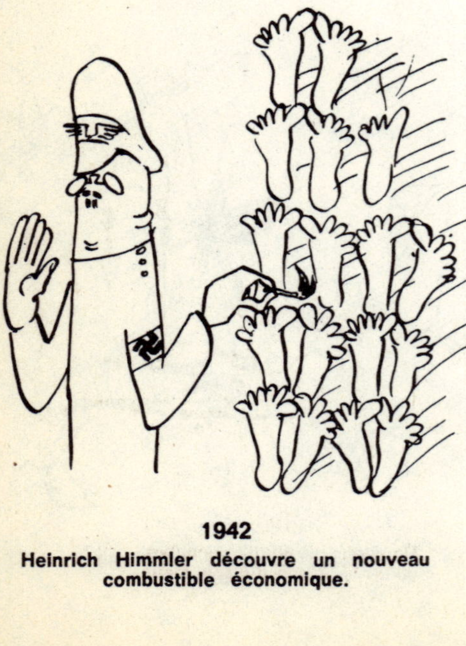

1942
Heinrich Himmler découvre un nouveau combustible économique.

1944
Un enfant juif découvre qu'il n'y a pas de bon dieu.

faut pas oublier que c'est aussi la Science qui détraque le temps et qui donne le cancer du fumeur. Et les conserves, vous croyez que c'est tellement bon pour la santé ?

Je sais bien que lorsque Denis Papin inventa le sifflet à vapeur, il le fit dans une bonne intention, pour venir en aide à ses semblables, mais, en ôtant aux agents de police la peine de souffler dans leurs sifflets à roulette, il les priva du seul exercice intellectuel qui leur maintenait vaguement la tête hors de l'eau, et total : les agents de police meurent tous en bas âge de profilose, maladie terrible qui consiste en ce que les deux oreilles se rejoignent, l'écartement n'étant plus maintenu par la présence d'une masse de matière cérébrale.

De toute façon, il est difficile de dire si la Science a été une bonne ou une mauvaise chose pour l'Humanité tant que la bombe H n'aura pas fait sauter la planète. Revenez me voir à ce moment-là, je vous répondrai.

1960
Un enfant hindou découvre qu'il n'y a pas de bon dieu.

1983
Un enfant libanais découvre qu'il n'y a pas de bon dieu.

PEINTURES PRÉHISTORIQUES DE LA GROTTE DE FELLBÔH-TOHRAHUNSÛK
(Turquie)
1. Citrouille. 2. Aurochs fuyant devant une citrouille.
3. Mammouth peint en faux marbre. 4. Poule ayant trouvé un couteau.

HUITIÈME LEÇON

L'homme invente les beaux-arts et porte les cheveux longs

Pendant des milliers et des milliers de siècles, les Hommes vécurent comme des brutes. Ils bâfraient, copulaient et digéraient sans s'inquiéter du décor ni du tour de main. L'important était de remplir ce qui devait être rempli et de vider ce qui devait être vidé, et pas de fleurs autour. Ils étaient immondes et parfaitement heureux.

En ce temps-là les Hommes vivaient de la chasse. Ils aimaient la bonne viande rouge de l'aurochs, et aussi sa bonne graisse jaune qui vous coule le long du menton. Mais ils n'aimaient pas tellement courir après l'aurochs. Et quand l'aurochs faisait brusquement demi-tour, alors ils n'aimaient pas du tout. Bon.

Les Hommes étaient des brutes, mais ils avaient de la religion. Ça n'empêche pas. La religion, je vous ai déjà expliqué, ça veut dire je te donne une prière tu me donnes l'aurochs.

Ce système a l'air tout simple, comme ça, quand on ne réfléchit pas plus loin que le bout de son nez. Mais pensez un peu que les chasseurs qui faisaient cercle, pieusement, autour du Grand Sorcier — c'est ainsi qu'on appelait le curé de la paroisse — avaient besoin d'autre chose que de paroles, même sacrées, pour se réchauffer un peu l'enthousiasme avant de courir sus à l'aurochs dans les herbes pleines de rosée mouillée et pleines d'aurochs pleins de cornes. Pour tuer l'aurochs, il faut les Mots. D'accord. Mais les Mots, ce n'est que des mots. Eux, ils voulaient voir et toucher.

Les prêtres sont de grands psychologues, autrement ils ne seraient pas les prêtres. Ils avaient inventé de mettre l'idée d'aurochs sur le mur de la Caverne Sacrée, afin que tout le monde et le dieu aussi voient bien que c'était un aurochs qu'il y avait là. Ils faisaient ça avec un bout de craie. Juste après le crétacé, ce n'est pas la craie qui manquait. Evidemment, c'était un aurochs parce qu'on savait que c'en était un. C'est très difficile à dessiner, un aurochs. Le Grand Sorcier, en tirant la langue, traçait une espèce de rectangle tout mal foutu, et il disait : « Ceci est l'aurochs. » Le Chef des Chasseurs disait : « Bien tendre et bien juteux, surtout. Celui de l'autre fois, c'était de la semelle. » Le Grand Sorcier crachait pour effacer et rectifiait un peu par-ci par-là pour que ce soit un aurochs bien tendre. Et puis il prenait la main du Chef des Chasseurs, et il la trempait dans quelque chose de sale, et il l'appliquait sur le vilain rectangle, et cela faisait une main noire sur le rectangle, et il disait :

— Ta main est sur l'aurochs. L'aurochs est à toi. Tu n'as plus qu'à le trouver, à lancer ton javelot et à ne pas le rater. Si tu veux que je bénisse le javelot, c'est cent francs de plus.

Ça, ça s'appelle la MAGIE. Si ça ne fait pas de bien, ça ne peut pas faire de mal.

⁂

Il y avait une fois un avorton qui n'aurait pas dû vivre et qui vivait quand même. Il vivait quand même, mais il avait honte. Jusqu'alors et depuis le commencement des temps, jamais aucun avorton n'avait vécu.

On ne les tuait pas exprès, n'allez pas croire. Ils mouraient bien tout seuls.

Les Femmes de cette époque sportive mettaient au monde six enfants à la fois. Parfois douze, mais alors c'étaient des jumeaux. C'est parce qu'elles étaient toujours au bon air. Le plus costaud des six étranglait ses petits frères et buvait tout le lait. Et quand sa maman mettait au monde la portée suivante, il les étranglait tous les six et rebuvait tout le lait. Comme ça jusqu'à sa majorité. Si bien que, seuls, les plus costauds survivaient et devenaient encore plus costauds à cause de tout ce bon lait. Ça s'appelle la LUTTE POUR LA VIE. Celui qui a compris ça le premier s'appelait Darwin. C'était un grand homme. Les Américains, qui ne croient pas en Darwin, appellent ça la LIBRE CONCURRENCE.

L'avorton qui n'aurait pas dû vivre avait été mal étranglé. Il était le sixième et son frère le costaud était pressé de téter. L'avorton avait été jeté avec les autres sur le tas d'os pour le chien. Le chien était une chienne. Elle avait déjà huit petits chiots. Ça ne laissait pas beaucoup de lait pour un neuvième, mais vous savez comment sont les chiennes. Elle emporta l'avorton dans son coin secret à elle, et l'avorton ne mourut pas. Je n'irai pas jusqu'à dire qu'il vécut, mais ces avortons, il leur suffit de si peu...

L'Avorton avait un petit corps triste et une grosse tête avec des yeux qui prenaient quelque chose aux choses quand ils les regardaient. On voyait bien que sa tête avait bu tout le lait de la chienne, et rien pour les membres.

L'Avorton ne chassait pas. Jamais on n'avait autant rigolé que la fois où il s'était mis en rang avec les chasseurs pour aller à l'aurochs. La vieille chienne était venue lécher les crachats sur sa figure et le sang qui coulait de son nez, et puis elle l'avait traîné sous les buissons qui piquent pour qu'il ne meure pas au milieu

AUROCHS COMMUN

de la place, en plein soleil. Les petits enfants n'allèrent pas lui crever les yeux, car ils redoutent les buissons qui piquent et les vieilles chiennes dingues. C'est que ça vous mordrait, la sale bête !

Après ça, l'Avorton resta avec les chiens et les Femmes au lieu d'aller à la chasse. Et pour manger, il fit comme les chiens et les Femmes : il tâcha d'attraper les os que les Hommes jetaient. Quand il avait pu en attraper un, il le rongeait et il mettait de la vie dans son ventre, et après il s'endormait, couché en rond. Quand il n'en avait pas attrapé, il allait sur la plage regarder la lune, car son ventre criait et cela l'empêchait de dormir.

Alors, avec son doigt, sur le sable, il faisait ceci et cela, frrt frrt, et voilà : il y avait sur le sable une jambe d'aurochs, avec la cuisse, la lourde et ronde cuisse de viande rouge et de graisse jaune. Ce n'était pas vraiment une cuisse, c'était l'idée d'une cuisse mais les yeux de l'Avorton mangeaient l'idée de cuisse, et elle entrait dans la tête de l'Avorton, et elle nourrissait sa tête.

***

Un matin, l'Avorton regardait le Grand Sorcier mettre sur le mur l'idée de l'aurochs que les chasseurs allaient tuer. C'était ce machin, ce rectangle mal foutu, vous savez. L'Avorton ramassa un morceau de craie et, sur le mur, juste à côté, il mit une autre idée d'aurochs comme il la voyait dans sa tête. Il recula pour voir si c'était bien. Les chasseurs poussèrent le Grand Cri de Mort et lancèrent leurs javelots. Ce n'était pas une idée d'aurochs, c'était un aurochs ! Vivant. Il galopait avec sa grosse bosse et sa petite figure barbue et ses cornes méchantes. On voyait bien qu'il était en colère. Tout ça avec un vieux bout de craie !

Les chasseurs furent très contents, car ils étaient sûrs que la magie de cet aurochs-là serait une très bonne magie. Ils dirent au Grand Sorcier de prononcer les Mots pour faire entrer la magie dans l'aurochs, et le chef mit l'empreinte de sa main, et ils partirent très joyeux, et ils tuèrent un aurochs si gros que trois grands-pères crevèrent d'indigestion et que même il fallut en jeter. Ça alors !

L'Avorton décida que la chose de mettre sur les murs des idées d'aurochs qui ressemblent à des vrais aurochs ça s'appellerait l'ART et que c'était lui qui avait inventé ça. Il ne fut plus méprisé par les chasseurs, bien qu'ils continuassent à ne pas lui parler, mais il s'en foutait pas mal, il était drôlement au-dessus de ça. Et il laissa pousser ses cheveux, et il fut le premier artiste.

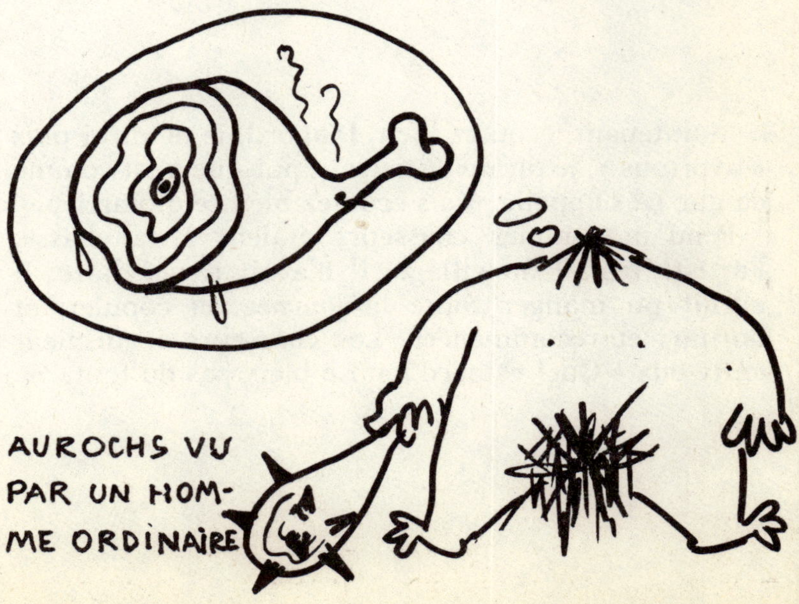

A partir de là, on commença à se demander si, tout bien réfléchi, on n'avait pas fait une bêtise depuis le commencement en laissant les bébés costauds étrangler les bébés avortons. Evidemment, on était sûr, de cette façon, de n'avoir que des guerriers costauds, ce qui est utile. Mais un costaud ou mille costauds, c'est toujours la même chose, ce qui est monotone. Tandis que les avortons, peut-être que dans leurs grosses têtes ils avaient des tas de trucs comme les aurochs sur le mur, mais pas seulement des aurochs, ça, on avait déjà, plutôt des sangliers, peut-être bien, ou des canards, ou des poissons, c'est bon aussi, les poissons, bien grillés. Alors, on commença à mettre de côté les avortons, et ça c'était une bonne idée.

Bien sûr, tous les avortons n'avaient pas des choses merveilleuses dans leur grosse tête. Il fallait même élever beaucoup d'avortons pour en trouver un qui sache faire courir la craie sur le mur. Mais celui-là, quand on l'avait trouvé, de beaux jours s'ouvraient pour la tribu. Les autres, quand on était bien certain qu'il n'y avait décidément rien à en tirer, on finissait quand même par les étrangler, mais ils avaient eu le temps de manger beaucoup de viande, et ça, c'était dommage. Alors, pour ne pas tout perdre, on les mangeait. Et voilà pour eux.

***

Maintenant, écoutez bien. D'abord, je ne dirai plus « avortons », je dirai « artistes », puisque c'est comme ça que ça s'appelle. Mais écoutez bien ce qui arriva.

Pendant que les chasseurs étaient à la chasse, l'artiste restait au village. Il n'avait rien à faire. Il aurait pu manger toute la journée, et copuler, et dormir, et recommencer. Les chasseurs se disaient entre eux « Quel veinard ! ». Eh bien, pas du tout.

L'artiste s'installait dans la Caverne Sacrée et il dessinait des aurochs. Et aussi des mammouths, lorsqu'il eut appris à dessiner les mammouths. Et aussi des ours. Et des oiseaux, des Hommes, des Femmes, des fleurs, des lunes et des soleils. Tout ça ! Les murs de la Caverne Sacrée furent tout couverts de Choses, et aussi le plafond, et aussi le sol. Alors il alla dans une autre caverne, pas sacrée, et puis, quand celle-là fut remplie, dans une autre.

Le Grand Sorcier vit cela, et il dit : « Nous n'avons pas besoin de fleurs, ni de lunes, ni de papillons (il dessinait même des papillons). Nous avons besoin de viande. Je ne dirai pas les Mots sur ces Choses qui ne sont pas de la viande. »

Alors l'artiste décida que cela s'appellerait l'ART POUR l'ART, et il décida aussi que c'était encore lui qui avait inventé ça.

Or les Hommes de la tribu aimaient à regarder les Choses sur les murs, même quand ce n'était pas le moment où le Grand Sorcier prononçait sur elles les Mots de la Bonne Chasse. Et les Choses entraient dans les yeux des Hommes, et elles allaient au fond de leur tête, tout au fond, et elles caressaient le dedans de la tête des Hommes, et c'était très bon. Très, très bon. Les Hommes prirent l'habitude, une fois bien remplis de viande, d'aller éructer en regardant les Choses sur les

murs, et c'était bien meilleur qu'avant, quand ils éructaient sans rien regarder.

Le BEAU était entré dans leur vie.

⁂

Ayant acquis la notion du Beau, les Hommes le virent partout où il est, c'est-à-dire partout. Ils ne regardèrent pas seulement les choses de craie sur les murs. Ils se mirent à regarder les vraies choses : les bêtes, les fleurs, les papillons, le soleil, la lune, les nuages, la rosée et les yeux des jeunes filles. Et ils aimèrent tout cela.

Les artistes restèrent le petit nombre. Il y en eut de différentes espèces, car les Hommes se lassent du Beau s'il n'est pas associé au Nouveau. Et les artistes durent inventer mille et mille façons d'étonner les Hommes.

Il y eut ceux qui dessinaient un aurochs sur le mur et qui disaient : « Ça, c'est un aurochs. » C'étaient les Observateurs Fidèles. Il y eut ceux qui dessinaient un cheval avec des ailes, ou une Femme avec une queue de poisson, et qui disaient : « Ça, c'est la Poésie. » C'étaient les Idéalistes. Il y eut ceux qui dessinaient des zigzags, ou des spirales, ou des carrés blancs avec des carrés noirs et un peu de jaune d'œuf dans le coin. C'étaient les Non-Figuratifs ou Abstraits. Il y eut ceux qui dessinaient un pied sur un violon et un œil dans le pied. C'étaient les Surréalistes. Il y eut enfin ceux qui se contentaient de faire une grosse tache sur le mur. C'étaient ceux qui gagnaient le plus d'argent.

⁂

Il ne faudrait pas croire que les Hommes primitifs ne connaissaient que la forme d'art dont je viens de vous parler. En fait, ils connaissaient tous les arts que nous connaissons, absolument tous, sauf peut-être le cinéma

OBJETS D'ART EN OS DE RENNE

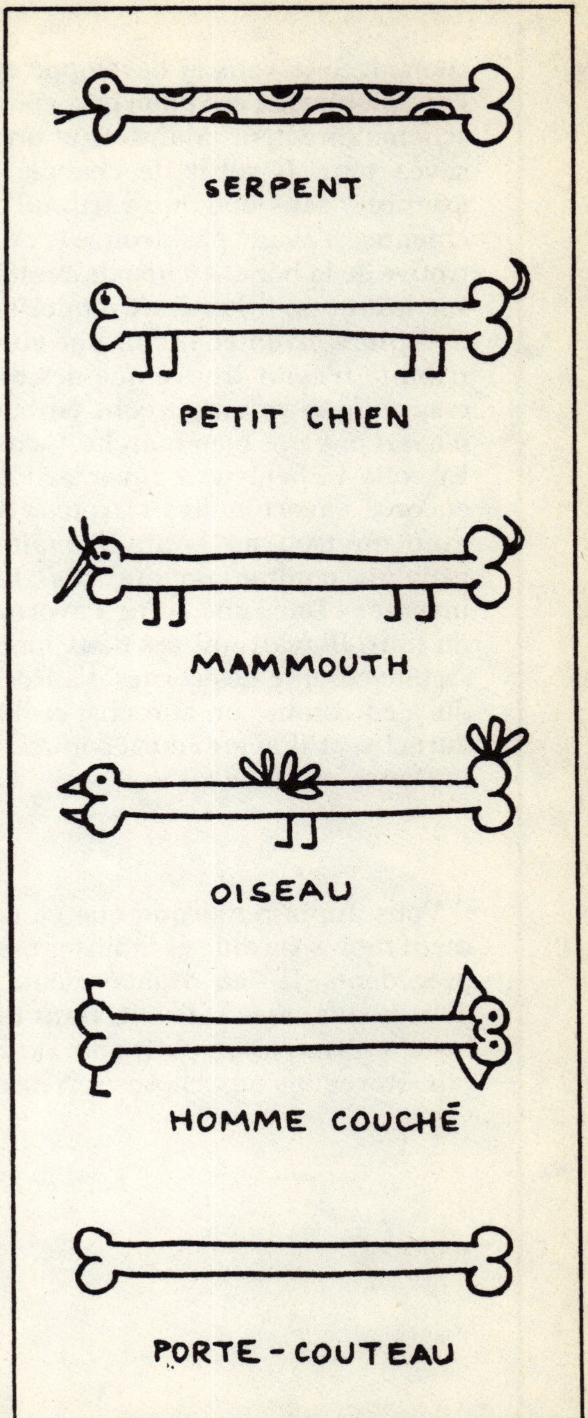

cochon. Si je vous ai développé en détail la genèse de l'art pictural, c'est pour que vous compreniez bien le schéma directeur. Maintenant que vous savez ça, vous savez tout. Il suffit de changer quelques mots. Par exemple, dans une autre tribu, l'avorton sauvé par la chienne n'avait pas trouvé de craie, mais il avait trouvé de la boue. Au lieu de dessiner ses petits aurochs sur les murs, il les avait modelés en boue. Et voilà la Sculpture inventée ! Dans une autre, l'avorton de cette tribu-là n'avait trouvé que des bouts de bois. Il avait essayé de faire un aurochs en bouts de bois, mais ça n'avait pas très bien marché. Ça avait donné une table. Et voilà l'Ebénisterie inventée ! Dans une autre tribu encore, l'avorton avait trouvé une corne d'aurochs avec un trou au bout. Il avait soufflé dedans : ça beuglait comme un aurochs. Et voilà la Musique inventée ! Dans une autre, l'avorton n'avait rien trouvé du tout. Il avait mis ses deux index de chaque côté de sa tête comme des cornes d'aurochs, et il avait frappé du pied comme un aurochs, et il avait rué comme un aurochs, et il avait couru comme un aurochs. Et voilà la Danse inventée !

⁂

Vous aurez remarqué que ce chapitre est sensiblement moins sordide et moins grossier que les chapitres précédents. Il s'en dégage même une certaine poésie dont je suis assez satisfait. Dans toute œuvre grande et forte, on trouve un petit coin de ciel bleu. Voilà, c'est fait. Revenons aux choses sérieuses.

NEUVIÈME LEÇON

L'homme goûte les émotions de l'aventure sans vraiment se fatiguer

Les hommes connurent le jeu très tôt. Vous dire exactement à quelle époque, c'est autre chose. On peut seulement affirmer avec une certitude absolue :

1. Que l'homme sut jouer avant de savoir travailler.
2. Que l'homme sut tricher avant de savoir jouer.

*
**

Pourquoi l'homme primitif jouait-il ? Pour GAGNER.

Il n'aurait pas admis des jeux où l'on risquât de perdre. Il ne savait même pas ce que ça voulait dire, perdre. Le mot n'existait pas.

Le jeu de dés est très ancien. Peut-être le plus ancien de tous. La preuve, c'est que les dés sont carrés. Leur invention est donc antérieure à celle de la roue. Sinon, on aurait fait des dés ronds. Au lieu de ça, à cause de la tradition, encore aujourd'hui on continue à faire rouler des dés carrés, et on a beau les jeter fort, ils s'arrêtent presque tout de suite.

Les dés des premiers hommes avaient six faces, comme ceux d'aujourd'hui, mais beaucoup plus grandes, ce qui n'a d'ailleurs aucune importance pour

Le pharaon Aménophis XXVII jouant à greli-grelo avec des prisonniers hébreux.

ce qui nous occupe. Sur chacune des six faces, il y avait six gros points noirs. Six sur chaque face, parfaitement. Ce qui fait, si vous me suivez bien, qu'on était sûr de sortir le maximum à tous les coups, et donc de gagner à tous les coups.

Après une bonne partie de dés, les joueurs étaient très contents, parce qu'ils avaient gagné. Tous. Et leurs femmes aimaient bien les voir s'en aller faire une partie avec les amis, parce qu'ils revenaient toujours de bonne humeur.

***

Un jour, un type regardait un groupe de chasseurs cro-magnons jouer aux dés. Un de ces types maigres comme on en voit des fois sortir d'un nuage qui pique les yeux, avec des cornes, une queue et des yeux plus brillants que les yeux de par chez nous, et tout rouges. Une espèce d'étranger, si vous voulez.

L'étranger les regarda jouer pendant quelques instants, et puis il dit :

— Qui gagne ?

Jeanne d'Arc jouant à colin-maillard.

Le gars qui se trouvait le plus près de lui répondit, tout fier :

— Moi, je gagne dix mâchoires d'ânes [1].

Un deuxième gars dit :

— Moi, je gagne dix mâchoires d'âne.

Un autre :

— Moi, dix mâchoires d'âne.

Tous dirent la même chose.

L'étranger demanda :

— De combien est la mise ?

Ils répondirent :

— Dix mâchoires d'âne.

L'étranger lança dix mâchoires d'âne sur le tas. Quand ce fut son tour, il ramassa les dés et gratta quelque chose sur l'un d'eux. Il les fit rouler. Les dés s'arrêtèrent.

1. Unités de monnaie, époque Cro-Magnon de la décadence :
1 mâchoire d'âne = 2 peaux de zébie.
5 peaux de zébie = 17 pets de lapins 1/2.
3 pets de lapin 1/8 = 53 shillings.

Sans même regarder, les joueurs commencèrent à ramasser dix mâchoires d'âne chacun, car ils avaient tous fait douze auparavant. (Je vous ai dit qu'ils jouaient avec deux dés ?) Mais voilà qu'ils entendirent :

— Onze !

C'est l'étranger qui avait dit ça. Ils regardèrent les dés. Six et cinq. Ils dirent : « Mon Dieu ! Mon Dieu !... » et « Qu'est-ce qui va arriver, maintenant ? ». L'étranger dit :

— Vous avez tous fait douze. Moi, j'ai fait onze seulement. Vous avez gagné, j'ai PERDU. Vous êtes dix. Cela fait juste une de mes mâchoires d'âne pour chacun de vous. Ça s'appelle la CHANCE. Ça va, ça vient.

Et il s'assit dans un coin, et on voyait bien qu'il était triste.

Les Cro-Magnons prirent chacun une des mâchoires d'âne de l'étranger, et puis ils comptèrent leurs mâchoires d'âne. Ils comptèrent beaucoup et beaucoup de fois. Il y en avait toujours onze. Avant, il y en avait dix. Ils trouvèrent que la chance était une invention vraiment utile et ils rentrèrent chez eux extrêmement contents.

Ils étaient contents parce qu'ils avaient plus de mâchoires d'âne qu'en partant, et en plus ils étaient contents parce que l'étranger avait perdu ses mâchoires d'âne et parce qu'il avait l'air si triste. Ils pensèrent que c'était bien meilleur de gagner quand il y avait un perdant, et après ça ils pensèrent que ça serait encore meilleur de ricaner du perdant, et de lui cracher à la figure, et de le traîner dans la poussière, et de le brûler tout vivant pour être si bête, mais l'étranger avait disparu dans une grosse fumée verte qui piquait les yeux avec une espèce de rire idiot.

C'était quand même une bonne journée.

Le calife Haroun-al-Rachid se délectant au jeu de dames.

L'invention de la chance apporta un piquant nouveau aux jeux de hasard. Comme toutes les grandes découvertes bienfaitrices de l'humanité, celle-ci ne s'imposa que peu à peu.

Revenons à nos Cro-Magnons. Quand, le lendemain, ils se réunirent à nouveau pour jouer, ils avaient tous en tête un objectif précis : rentrer à la maison avec plus de mâchoires d'âne qu'ils n'en avaient en partant. Ils avaient beaucoup réfléchi pendant la nuit, et maintenant ils comprenaient très bien ce qu'il fallait faire : il fallait qu'un gars sorte une fois le onze.

Ils jouèrent avec les mêmes dés que la veille. C'étaient les dés de la tribu, il n'y en avait pas d'autres. Mais ils sortirent toujours le douze. Ils gagnaient tous, comme autrefois. Pourtant, ils n'étaient pas contents comme autrefois. Et voilà que, tout à coup, paf : onze ! Les Cro-Magnons poussèrent un énorme hurlement de joie. Celui qui avait fait onze, un nommé Llxchtrglf-la-Moukère — ce qui veut dire Henri — était plus content que tout le monde, parce qu'en plus il était content que ce soit lui qui avait réussi à faire onze. Mais quand il vit les autres ramasser toutes les mâchoires d'âne sans lui en laisser, il comprit qu'il avait perdu et il fut triste.

Alors les autres devinrent vraiment très très contents. Surtout parce qu'il n'était plus question de fumée verte. Ils s'installèrent à l'aise pour bien ricaner d'Henri, et puis ils lui crachèrent à la figure, et bref, quand ils raccompagnèrent ses cendres à la caverne, ils ricanèrent encore un bon coup devant la tête que faisaient les dix femmes d'Henri avant de se les partager équitablement.

⁂

Les Hommes ne sont jamais contents longtemps. Ils trouvèrent bientôt que ça n'allait pas assez vite. Il fallait souvent jouer pendant des heures et des heures avant qu'il y ait un perdant. Parfois même on avait beau jouer jusqu'à ce que les bonnes femmes viennent vous chercher, il n'y avait pas de perdant du tout.

Alors, on gratta un petit peu le deuxième dé. Ça fait qu'il y eut deux onze. Mais cela ne faisait presque pas de différence. On gratta encore, et encore, jusqu'à obtenir les dés tels que nous les connaissons aujourd'hui. Là, ça se mit à remuer. Mais vous savez tout ça aussi bien que moi.

En même temps, les dés devinrent plus petits, car il était très désagréable de recevoir dans la figure des dés de deux cents kilos envoyés par un perdant mauvais joueur. Ils devinrent même si petits qu'on put les tenir dans le creux de la main. Dans le creux d'une main, il peut s'en passer, des choses... L'ère des grands tricheurs s'ouvrait.

⁂

Nous méprisons les tricheurs. Les peuples de l'Antiquité, au contraire, les honoraient et les respectaient. C'est eux qui avaient raison.

Celui qui ne triche pas est un résigné, un feignant et un lâche. Il subit son destin, courbe la tête sous les coups du sort et attend paresseusement que le hasard travaille pour lui. Mentalité d'esclave. S'il n'y avait eu que des peigne-culs de ce genre, l'humanité ne serait actuellement qu'un ramassis d'assujettis à la Sécurité Sociale.

Le tricheur est l'image même de l'Homme dressé contre la nature hostile, du révolté qui refuse la tyrannie d'un sort absurde, du génie qui sait utiliser les lois de l'univers à son profit. Le tricheur triomphe par son intelligence, par son audace et par l'agilité de ses doigts. C'est un héros. Grâce à des gars de cette trempe, l'humanité d'aujourd'hui est composée de Supermen, de James Bond et de Présidents-Directeurs Généraux.

Les grands hommes dont notre civilisation est légitimement fière pourraient s'appeler plus justement les grands tricheurs.

C'est parce qu'il tricha en prenant un raccourci que Christophe Colomb découvrit l'Amérique. David tricha : au lieu de lutter contre le géant Goliath loyalement, à mains nues, il avait caché une fronde dans son slip. Gutenberg tricha : au lieu d'écrire les livres à la main, il les imprima. Archimède tricha : au lieu d'aller au fond, comme le voulait la règle du jeu, il mit une planche sous lui et il flotta. Pasteur tricha : au lieu de se battre d'homme à homme avec les microbes, il les fit bouillir par surprise. De Gaulle tricha : il dit « La France n'a pas perdu la guerre », ce qui était un gros mensonge, et finalement il devint Président. Napoléon aussi tricha : il attira les Anglais dans un piège, à Waterloo, mais c'est lui qui tomba dedans. Ce qui montre bien que tout le monde ne peut pas être De Gaulle.

Nous acclamons celui qui refuse la défaite et nous mettons les tricheurs en prison. Ou bien nous sommes gâteux, ou bien nous sommes des hypocrites. Ou bien les deux.

Le premier tricheur scientifique fut Ramsès-la-Ficelle, qui inventa les dés télécommandés. Gagnant à

Landru jouant à cache-tampon.

tous les coups, il gravit rapidement les degrés de la richesse et des honneurs. Il joua avec le Pharaon, lui gagna l'Egypte et devint Pharaon à sa place. Il faillit gagner Rome à Jules César, mais Jules César, qui était malin, l'obligea à jouer sur une table de marbre très propre au lieu de jouer par terre, dans la poussière, comme il faisait d'habitude, et l'on vit distinctement les ficelles qui étaient attachées aux dés et à ses doigts. Jules César le fit jeter aux lions et garda les ficelles pour jouer au strip-poker avec Cléopâtre.

*
**

Il n'y a pas que les dés, dans la vie. Il y a aussi les cartes. Elles apparurent beaucoup plus tard, non pas, comme l'enseignent ceux qui parlent sans savoir, parce qu'il fallut attendre que fût inventé le carton, mais bien parce qu'il fallut attendre que fussent inventées les manches de veste.

Vous avez certainement déjà remarqué qu'on aurait pu faire les cartes à jouer un tout petit peu plus larges,

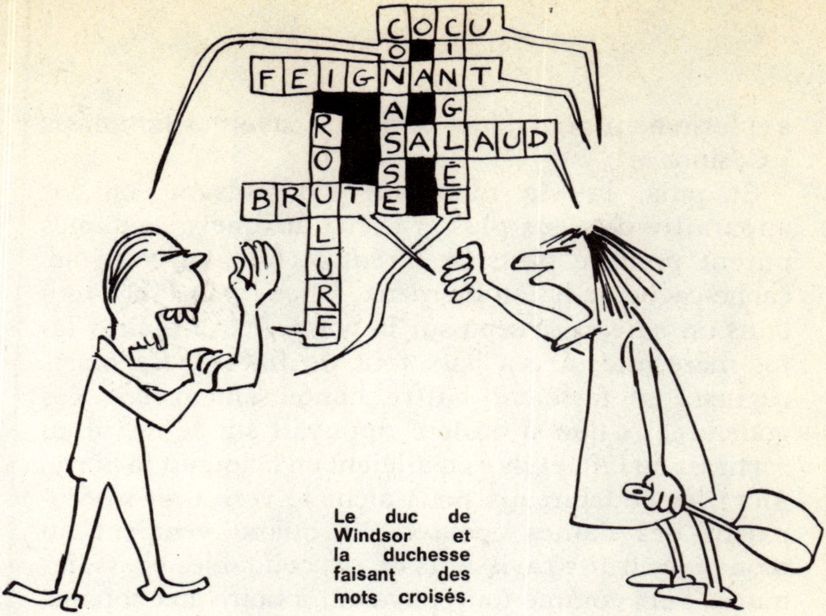

Le duc de Windsor et la duchesse faisant des mots croisés.

ou plus longues, ou je ne sais pas, moi... Eh bien, comme par hasard, elles ont juste la bonne largeur pour tenir bien au chaud dans une manche de veste et pour venir se glisser gentiment sous votre main sans que rien ne dépasse. Les images qu'on voit dessus sont très différentes suivant les pays. Mais, partout, les cartes ont les mêmes dimensions. Et aussi les manches de veste. Ce qui prouve bien que celui qui ne triche pas n'a vraiment rien à faire dans cette vallée de larmes.

***

Les Hommes inventèrent beaucoup de jeux très ingénieux. Certains étaient nommés jeux d'adresse, car il fallait s'y montrer très adroit. D'autres étaient nommés jeux de hasard, car il fallait s'y montrer encore plus adroit. Pendant longtemps, les jeux furent strictement interdits aux Femmes. Citons les dès, la pétanque néanderthalienne, les osselets (de mammouth), le bras-de-fer, le si-tu-me-rates-je-ne-te-raterai-pas, etc. Afin d'être tranquilles, les hommes s'enfermaient pour jouer dans des cavernes nommées « Casinos ».

Et puis, la vie mondaine s'organisant, on vit apparaître des jeux plus gracieux auxquels les dames purent prendre part. Ce furent le loto, pigeon-vole, cache-cache, le bâton merdeux, Pince-mi et Pince-moi dans un bateau, le seau sur la porte, ôte-ta main-v'là-ma-mère, etc. A ces jeux tout de finesse, les maris rugueux se faisaient battre honteusement par des godelureaux que si on leur appuyait sur le nez il en sortirait du lait, et ils s'en allaient en claquant la porte. Alors les godelureaux poussaient le verrou et s'occupaient des dames épouses. Et quand venaient au monde les fruits ravissants de ces coupables ébats, les maris, fiers comme tout, payaient à boire aux copains en disant : « Malheureux au jeu, heureux en amour ! »

Les proverbes, c'est aussi menteur que le reste.

Et puis, comme je vous l'ai déjà raconté, l'Homme devint intelligent. Tellement intelligent que, lorsqu'il avait fini sa journée, il lui restait de l'intelligence en trop et c'était de l'intelligence perdue. Il se dit en lui-même « Quel dommage ! » et il chercha un moyen d'utiliser cette bonne marchandise. Il trouva les Jeux d'Intelligence Pure.

Ça, c'est difficile à expliquer. Je vais vous donner un exemple. Les Hommes connaissaient depuis longtemps un jeu qui s'appelait les échecs. Il y avait des cases noires et des cases blanches. De grandes cases : deux mètres sur deux, à peu près, pour vous fixer les idées. Il y avait des types sur les cases. Le jeu consistait à détester tant qu'on pouvait le type de la case à côté et à lui rentrer dedans hardi petit.

Si on le ratait, c'est lui qui vous tuait, et bon, vous aviez perdu. Quand les Hommes furent devenus intelligents, ils envoyèrent des pions se battre à leur place. Ça fait moins de désordre et ça laisse une main libre pour causer avec les dames. Le perdant mourait de honte au lieu de mourir de mort, ce qui fait qu'il pouvait resservir. C'est comme ça que les gens commencèrent à ne plus mourir et que la Terre devint le wagon de métro surpeuplé où nous gémissons aujourd'hui.

Parmi les jeux d'intelligence pure, je citerai la charade à tiroir, le rébus à double fond, le morpion, le pendu, les mots croisés avec priorité à droite, le calembour cochon, le problème de robinets, la mouche écrasée, l'acrostiche frisé, la carte postale transparente, le contrepet foireux, le sonnet classique, la hernie étranglée, l'anagramme qui se mord la queue et la bataille navale.

Ces jeux ne sont pas aussi futiles que pourrait le croire le laboureur dur à la peine. La bataille navale, par exemple, a été instituée par l'Education Nationale comme seul test officiel et homologué d'intelligence. On a remarqué que les élèves se partagent en deux catégories : ceux qui écoutent le professeur et ceux qui jouent à la bataille navale. Les premiers sont de tristes andouilles vouées aux situations subalternes et salissantes. Les autres sont les Cerveaux de demain.

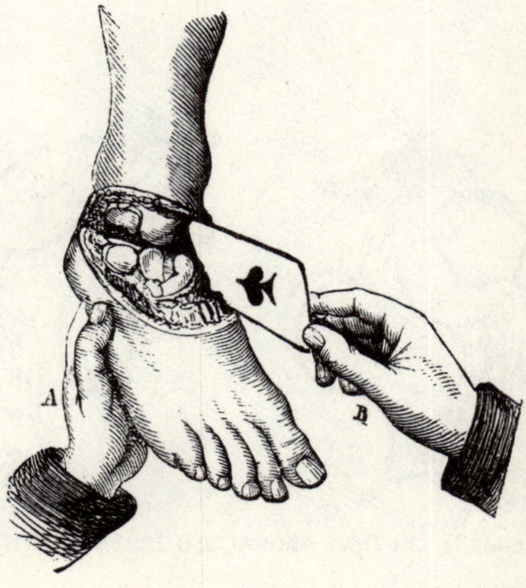

le premier manuel du savoir-vivre

« LES ENFANTS BIEN ELEVES SE DECOUVRENT POUR SALUER. »

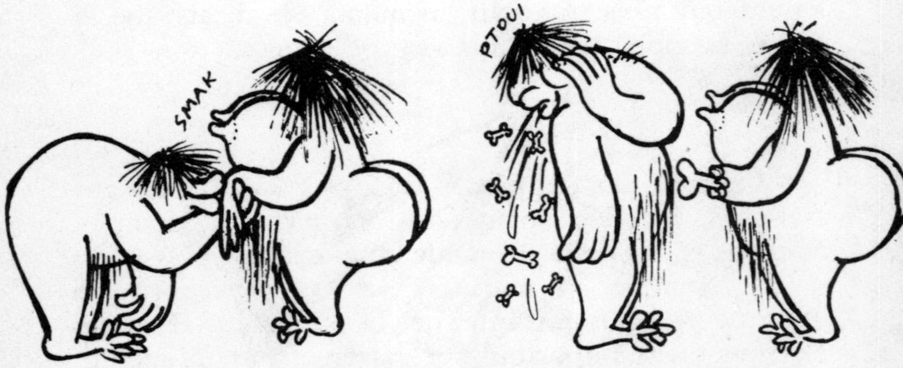

« APRES LE BAISE-MAIN, ON DOIT RECRACHER DISCRETEMENT LES PETITS OS. »

DIXIÈME LEÇON

L'homme apprend à moucher son nez et devient un véritable gentleman

La politesse est à l'Homme ce que la sauce béarnaise est au turbot pas frais : elle fait passer ça pour du veau. S'il n'y avait pas la politesse, l'Homme ne pourrait pas supporter l'Homme, même pour l'exploiter. Sans exploitation, pas de civilisation. On peut donc dire que la politesse est le petit bout de bois qui cale le quatrième pied de la statue équestre de l'Humanité, celui qui est un peu plus court.

Or — c'est triste à dire — l'Homme n'est pas un mammifère spontanément poli. Ou alors c'est qu'il a une idée derrière la tête. Si je ne haïssais pas le calembour plus que tout au monde, je dirais que la pierre fut polie longtemps avant l'Homme.

***

A l'aurore des temps, les relations sociales étaient franches, joviales, spontanées. Prenons un exemple. Prenons le cas de la demande en mariage.

La demande en mariage était une circonstance extrêmement importante de la vie d'un Homme. Extrêmement importante et extrêmement fréquente. Je vais vous expliquer.

Pour ne pas mourir de faim, l'Homme faisait trois repas par jour. Pour ne pas mourir d'indigestion, l'Homme pratiquait le coït après chaque repas. Pour ne pas sombrer dans la routine, l'Homme ne pratiquait jamais deux fois le coït avec la même Femme. Pour ne pas se faire montrer du doigt, l''Homme ne pratiquait le coït qu'avec son épouse légitime. D'où la nécessité de se marier trois fois par jour, et même davantage pour les gros mangeurs.

Si vous m'avez bien suivi, vous avez déjà compris ce que ce système avait d'agréable : tous les repas étaient des repas de noces. Evidemment, il y avait la question des épouses usagées. Eh bien, on en faisait cadeau aux domestiques, qui les finissaient à la cuisine, ou encore on les versait à la quête pour les petits polios. Mais la meilleure solution, c'était de les chasser à coups de pierre : en même temps, ça exerçait la jeunesse à viser juste.

Voici comment se faisait une demande officielle en mariage.

Un jour, en se promenant vers la fin de la digestion pour faire revenir l'appétit, on avait remarqué une jeune vierge qui s'en retournait du puits, portant avec grâce sur sa tête altière une outre gonflée d'eau. Des gouttelettes irisées mettaient des perles dans sa noire chevelure, ses yeux étaient de biche, ses joues de pêche et sa bouche sans bec-de-lièvre. Un soupir, alternativement, gonflait son sein droit et puis le gauche, tandis qu'elle jouait avec un petit chat dont, rêveuse, elle arrachait la tête d'un coup de dents. Ses dents étaient de nacre.

On se sentait soudain saisi d'un mal étrange et doux. On suivait des yeux la flexible silhouette aux belles lourdes hanches balancées. On tombait à genoux dans la poussière et l'on remerciait le ciel qu'une telle chose pût exister. On se disait : « C'est Elle. La Femme de ma vie. » Cette certitude acquise, on rattrapait la jeune beauté, on lui expliquait, et puis on l'accompagnait chez ses parents.

La maman pressentait tout de suite de quoi il retournait. Les mères ont un sens spécial pour ces sortes de choses. Lorsqu'elle voyait sa fille tendrement chérie revenir avec ce grand beau jeune homme qui la traînait par les cheveux sur les silex du chemin, elle n'avait qu'un cri : « Tu aurais quand même pu rapporter l'outre, feignante ! » et elle hélait son mari afin qu'il l'aidât à pousser vite la porte. Mais déjà le beau jeune homme avait glissé la fière enfant entre le battant et le chambranle, et rien à faire. Alors, bon, il ne restait plus qu'à finir d'enfoncer la porte, puis à secouer un peu le vieux au-dessus du feu jusqu'à ce qu'on soit bien d'accord pour la dot, puis à rassembler la dot, c'est-à-dire tous les bœufs de la famille, et les chevaux, et les chèvres, et les poules, et les marmites, et le couteau suisse à douze lames donné par le type de la machine à explorer le temps, puis à pousser la dot dehors à coups de pied dans les fesses et la fiancée pareil, puis à jeter un seau d'eau sur les pieds du vieux pour les éteindre, enfin à faire la bise à belle-maman en lui disant « C'est d'accord, belle-maman, on compte sur vous pour faire la tambouille des noces, et surtout, tout au beurre, hein ? »

Voilà, c'était fait, on pouvait aller inviter les copains.

***

C'était un schéma simple, élégant, bien en main, qui satisfaisait tout le monde.

Cela aurait dû logiquement continuer comme ça jusqu'à la fin des temps. Mais il se produisit un phénomène.

Vous savez comment sont les phénomènes : ils se produisent et tant pis si ça gêne le monde. Dans le cas qui nous occupe, le phénomène appartenait à ce genre

L'HOMME IGNORA LONGTEMPS L'USAGE DE LA FOURCHETTE...

de phénomènes que les avocats appellent une coïncidence. Par l'effet de la coïncidence, chaque fois qu'une jeune vierge s'en revenait de la fontaine, il y avait quatre ou cinq de ses grands frères qui s'en revenaient justement aussi de la fontaine. Chaque fois.

Et — ce que c'est que le hasard ! — les grands frères marchaient bien serrés, en laissant très peu de place au milieu d'eux, et dans ce très peu de place il y avait la jeune vierge avec son outre sur la tête et encore un grand frère sur l'outre qui regardait de tous les côtés en mangeant une pastèque.

A moins d'être totalement dépourvu de délicatesse, il est très gênant d'aborder une jeune vierge pour lui parler d'amour quand de tierces oreilles sont à portée de voix. Certains amoureux — les plus épris, ou bien les plus pressés de passer à table — essayèrent de faire comprendre à la jeune vierge, par clins d'œil codés et mimique éloquente, qu'ils l'attendraient, là-bas, juste après le coin, à l'ombre des grands épinards en fleur [1]. Mais les frères, de vraies brutes, montraient les dents et vous jetaient des écorces de pastèque et alors, bon, tant pis, ça sera pour une autre fois.

Une coïncidence, mon Dieu, c'est des choses qui arrivent. Ça ira mieux demain. Mais le lendemain, pareil. Et les autres jeunes vierges, pareil. Tous les jours et toutes les jeunes vierges. Quand les coïncidences s'y mettent, l'Homme est vraiment bien peu de chose.

Le nombre des mariages baissa en flèche. Les Hommes digérèrent mal et eurent des ulcères d'estomac. La tristesse tira les coins de leur bouche vers le bas. Plus d'amour, partant plus de joie.

---

1. Au début de l'ère quaternaire, les épinards étaient des arbres majestueux. Ce n'est qu'assez récemment qu'ils sont devenus cette saloperie verdâtre dans une boîte en fer-blanc.

... DE LA CUILLERE...

Si les choses en étaient restées là, l'espèce humaine se fût éteinte comme une lampe sans huile. Nous sommes en droit de supposer que les choses n'en restèrent pas là, puisqu'il semble bien qu'il existe aujourd'hui sur terre au moins deux êtres humains vivants : moi qui vous parle et vous qui me lisez. (Au fait, quel est votre sexe ? Et, à tout hasard, que faites-vous ce soir ?)

Que s'est-il donc passé ?

Eh bien, voilà. Parmi la foule innombrable des aspirants fiancés qui rongeaient leur frein et se ruinaient la santé en rêves érotiques d'une richesse tout à fait déraisonnable, il y en avait un qui se nommait Monsieur Milord. Ne me demandez pas pourquoi. Je suis anthropologue au pair, pas diseur de bonne aventure.

Monsieur Milord avait un handicap : il était assez étroit d'épaules et plutôt moins poilu que les autres. Il ne pouvait manier longtemps la massue cro-magnonne réglementaire sans attraper des ampoules aux mains.

... ET DE LA SERVIETTE DE TABLE

Mais il avait aussi une supériorité : il connaissait très bien l'âme féminine.

Voici comment cette science lui était venue.

La première fois que Monsieur Milord avait senti les flèches parfumées de l'amour percer son cœur, il avait abordé la jeune vierge de ses vœux comme elle revenait de la fontaine — c'était naturellement avant l'Ere de la Coïncidence — et il lui avait fait l'aveu de sa flamme avec beaucoup d'éloquence. S'était ensuivi un épisode dynamique et un peu confus. Visuellement, on peut décrire la scène comme un tourbillon de poils évoluant rapidement dans le sens des aiguilles d'une montre, les uns humains, les autres de chèvre (ceux de l'outre). Jusque-là, rien que de très banal. L'épisode suivant porte l'empreinte d'une touche plus personnelle.

Lorsque l'ensemble Monsieur Milord-jeune vierge-outre eut perdu suffisamment de son énergie cinétique initiale, sa vitesse angulaire V diminua et le mouvement giratoire autour d'un axe vertical fixe AB évolua en un mouvement rectiligne uniforme dirigé vers une direction donnée D. Les passants étonnés constatèrent alors que, s'il y avait bien, conformément à l'usage, un élément actif traînant et un élément passif traîné, il y avait par contre innovation quant au sexe respectif desdits éléments. L'élément mâle, à savoir Monsieur Milord, raclait de son visage le dur silex du chemin et, de ses dents, en tirait des étincelles, sous l'effet de la traction vigoureuse que l'élément femelle exerçait sur lui par l'intermédiaire de ses cheveux. L'élément outre n'avait pas bougé de façon sensible de son emplacement naturel, là-haut sur la tête de la jeune vierge.

*
**

Le sens de l'humour était déjà suffisamment développé chez ces peuplades pour que la nouveauté de la situation fût appréciée à sa juste valeur. Tous les couples de nouveaux fiancés qui parcouraient le chemin menant de la fontaine au village — et il y en avait beaucoup, il y en avait tellement que les jeunes vierges traînées avaient creusé de leurs frais minois une ornière de trois haches [1] de profondeur et qui s'approfondissait de jour en jour — tous les couples de fiancés, dis-je, riaient à en perdre leurs dents.

Au lieu d'aller vite se marier et se mettre à table, les couples suivirent Ghislaine — c'était le nom de cette jeune vierge-là, Ghislaine-la-Mammouthe — et Monsieur Milord pour voir ce qui allait arriver maintenant. Il ne pouvait arriver que des choses gaillardes et rafraîchissantes, les moindres étant que les parents de Ghislaine couvrissent Monsieur Milord d'excréments, ou lui coupassent le nez, ou lui fissent faire la vaisselle.

***

Ça ne se passa pas du tout comme ça.

Ghislaine frappa à la porte de la caverne familiale. Sa maman ouvrit d'un même geste la porte et la bouche pour dire : « Tu aurais quand même pu rapporter l'outre, feignante ! » Mais elle ne dit rien, car on ne lui avait pas appris ce qu'il faut dire quand il y a un changement au programme. D'ailleurs, l'outre était là. Alors, elle resta la bouche ouverte. Cela fit un certain flottement dans la conversation. Monsieur Milord en profita pour se relever. Il était très gêné. Il pensait que la vieille allait lui foutre une baffe et ça l'ennuyait à cause de tous ces ricanants qui n'attendaient justement que ça. Un moment, il crut que ça y était. Il leva le coude pour se protéger la figure, mais la baffe ne partit pas, c'était juste la vieille qui avait eu

1. Unité de longueur paléolithique. Une hache = 50, cm 33333... environ.

un mouvement comme ça pour remonter la bretelle de son soutien-gorge en intestin de crapaud-buffle qui commençait à se relâcher, vous savez ce que c'est la camelote de maintenant ça soutient rien du tout c'est pas comme les soutien-gorge en pis de bisonne de quand j'étais jeune fille.

Monsieur Milord se trouva tout bête avec son bras en l'air et pas de baffe. Il agita la main, gentiment, comme si c'était vraiment ça qu'il avait voulu faire, et, histoire de dire quelque chose, il dit : « Bonjour ! »

Il dit « Bonjour » comme il aurait dit « Chtamouifre », sans même savoir pourquoi. C'était juste du bruit avec la bouche, ça n'existait pas. Vous pouvez chercher dans les dictionnaires de l'époque : entre « bonite » et « bonne », il n'y a rien.

Ce que c'est que le hasard (bis) ! Si, tout aussi machinalement, Monsieur Milord avait dit « Chtamouifre ! », nous nous saluerions aujourd'hui d'un cordial chtamouifre.

***

La maman de Ghislaine disait toujours qu'il faut vivre avec son temps. Elle ne voulut pas avoir l'air d'ignorer les façons nouvelles. A tout hasard, elle agita la main et dit « Bonjour ». Et puis elle chercha la massue de son feignant de mari pour défoncer le crâne de Monsieur Milord. Elle trouva la massue. Mais alors elle s'aperçut que sa colère n'était plus aussi fraîche. Il ne faut jamais dire bonjour à quelqu'un avant de l'assassiner, ça fait perdre le fil. Mais ça, on ne l'a su que plus tard.

Enfin, la vieille était là, à se tortiller avec la massue, et Monsieur Milord se tortillait devant la vieille, et Ghislaine se tortillait aussi, bien embêtée, parce qu'après tout si elle avait laissé les choses suivre leur cours normal on n'en serait pas là à ne pas savoir quoi

filmées à 125 000 ans d'intervalle, ces deux scènes de la vie quotidienne montrent l'influence bénéfique de la politesse sur l'équilibre social

1. AVANT L'INVENTION DE LA POLITESSE

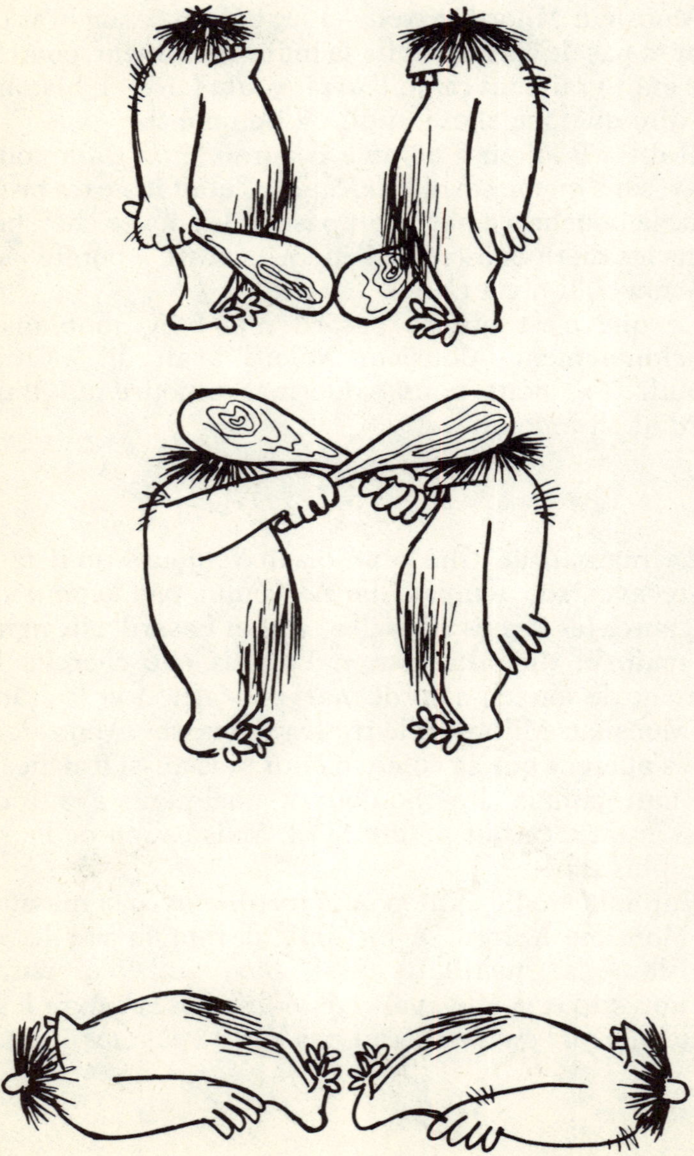

2. APRES L'INVENTION DE LA POLITESSE :
Les Hommes ne tombent plus.

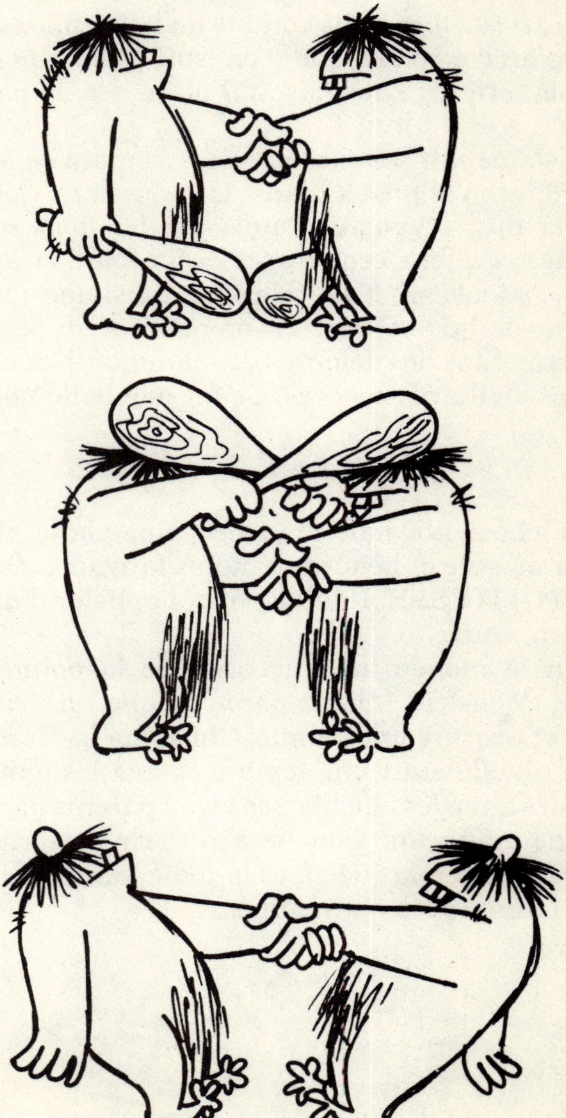

foutre, et tous ces ballots qui commençent à nous jeter des épluchures en gueulant « Kss, Kss ! », c'est la faute de cette grande nouille, aussi, se laisser dérouiller par une frêle jeune fille qui ne demandait qu'à, pauvre lapin, ce qu'il est chou avec sa peau blanche et ses boucles et sa pauvre gueule tout écorchée, je le bercerais sur mes seins comme un bébé, mais qu'est-ce qui m'arrive, c'est que j'en suis folle, moi, de ce jésus-là, et puis zut, puisqu'il ne se décide pas, je me l'offre.

Ghislaine mit ses cheveux dans la main de Monsieur Milord et s'allongea dans la poussière. Le Grand Sorcier dit : « Vous êtes unis par les liens sacrés du mariage. Ça fera cent francs. » La foule cria « Hourrah ! ». Monsieur Milord traîna Ghislaine jusqu'à sa caverne à lui, et tout le monde suivit derrière en soufflant dans des défenses de mammouth et en tapant sur des vieillards sonores. Ce fut une belle noce.

***

Une chose nouvelle était née. Une chose plus forte que la massue et beaucoup moins fatigante. On appela ça la POLITESSE. Il fallait bien l'appeler d'une façon ou d'une autre.

Tout le monde fut d'accord que la politesse était bonne. Monsieur Milord parce qu'elle lui avait sauvé la vie et procuré une femme, Ghislaine-la-Mammouthe parce qu'elle était une femme et que les femmes ont toujours aimé les chichis, ses vieux parents parce qu'ils avaient marié une bouche à nourrir et gardé la dot (vous aviez remarqué ?), et la foule parce que la foule aime toujours les nouveautés.

***

Par la suite, Monsieur Milord améliora ce système qui, forcément, demandait encore quelques fignolages, surtout du côté de la dot.

Au lieu d'attraper des coups de soleil à guetter les jeunes vierges sur le chemin de la fontaine, il se rendait directement chez les parents. Tout de suite, il disait « Bonjour ! » en remuant gentiment les doigts. Les parents disaient « Bonjour » et la massue devenait toute molle dans leurs mains. On pouvait commencer à parler de la dot.

Là, plus question d'attraper de la suie plein les cheveux en brûlant un petit peu le beau-père dans la cheminée. Non. Monsieur Milord prenait par une corne le plus beau bœuf du vieux et il le tirait au-dehors. Le vieux ouvrait la bouche pour dire quelque chose. Monsieur Milord, vite, disait « Bonjour ! ». Le vieux répondait « Bonjour ! », et bon, on passait au deuxième bœuf, et puis aux chèvres, et puis aux marmites. Comme ça jusqu'à ce que la caverne soit tout à fait vide. Alors Monsieur Milord prenait aussi la caverne, et les vieux s'en allaient crever là où les vieux ont l'habitude d'aller crever quand leurs enfants sont mariés.

Lorsque la jeune vierge arrivait avec son outre, tout le travail était fait. Elle n'avait plus qu'à être heureuse et à avoir beaucoup d'enfants jusqu'au repas suivant.

***

Monsieur Milord ne révéla à personne le secret de la politesse. Quand furent venus les tristes temps de la Grande Coïncidence, il continua à se marier trois fois par jour et son teint resta rose, alors que les autres mâles devenaient schizophrènes et tout jaunes.

Un jour, les autres mâles se réunirent.

Ils dirent à Monsieur Milord qu'ils allaient lui faire du mal s'il ne leur enseignait pas la politesse. Au fond,

Monsieur Milord n'était pas aussi égoïste qu'il voulait s'en donner l'air. Il leur donna des leçons, et voilà : quand les jeunes vierges rentrèrent à la maison au milieu de leurs grands frères, elles trouvèrent un mari qui les attendait, et les frères n'avaient plus qu'à s'en aller, et poliment, s'il vous plaît.

Ainsi finit la Coïncidence.

⁂

Politesse et civilisation marchèrent toujours la main dans la main. Les peuples plus évolués se firent un devoir d'aller enseigner aux peuples plus arriérés les bienfaits de la politesse en tant que facteur d'harmonie dans les relations sociales.

Après avoir été initié aux délicatesses du savoir-vivre, un peuple ex-sauvage se devait à lui-même de ne plus se conduire en galopin mal élevé. Il ne pouvait plus se contenter de ne pas s'opposer à ce que le peuple civilisateur lui prenne ses terres, ses bœufs, ses femmes et ses bons dieux folkloriques en or massif. Il tenait désormais à apporter tout cela lui-même sur un plateau, en disant « Merci, Sahib » et en plaçant le pied du sahib sur sa tête.

La politesse à l'échelle des nations s'appelle la DIPLOMATIE. C'est grâce à la diplomatie que les Hommes connaissent le bonheur et la sécurité dont nous jouissons aujourd'hui.

LES POLIS CELEBRES

ONZIÈME LEÇON

Grâce à l'humour, l'homme supporte avec le sourire le malheur des autres

L'Homme n'a pas toujours été un joyeux drille. Il a même commencé par être un drille particulièrement austère. Remarquez, lui, il n'aurait peut-être pas demandé mieux. Mais voilà : il ne lui arrivait que des choses tristes. Et quand, par hasard, ce n'était pas trop triste, ça pouvait le devenir d'un moment à l'autre, alors autant se tenir prêt.

En ces temps sévères, les sourcils des Hommes ne se défronçaient jamais et les coins de leurs bouches tiraient tellement vers le bas que ça les gênait pour faire l'amour. C'est d'ailleurs à cette époque qu'un charcutier mathématicien inventa le cervelas, aliment portatif, nourrissant sous un faible volume, dont la forme soigneusement étudiée et rigoureusement constante s'adapte avec précision à l'ouverture que délimite une bouche chroniquement déformée par le chagrin (fig. I). Nous avons servilement conservé jusqu'à nos jours la forme ancestrale du cervelas, bien que cette forme ne coïncide absolument plus avec nos bouches d'Hommes toujours heureux grâce à Omo qui fait notre chemise si blanche (fig. II).

Cette fidélité au bon vieux temps certes nous honore. Cependant, d'un point de vue strictement fonctionnel,

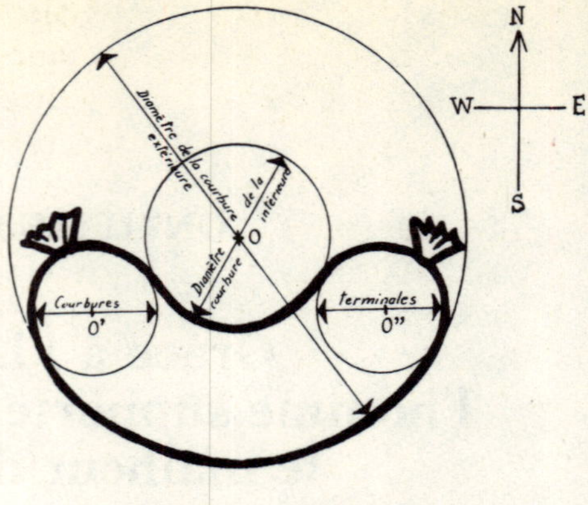

CERVELAS ETALON

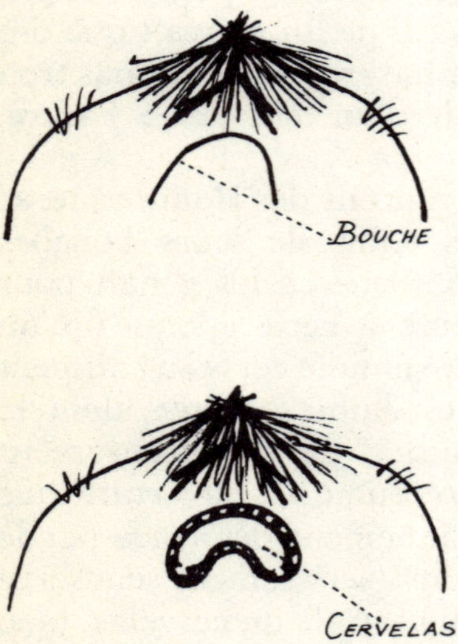

FIG. I

FIG. II

ne serait-il pas souhaitable, en ce siècle qui se fait gloire d'être le vingtième, que la civilisation sorte enfin de l'ornière ? Poser la question, c'est y répondre. Je la posai, j'y répondis. Ma réponse fut une invention promise à un bel avenir : le cervelas à courbure inversée pour convives optimistes. L'ancien modèle, sans pour autant être tout à fait abandonné, verrait son champ d'application restreint aux repas d'enterrement.

⁂

Donc, la notion de triste exista longtemps avant la notion de gai. De longues générations d'Hommes ne soupçonnèrent même pas qu'il pût exister autre chose que le désespoir comme façon d'envisager la vie. S'il arrivait à un Homme d'oublier d'être triste, ce n'était que pour un fugitif instant, sous l'effet, par exemple, de l'étonnement lorsque sa femme, qu'il croyait à la messe, le frappait à la tête par-derrière avec le tabouret à traire les vaches pendant qu'il était couché sans méfiance dans l'herbe sur la femme du voisin et qu'il se donnait tristement un peu de bon temps. Mais cet étonnement ne durait pas et, très vite, la tristesse revenait, plus forte qu'avant.

Les enfants jouaient lugubrement à leurs jeux innocents. Au lieu de crier joyeusement « Chat ! » et « Nique, nique, tu m'auras pas ! », ils sanglotaient à fendre l'âme lorsque celui qui faisait le chat les attrapait et les dévorait.

⁂

Quand les chasseurs s'en allaient traquer l'aurochs au pied agile, ils auraient dû penser à la bonne viande de l'aurochs et être joyeux. Eh bien, pas du tout. Ils pensaient aux belles longues cornes de l'aurochs et ils étaient tristes. C'est comme ça quand on est porté à la mélancolie : on ne voit que le mauvais côté des choses.

L'aurochs non plus n'était pas de très bonne humeur. Mais lui, il savait pourquoi : il n'aimait pas du tout voir rôder dans le coin ces types avec leurs cheveux dans le cou qui cherchaient tout le temps la bagarre. D'abord, il n'aimait pas la bagarre. Ensuite, même s'il était vainqueur, il n'en retirerait aucun profit. Il ne digérait pas l'homme-gros sel et n'utilisait pas sa peau pour s'en faire des sacs à main en crocodile. Par contre, s'il était vaincu, d'abord il serait mort, ensuite les autres aurochs le traiteraient de feignant pour s'être laissé avoir par ces singes au cul rose sans cornes et sans griffes.

Ainsi, tout le monde était à rebrousse-poil et c'est comme ça qu'arrivent les accidents. Effectivement, la fréquence des accidents du travail était relativement élevée chez les chasseurs d'aurochs. Deux fois sur trois, environ, c'était l'aurochs qui gagnait. Le chasseur criait très fort et portait ses mains là où les cornes avaient pénétré, et tous les autres criaient très fort, et il pleurait, et tous les autres pleuraient. Sauf l'aurochs, qui s'en allait en roulant les épaules.

Jusqu'au jour où...

Jusqu'au jour où, un type s'étant fait encorner et tout le monde pleurant, on s'aperçut qu'un des assistants et un seul ne pleurait pas. Il ne pleurait pas parce qu'il n'avait rien vu ni rien entendu. Il n'avait rien vu parce qu'il avait la tête enfoncée dans une taupinière et qu'il essayait d'attraper la taupe avec les dents (il aimait bien la taupe : c'est plus fin que l'aurochs et ça a moins de cornes). Il n'avait rien entendu parce qu'il avait de la terre plein les oreilles. A la fin, il attrapa la taupe. Il se releva pour la manger à l'aise. Il ôta la terre de ses yeux et il vit son copain qui gigotait, assis sur les cornes de l'aurochs. Il ôta la terre de ses oreilles et il entendit les bruits de la douleur et de la tristesse. Et lui, il avait dans sa bouche le bon goût de la taupe grasse et tiède et le bon jus qui faisait gji... gji... quand il mordait dedans. Et ce pauvre con, là-haut, sur les cornes... Et moi, bien tranquille à déguster ma bonne petite taupe... Et lui, sur les cornes... A ce moment, il lui arriva une chose terrible. Les coins de sa bouche commencèrent à se relever VERS LE HAUT. Encore plus haut. Encore. Tellement qu'à la fin sa bouche s'ouvrit toute grande. Et voilà qu'il en sortit un bruit formidable. Un bruit comme celui qui sort de la bouche du mammouth en rut, mais beaucoup plus fort.

Ça, alors !

Le bruit énorme monta jusqu'au ciel, plongea jusqu'au fond de la mer, courut jusqu'au bout du monde et revint à toute vitesse en se cognant partout.

L'Homme connut très tôt l'art de faire des farces, mais il ne savait pas à quel moment il fallait rire.

La nature retint son souffle. Plusieurs proies échappèrent au meurtre imminent. Le jaguar se blottit entre les ailes de l'oisillon. Une poire blette tomba de l'arbre et s'écrasa sur un escargot, qu'elle étouffa.

L'Univers étonné écoutait le premier RIRE.

⁂

Vous n'avez pas oublié, j'espère, le type sur les cornes de l'aurochs ? Eh bien, il y était toujours. Et l'aurochs n'aimait pas ça du tout. Il se démenait comme un fou, et il sautait en l'air, et il se roulait par terre. Or, plus l'aurochs se démenait, plus le type s'enfonçait sur les cornes, et plus il s'enfonçait, plus il gueulait et plus le rieur riait. Vous vous rappelez aussi qu'il y avait encore d'autres chasseurs. Quand l'Homme à la taupe s'était mis à rire, ils avaient d'abord eu très peur à cause de ce grand bruit qui sortait de lui. Et voilà qu'à force de le regarder, le rire les avait pris aussi. Alors le bruit devint vraiment un très gros bruit.

Parfois, l'un d'eux s'arrêtait de rire, mais alors il regardait l'aurochs et le type sur l'aurochs, et il repartait de plus belle. Comme ça jusqu'à la nuit. A ce moment arrivèrent les Femmes, inquiètes pour la viande. Elles eurent d'abord très peur, puis elles virent le type sur l'aurochs. Alors elles tombèrent sur le dos, les jambes en l'air, et elles éclatèrent de rire aussi fort que les Hommes, mais plus pointu.

Ils eurent bien du mal, tous, à rentrer chez eux. Enfin, hoquetant, pleurant et se roulant par terre, ils se traînèrent jusqu'aux cavernes, et ils rirent encore pendant une semaine. Ensuite ils eurent mal au ventre pendant un mois. Mais ils trouvèrent quand même cela très bon et ils regrettèrent que le rire s'en soit allé. Quant au type sur l'aurochs, il y est probablement encore.

Et savez-vous quoi ? Eh bien, le rire n'était pas parti bien loin. Un jour, pas longtemps après ce que je viens de vous raconter, il est revenu. Cette fois, ce n'était pas pour un type sur un aurochs. C'était pour un type qui s'était trompé de femme. Dans le noir de la nuit, il avait pris pour sa femme l'Homme le plus fort de la tribu, lequel s'était endormi juste à l'endroit où s'endormait sa femme d'habitude. Et d'abord ça marcha très bien. L'autre avait le réveil lent, mais il finit quand même par se réveiller, et bref, il s'ensuivit un certain désordre, surtout quand la véritable épouse accourut et tapa dessus elle aussi à cause de ses mœurs qu'elle s'en était toujours doutée, et encore plus surtout quand l'amant de l'épouse s'en mêla à son tour parce que c'est déjà pas drôle de coucher avec la femme d'un cocu, mais un cocu homosexuel, alors là, il ne pouvait pas laisser passer ça sans lui dire sa façon de penser. Le rire de cette fois-là fut un si terrible rire que trois femmes en moururent de joie et qu'on en parle encore dans le pays car c'était bien la première fois qu'on voyait des femmes mourir de mort naturelle.

Une autre fois, le rire vint parce qu'un vieillard avait mangé du caca au lieu d'une croquette de viande. La substitution ayant été opérée intentionnellement par son petit-fils, on peut sans hésiter dater de ce jour précis la découverte de cette propriété fondamentale : le rire peut être provoqué à volonté. LA FARCE DE BON GOUT était née.

⁂

Le rire exista, et l'Univers eut enfin un sens. De ce moment, les choses ne se contentèrent plus d'être, les événements de se produire, comme ça, pour rien. Désormais, quand une tarte à la crème s'écrasait sur un visage, ce n'était pas seulement une tarte à la crème, un visage, et floc. C'était RIGOLO. Il y avait quelqu'un pour apprécier.

Le Créateur sut qu'il n'avait pas créé en vain. Cet inextricable assemblage de gags qu'on appelle le Monde eut un spectateur. L'oisillon ne tomba plus du nid dans la gueule du chat sans profit pour personne. Il tomba dans la gueule du chat et fut rigolo. Le cocu fut rigolo. L'amant caché dans l'armoire fut rigolo. Le triste couillon crachant péniblement son âme au soir d'une vie de noir labeur couronnée par la décrépitude et la maladie sans soupçonner l'humour raffiné de sa situation fut rigolo.

Ce soir-là, le Créateur, pour la première fois depuis bien longtemps, s'alla coucher assez content de lui.

⁂

Vous pensez :

— On a compris. L'humour, c'est le malheur des autres.

Ce n'est pas aussi simple.

L'humour naquit au moment précis où l'Homme à la taupe prit conscience que lorsque l'aurochs plonge ses cornes dans les fesses du copain, ça ne fait pas aussi mal que s'il les plongeait dans les siennes à lui, Homme à la taupe, et aussi que lorsque les cornes sont dans les fesses du copain, on sait où elles sont, alors que lorsqu'elles sont n'importe où ailleurs que dans les fesses de quelqu'un, elles sont disponibles pour plonger éventuellement dans ses fesses à soi, Homme à la taupe.

D'où nous pouvons déduire ces deux lois :

1° L'humour nécessite le malheur des autres.

2° L'humour nécessite la sécurité de l'humoriste.

Ces deux éléments réunis déclenchent TOUJOURS le rire. Tout le reste est accessoire.

Je parle bien entendu du rire sain, celui qui vaut un bifteck.

Je sais qu'il existe un autre humour, qui prétend rire de ses propres malheurs. Je suis formel : ce simulacre d'humour ne saurait provoquer qu'un ricanement forcé. On a quelquefois vu des condamnés à mort rire sur l'échafaud. On n'a jamais vu rire un archevêque recevant un seau de peinture verte sur la tête. Pourquoi ? Parce que le condamné à mort a eu tout le temps de se préparer à faire le malin pour épater la galerie. L'archevêque a été cueilli par surprise. Faites cette expérience simple : placez un seau de peinture verte sur le sommet de la guillotine et arrangez-vous pour qu'il se renverse sur la tête du condamné hilare un peu avant que ne tombe le couteau. Il cessera de rire aussitôt, moi je vous le dis.

J'ai connu un Homme qui racontait avec un rare talent des histoires drôles. Mais alors, là, vraiment drôles. Eh bien, jamais personne n'a ri à une de ses histoires. Jamais. Ce cas ayant éveillé mon intérêt scientifique, je consacrai plusieurs mois à étudier mon bonhomme, ne le quittant à aucun moment, fût-ce pour satisfaire mes besoins naturels, et pas davantage pour satisfaire mes besoins contre nature. A l'heure actuelle, ce cas m'apparaît toujours comme un profond mystère. Cet homme, dentiste de son état, racontait ses histoires à ses clients tandis que ceux-ci livraient leur bouche à ses savants travaux. Je vous assure que c'étaient de bonnes histoires. Moi, en tout cas, je me tordais.

D'où je tirerai cette conclusion : le sens de l'humour n'est pas donné à tout le monde.

Premier exemple connu de l'utilisation du cocu en tant que personnage humoristique.

(D'après une peinture préhistorique.)

DOUZIÈME LEÇON

Ayant inventé le vêtement, l'homme peut enfin déshabiller la femme

Vous aurez peut-être remarqué qu'en général l'Homme vient au monde sans vêtements. Ou alors c'est tout à fait exceptionnel.

Il n'en a pas toujours été ainsi.

Autrefois, l'Homme naissait tout habillé. Il portait une belle pelisse de fourrure pour lui tenir chaud et une belle longue queue pour faire joli. Seulement, en ce temps-là, l'Homme n'était pas encore un Homme, rien qu'un Singe.

Peu à peu, grâce à son travail et à la Caisse d'Epargne, le Singe devint plus intelligent, et encore plus, et finalement il fut un Homme et ce fut un bien beau jour.

Oui, mais, voilà.

Le Singe gagna l'intelligence, mais il perdit sa fourrure. C'est comme ça, la Nature. Ou l'un, ou l'autre. Pas tout pour les mêmes.

Vous vous dites que vous, à sa place, vous auriez choisi la fourrure, et comment ! Moi aussi. Seulement, lui, il ne savait pas. Ça ne s'est pas fait d'un seul coup, vous comprenez. Insensiblement, si vous voyez. Il ne s'est pas rendu compte. A chaque fois qu'il avait une idée, hop, il perdait un poil.

LE PREMIER PANTALON

Un poil, c'est rien, ça ne se voit même pas. Mais l'intelligence, vous savez ce que c'est : on commence par une petite idée de rien du tout, et de fil en aiguille on ne peut plus s'arrêter jusqu'à la bombe atomique. C'est comme ça que, de poil en poil, on finit par se retrouver tout nu, sauf une petite touffe sur le haut de la tête et deux ou trois autres par-ci par-là, on se demande d'ailleurs bien pourquoi. (En passant, j'en profite pour vous faire remarquer que ces vestiges de fourrure, pour étroitement localisés qu'ils soient, n'en démontrent pas moins une chose : c'est que l'Homme d'aujourd'hui est encore loin d'avoir atteint la plénitude de ses possibilités intellectuelles. Quand il sera complètement chauve et glabre, alors là, oui, son intelligence vaudra la peine qu'on se dérange pour venir la voir.)

Donc, à force d'avoir des idées, l'Homme devint rose et vilain comme un vilain crapaud rose. Et il s'enrhuma. Et il eut mal à sa pudeur parce que ses parties honteuses n'étaient plus cachées. Et la Femme qu'il aimait perdit le gros appétit qu'elle avait de lui et ne l'appela plus mon petit lapin.

A la suite de quoi il fit plusieurs complexes qui le rendirent très malheureux.

Heureusement, il se rappela que maintenant il avait l'intelligence. Il se dit qu'avec ça on était toujours sûr de s'en sortir, et bon, il s'installa à l'ombre et il commença à penser.

⁂

D'abord, ça marcha très bien, il posa les données du problème :

Etant donné que je veux

1° avoir chaud,

2° être beau,

3° cacher mon cul,

4° montrer que j'ai de quoi,

5° une petite poche sur le côté pour mettre une pochette de soie le dimanche,

que dois-je faire ?

A partir de là, c'était l'inconnu. L'Homme n'avait pas encore son intelligence très bien en main. Il commença à transpirer.

Un ours vint à passer.

L'Homme vit l'ours. Il se dit que ce gars-là avait bien de la chance. Il se dit ensuite quel dommage qu'une fourrure pareille soit aussi mal portée. Sur ce balourd, tout l'effet tombait à plat. Moi, je te mettrais ça en valeur, tiens !

Il ne restait plus qu'à poser correctement le problème.

Etant donné que

1° la fourrure est là-bas, sur l'ours, alors qu'elle ne devrait pas y être,

et que

2° elle n'est pas ici, sur moi, alors que c'est là qu'elle devrait être,

remettre les choses respectivement à leur place naturelle.

Du point de vue exécution pratique, l'Homme eut d'abord l'intention de prendre tout simplement la fourrure sur l'ours. Mais il réfléchit que la fourrure, en général, tient à la peau des ours et que rien ne permettait de penser qu'on se trouvât ici en présence d'un cas particulier. Il réfléchit ensuite que la peau, non moins généralement, tient à l'ours. Et à cause de ça, suivez-moi bien, s'il tirait sur la fourrure, de proche en proche l'ours en serait averti, et peut-être même avant que lui, Homme, n'ait eu le temps de se sauver avec la fourrure.

Vous savez comment sont les ours : égoïstes et mal élevés. Ils vous retournent une baffe sur le nez et on s'explique après. Une baffe d'ours, ça vaut toujours la peine de considérer la chose avec attention.

Arrivé là, l'Homme se sentit un peu fatigué d'avoir tant réfléchi, et alors, bof, il décida de s'en remettre aux circonstances. C'est toujours ce qu'on finit par faire : d'abord bien réfléchir, bien bien, et puis, bof, s'en remettre aux circonstances. Prenez, par exemple, Napoléon Ier (empereur français, 1769-1821). Il s'enferma toute la nuit avec des cartes, des maréchaux, tout ce qu'il faut pour bien réfléchir, et il réfléchit tant qu'il put. Ses réflexions étaient sur le sujet « Comment avoir la victoire sans vraiment se fatiguer ». Et comme c'étaient de bonnes réflexions, il ne se faisait pas de mauvais sang : la victoire était dans la poche. A ce moment-là, il mit le nez à la fenêtre pour voir comment étaient les circonstances. Les circonstances étaient que les Anglais arrivaient de tous les côtés en jouant de la cornemuse et qu'il restait juste un petit trou, mais dans deux minutes il n'y aurait même plus le petit trou. Alors Napoléon s'en remit aux circonstances. Il se jeta par le petit trou sans prendre le temps de passer ses bretelles et il courut sans respirer jusqu'à Sainte-Hélène. Ça s'appelle la victoire de Waterloo et ça prouve bien tout ce que je vous ai dit auparavant.

Pour en revenir à l'Homme, il avait déjà l'ours, il ne lui manquait que les circonstances. L'ours était parti dans les bois à ses petites affaires d'ours. L'Homme le suivit, mais d'un peu loin, par discrétion. Vous comprenez, l'ours ne savait pas qu'il y avait dans la tête de l'Homme toute une histoire très compliquée à propos de fourrure d'ours et que lui, ours, jouait un rôle important dans cette histoire, et alors, s'il s'était aperçu qu'il était suivi, il aurait demandé pourquoi et ç'aurait été trop long de lui expliquer.

***

L'ours marcha longtemps. L'Homme marcha longtemps. Toujours pas de circonstances. L'Homme était en retard pour la soupe et il aurait déjà fait demi-tour s'il avait seulement pu trouver un mensonge à dire à sa femme. Et voilà qu'à la fin l'ours marcha dans les circonstances. En plein dedans.

Ces circonstances-là étaient comme je vais vous dire : l'ours vit des abeilles qui sortaient d'un trou dans un arbre. Il se dit qu'il y avait sûrement du miel au fond du trou. Il aimait ça, le miel. Il plongea sa patte dans le trou et il mangea le miel.

Les abeilles se mirent en colère. Elles sortirent par milliers pour le piquer. Mais l'ours s'en foutait pas mal, il avait sa bonne épaisse fourrure.

L'ours mangeait malproprement. Le miel coulait sur sa fourrure, il en avait partout, ses poils étaient collés,

La Femme sut très tôt utiliser le vêtement pour nimber sa personnalité de mystère et de poésie.

il avait horreur de ça. Si bien qu'il ne trouvait déjà presque plus de plaisir à manger ce bon miel, et il y en avait encore des tas et des tas dans l'arbre. L'ours sentit qu'il allait être très malheureux.

Ça, c'était les circonstances. Bon. Mais c'est pas tout, les circonstances. Encore faut-il s'en remettre à. Voici comment l'Homme s'en remit à ces circonstances-là.

L'Homme s'approcha de l'ours. Il ne savait pas parler ours, mais il savait faire les gestes. Il fit les gestes qui veulent dire : « Moi ami de toi. Toi très emmerdé. Moi aider toi. Regarde. Ça couteau. Avec couteau, moi aider toi à ôter fourrure. Quand toi plus fourrure, alors toi manger miel plein la gueule sans toi salir toi. Ugh. J'ai parlé. »

L'ours n'avait jamais eu d'ami. Il fut extrêmement touché. Il joignit ses pattes de devant en un geste de muette adoration et de son œil embué coula une douce larme. Et puis il se coucha sur le dos afin que l'Homme pût travailler bien à son aise.

L'Homme n'avait encore jamais dépouillé d'ours. Forcément, il manquait un peu de doigté, et même, deux ou trois fois, l'ours ne se retint de crier que pour ne pas avoir l'air d'un ingrat. Mais alors il pensait à tout ce bon miel et il prenait son mal en patience.

Enfin, ce fut fini. L'ours fit « Youpee ! ». Tout heureux, il plongea les deux pattes à la fois dans le trou. Et, en effet, ça marcha très bien, juste comme l'Homme avait dit. L'ours vit combien l'intelligence était une bonne chose, et il regretta de ne pas l'avoir. Lui, c'est la fourrure qu'il avait. Mais justement, la fourrure, ça l'embarrassait plutôt qu'autre chose, comme nous venons de le voir. L'ours se dit alors en lui-même que peut-être ça serait une bonne idée de proposer à l'Homme de lui échanger la fourrure contre l'intelligence. Oh, oui, alors ! Tiens, je lui demande tout de suite ! Juste le temps de finir ce miel, miam, je lui demande, slurp.

Mais voilà qu'il avait tout à coup très mal à la joue.

Le vêtement offrit à la Femme un terrain propice à l'épanouissement de ses goûts de luxe.

Oh, et à la cuisse ! Et à la patte ! Et au ventre ! Aïe ! Et aux oreilles ! Aïe ! Et partout ! Aïe, aïe, aïe !...

C'étaient les abeilles, folles de rage noire, qui lui disaient leur façon de penser, et, cette fois, dame, ça portait. Plus de bonne épaisse fourrure, même plus de peau, elles piquaient en pleine viande, hardi petit.

L'ours n'avait plus faim. Plus faim du tout. Il se dit que, tout compte fait, pour la chose de l'échange, il réfléchirait encore un peu. Il se tourna vers son ami pour le prier de lui réajuster sa bonne épaisse fourrure, et vite, parce qu'il commençait à enfler et que bientôt il ne pourrait plus entrer dedans.

Mais l'Homme n'était plus là. Il était là-bas, très loin, et il courait très vite, et il portait sous son bras une espèce de gros paquet brun et velu, l'ours ne voyait pas bien ce que ça pouvait être, il était trop loin.

Alors, l'ours fut tout à fait malheureux. Les abeilles piquaient, piquaient, l'ours enflait, enflait, et il aurait bien voulu que son ami fût là pour le prier de demander à son intelligence qu'il avait dans sa tête comment faire comment faire, mon Dieu.

Comment l'ours se tira de là, et ce qu'il raconta à son ourse, et s'il en creva, je vous avouerai que je n'ai pas creusé la question. Cet ouvrage s'intitule l'« Aurore de l'Humanité », n'est-ce pas ? Quand j'en serai à l'« Aurore de la Plantigradité », nous reconsidérerons l'épisode du point de vue ours, je vous le promets.

*
**

Arrivé près de chez lui, l'Homme mit la peau de l'ours sur lui, et il eut bien chaud. Il se regarda dans la mare, et il se vit tout beau. Il se dit que sa femme était bien heureuse d'avoir un Homme aussi beau et aussi bien protégé des intempéries, et il envia sa femme.

Quand sa femme le vit, elle eut une peur épouvantable. Tellement peur, elle eut, que le hurlement de la peur resta coincé dans sa gorge. L'Homme pensa que c'était l'admiration. Alors, de se savoir si beau, cela éveilla en lui un petit printemps intime pour lui tout seul. Il poussa le grand cri du rut sauvage et il se jeta tendrement sur sa femme.

La malheureuse se débattit furieusement, puis plus méthodiquement, puis distraitement, puis rythmiquement, puis elle hurla mon amour mon amour mon amour mon amour comme jamais encore elle ne l'avait hurlé. Les stalagtites [1] tombèrent à grand fracas du plafond de la caverne et les hordes de mammouths migrateurs prirent le chemin du Sud très en avance sur la saison. Ce fut une très belle nuit d'amour.

Déjà, l'amour, ça donne chaud. Mais l'amour dans une peau d'ours ! Il fallut bien qu'à la fin l'Homme se résignât à sortir de sa belle fourrure. Qui eut une surprise, alors ? La Femme. Elle dit seulement « Ah, c'était toi ? ». On voyait bien que quelque chose était changé.

Dès que son mari fut endormi, elle s'en alla dans la forêt. Elle y vécut heureuse et eut beaucoup de petits oursons.

*
**

Le principe du VÊTEMENT, cette peau usurpée, était posé. Le reste n'était plus qu'affaire de raffinement. Mais justement, tout est là.

L'Homme avait inventé le vêtement et se prenait pour quelqu'un.

Le Pédéraste inventa la MODE et la face du monde fut changée.

C'est vers la fin de la deuxième période interglaciaire que retentit pour la première fois le cri fatidique : « Je n'ai plus rien à me mettre ! » Depuis, les mâles vivent sous le joug.

---

1. Ou mites ?

La Mode, scintillant produit de l'accouplement du Pédéraste et du Carnet de Chèques, est la plus pure expression d'une civilisation où le mâle n'est plus toléré que comme facteur hélas nécessaire à la génération des Pédérastes et des Carnets de Chèques.

***

Certains auteurs qui ne manquent pas de culot se croient autorisés à affirmer que la première manifestation de la Mode remonterait à Eve, notre chère maman, sous le prétexte que cette dame portait une feuille de vigne chiffonnée avec un chic très sûr, ainsi que nous le font voir les peintures en couleurs des églises généralement bien informées. Ces auteurs déduisent de cela que le Serpent serait le premier Pédéraste. Si j'étais Serpent, ça ne me ferait pas plaisir.

Vous qui m'avez lu, vous savez que la feuille de vigne de madame Adam ne pouvait pas être un vêtement, puisque le premier vêtement fit son apparition beaucoup plus tard. Et puis d'abord, c'était une peau d'ours.

Alors, cette feuille de vigne ?

Eh bien, il faut que vous sachiez qu'Adam et Eve, ne connaissant pas le pressoir, faisaient du vin en pressant le raisin entre leurs cuisses. Pour ne pas perdre son temps, en bonne ménagère, Eve pressait son vin pendant que le peintre faisait son portrait. Il peut arriver à tout le monde de cueillir une feuille avec la grappe. C'est cette feuille-là qui dépassait. Voilà.

Et si vous n'êtes pas encore contents, moi, j'ai fait ce que j'ai pu.

TREIZIÈME LEÇON

L'homme s'aperçoit avec surprise qu'il n'y a pas que la vérité dans la vie

Je veux maintenant chanter l'Homme béni des dieux à qui l'humanité doit d'être devenue ce qu'elle est, le précurseur des précurseurs, le génie des génies, celui qui fit nos vies vivables et rendit possible l'impossible même.

Je veux chanter le titan qui, le premier, osa mentir.

⁂

Car il y eut un temps où le mensonge n'était pas parmi les Hommes. Un temps où l'idée même du mensonge n'avait jamais été conçue.

Alors, s'il pleuvait, un Homme ne pouvait que dire « Il pleut ». Il ne lui serait même pas venu à l'idée de dire « Il ne pleut pas ». La phrase « Il ne pleut pas » n'existait pas aussi longtemps que la pluie tombait. Je ne sais pas si je me fais bien comprendre.

Tant qu'il s'agissait de la pluie et du beau temps, ce n'était pas tellement gênant. Mais imaginez seulement que vous êtes assis dans l'herbe fleurie avec la jeune personne qui fait battre votre cœur, et que la jeune personne vous demande : « Mon grand trésor à moi, qu'est-ce que tu aimes le plus au monde ? Allez, dis-le. C'est... C'est... » et que vous lui répondiez, après avoir

LES MENSONGES CELEBRES

un peu réfléchi : « Eh bien, ce que j'aime plus que tout, c'est la tête de veau vinaigrette, mais il faut qu'il y ait beaucoup d'échalotes. Après, ce que j'aime le plus, c'est quand le réveille-matin a oublié de sonner. Après, c'est une petite belote avec les copains. Après, c'est ma maman, juste quand je viens de la battre et qu'elle me donne ses sous. Après, c'est toi, surtout les fois où j'ai envie, comme par exemple en ce moment. Après, c'est ta copine Angèle, mais je n'arrive pas à être bien sûr si c'est après toi ou avant, parce qu'elle, évidemment, elle embrasse mieux, mais toi, d'un autre côté, tu as des gros seins mous et il y a des jours où j'aime ça, moi, les gros seins mous. Après... » Eh bien, je vous parie tout ce que vous voulez que la suite de la soirée sera décevante.

Imaginez maintenant que votre meilleur ami vous dise « Prête-moi cent francs, je te les rendrai dès que j'aurai trouvé du travail » et que vous lui répondiez « Je ne te les prêterai pas. Je gagne beaucoup plus d'argent qu'il ne m'en faut, je viens de faire trois gros héritages, j'ai gagné le tiercé dans l'ordre et mon patron va encore doubler mon salaire le mois prochain, mais je ne te les prêterai pas parce que je n'ai pas envie de te les prêter ». Il y a de grandes chances pour que cet ami n'insiste pas pour vous retenir à dîner.

Voilà un grand amour et une belle amitié étouffés dans l'œuf. C'est bien triste.

Eh bien, autrefois, c'était comme ça pour tout. Ce n'était jamais le chat qui avait volé les confitures, ce n'était jamais le revolver qui était parti tout seul, ce n'était jamais l'ennemi qui avait bombardé le premier. Ne sachant que dire la vérité, l'Homme était enfermé dans cette alternative : ou bien faire le mal de temps en temps et être immanquablement puni, ce qui n'est pas drôle, ou bien ne jamais faire le mal, ce qui est encore plus triste. Les alternatives, il n'y a rien de plus fatigant pour la tête. Alors, les hommes dirent « Bof... » et préférèrent rester tranquilles.

L'humanité fut vertueuse et immobile. L'adultère étant pratiquement impossible et de toute façon absolument insipide, les Hommes n'eurent pas à faire des enfants à leurs femmes légitimes pour les consoler. Les savants de l'époque calculèrent que le dernier Homme disparaîtrait de la surface de la Terre le 29 mai 15 831 avant Jésus-Christ, un mercredi, à l'heure de l'apéritif.

Heureusement, quelque chose se produisit.

⁂

L'Homme qui remit le destin dans le bon sens était un Néanderthalien. Il s'appelait Fernand-le-Néanderthalien.

On sait peu de chose de lui, si ce n'est qu'il exerçait la profession de marchand ambulant de rhinocéros à narines cloisonnées.

Le rhinocéros à narines cloisonnées était dès cette époque en voie de disparition, ce qui en faisait monter le prix, naturellement. Sa capture se pratiquait d'une façon curieusement semblable à notre moderne chasse à la baleine, compte tenu que le harpon était remplacé par une cuillerée de purée de marrons et le miroir aux baleines par une femme nue aux grands yeux flétris par le chagrin et la misère enfermée dans une cage en forme de roue qu'elle faisait tourner à toute vitesse sur un axe horizontal pour fuir, croyait-elle, la ménopause imminente.

Le seul moment un peu délicat de l'opération était l'introduction par le chasseur d'un doigt expert dans la narine du fauve afin de vérifier que la cloison était effectivement là, autrement on avait affaire à un rhinocéros commun, variété sans intérêt du point de vue commercial. Le chasseur devait alors, de la main gauche tenue prête à cet effet, enfoncer la purée de marrons dans la narine en même temps qu'il en ôtait prestement son doigt explorateur.

De la rapidité de cette manœuvre dépendait le succès de la capture. Au moindre cafouillage, la bête, stimulée par l'odeur aphrodisiaque de vanille exhalée par la purée de marrons, chargeait la femme nue, laquelle, par un reste de dignité, fuyait son infâme destin à une vitesse folle, emballant la roue-cage qui s'arrachait à son support avec un long ululement et se satellisait sur une orbite généralement parallèle au plan de l'écliptique. Quant au rhinocéros, il fonçait droit devant lui jusqu'à ce qu'un arbre se présentât dans lequel se pût ficher sa corne nasale, et alors la violence du choc décrochait la cloison, laquelle tombait de ses narines et se brisait sur le sol dans un tintement de cristal. Bilan : le rhinocéros n'était plus à narines cloisonnées, et le matériel, n'en parlons pas.

Quand tout se passait bien, la purée de marrons obstruait hermétiquement la narine, le rhinocéros ne respirait plus que d'un seul côté, ce qui le déséquilibrait. A partir de là, on procédait comme pour une vulgaire chasse au dahu. Avec Fernand-le-Néanderthalien, tout se passait toujours bien.

*
**

Un jour d'entre les jours, Fernand venait de vendre un rhinocéros, et il regardait le client s'éloigner en tenant en laisse son rhinocéros. Le client était content. Fernand aussi. Le client avait demandé à Fernand si le rhinocéros était bien à narines cloisonnées. Fernand avait dit oui, je veux, j'ai tâté moi-même la cloison, et une drôle de cloison, pardon, je me suis retourné un ongle dessus. Le client avait regardé l'ongle et il avait été encore plus content parce qu'il voyait bien que c'était une bonne cloison.

La soirée était fraîche. Le rhinocéros éternua. De son nez tomba quelque chose. Fernand, curieux, alla voir ce que c'était. C'était un galet plat. Fernand comprit. Ce rhinocéros-là n'était pas du tout un rhinocéros à

LES MENSONGES CELEBRES

narines cloisonnées. C'était un rhinocéros vulgaire qui en avait assez d'être vulgaire et qui faisait semblant pour épater le monde.

Fernand fut extrêmement perturbé dans sa tête. Ecoutez-voir.

Il avait affirmé à son client que le rhinocéros était à narines cloisonnées. Bon. Et voilà que le rhinocéros n'était pas à narines cloisonnées. FERNAND AVAIT DIT QUELQUE CHOSE QUI N'ÉTAIT PAS. Jamais personne n'avait fait ça.

Fernand regarda le client, là-bas, qui s'en allait à la maison, bien content, avec son rhinocéros à narines pas cloisonnées mais cloisonnées quand même puisque dans sa tête à lui elles étaient cloisonnées. Et puis il regarda le galet plat. Et puis il regarda le gros sac de clopinettes [1] que le client lui avait donné. Et puis il se dit qu'il fallait qu'il pense un peu à tout ça à tête reposée. Et puis il pensa. Et puis il décida de faire une expérience.

Et cette expérience fut comme ceci. Fernand vit une grenouille qui se grattait le ventre avant d'aller se coucher. Il la regarda. Il la regarda bien. Et alors il respira un grand coup et il dit : « Ceci est un mammouth. » Il dit cela à toute vitesse, en fermant les yeux. Il pensait : « Quelque chose de très grave va arriver. Peut-être la fin du monde, ouh là là... » Et il avait très peur. Il ouvrit un œil, puis les deux, et voilà : la grenouille était toujours là, pareille, sauf que maintenant elle se faisait des grimaces de grenouille pour se faire rire. Fernand dit : « Ceci est un mammouth ! Un mammouth ! Un MAMMOUTH ! » Et le soleil brillait, et le vent chantait, et la grenouille grenouillait.

Alors Fernand regarda le soleil, et il dit : « Ceci est la

1. Monnaie de l'époque néanderthalienne.

lune. » Il regarda la terre, et il dit : « Ceci est l'eau. » Et bon, tout continuait quand même comme avant. Fernand se dit qu'à partir de maintenant il allait bien rigoler.

***

Quand Fernand-le-Néanderthalien fut de retour aux cavernes, il alla trouver Etienne Marcel, qui était forgeron sur silex, et il lui dit :

— Il y a un type qui vous demande, dans le bois, par là, à deux heures de marche d'ici.

Etienne Marcel dit « Bon », et il partit. Fernand alla trouver Lili Marlène, la femme d'Etienne Marcel, et il lui dit :

— Je suis ton mari, Etienne Marcel. Viens te coucher.

Lili Marlène répondit :

— Mais non. Tu es Fernand-le-Néanderthalien, celui qui a peur des femmes.

Fernand répondit :

— Je suis Etienne Marcel, ton mari.

Lili Marlène le regarda attentivement, et puis elle dit :

— Ma vue baisse. Tu ne devrais pas me frapper toujours sur les yeux.

Et ils allèrent se coucher, et Fernand fut très content car il avait depuis longtemps envie de coucher avec Lili Marlène, et Lili Marlène fut très contente aussi car c'était la première fois qu'elle faisait l'amour ailleurs que sur une enclume.

***

A partir de ce jour, Fernand-le-Néanderthalien fut un homme heureux.

Il vendit des rhinocéros vulgaires en disant qu'ils

étaient à narines cloisonnées et il devint fort riche. Les femmes de la tribu accouchèrent d'enfants qui ressemblaient à Fernand. Les maris arrivèrent toujours trop tard aux rendez-vous transmis par Fernand. On sentait bien qu'il y avait quelque chose qui ne tournait pas rond dans la grande harmonie de la nature, mais on se contentait de dire : « Il n'y a plus de saisons. C'est leurs saloperies de pierres polies qu'ils font maintenant qui détraquent le temps ».

Une nuit de printemps, un mari rentra plus tôt qu'il n'aurait dû. C'était parce qu'il avait rencontré, tout à fait par hasard, à la sortie du village, celui-là même que Fernand lui avait dit être à l'attendre à trois heures de marche. Le mari vit ce que Fernand faisait à sa femme et ce que sa femme faisait à Fernand. Il demanda à sa femme si elle avait une explication satisfaisante à lui proposer. La femme répondit je n'ai pas d'explication à donner pour coucher avec toi. Tu veux répéter ça ? Elle répéta ça. Avec moi ? Avec toi. Qui, moi ? Toi, toi. Mais moi, je suis là, moi, et celui-là, qui c'est ? C'est toi. Qui t'a dit ça ? Toi. Ah, bon. Le mari fut bien content d'avoir l'occasion de se voir. Il se serait cru plus gras du bide, plus chauve, aussi. Enfin, tant qu'on a la santé...

La femme — autant vous dire son nom, elle s'appelait Petite-Rosée-du-Matin-sur-les-Boutons-d'Or-à-Peine-Eclos — avait un esprit un peu vif pour son époque et pour une femme. Elle regarda Fernand très très attentivement. On voyait bien qu'il se passait des choses dans sa tête. A la fin, elle fit un clin d'œil à Fernand. Fernand comprit qu'il ne serait plus jamais aussi heureux qu'il l'avait été.

Il est temps que je vous dise que Fernand avait découvert le MENSONGE. Petite-Rosée ne savait pas que ça s'appelait comme ça, mais elle n'avait pas besoin de le savoir. Elle était femme, et le mensonge était le mensonge. Elle se blottit câline dans la douce et

LES MENSONGES CELEBRES

chaude fourrure du mensonge, et le mensonge l'enveloppa et la berça et la protégea, et plus rien, jamais, ne les séparera, dans les siècles des siècles. Amen.

Depuis toujours ils erraient dans les espaces infinis, et chacun manquait à l'autre, et chacun ne savait ce qui lui manquait, et chacun cherchait, et voilà : la femme et le mensonge s'étaient enfin trouvés. On allait voir de grandes choses.

***

Petite-Rosée prit le mensonge entre ses doigts mignons, et voici, le mensonge fut un prince aux yeux verts, au manteau d'or et de diamants.

Petite-Rosée montra le mensonge aux autres femmes, et le mensonge devint multitude.

Il s'appela rêve, il s'appela poésie. Il s'appela prière,

il s'appela pardon. Il s'appela promesses, contrats, fards, confession, art, histoire, déclaration d'impôts...

Il eut une vie innombrable et prodigieuse. Il fut partout, anima tout, compliqua tout, pourrit tout, magnifia tout.

Les hommes vécurent une aventure imprévisible, dans un monde truqué où les mots et les faits ne coïncidaient que par inadvertance.

Sans mensonges, point de serments, sans serments, point d'amour. Et sans mensonges, pas de commerce, pas de politique, pas de religion, pas d'histoires de pêche. Alors, tous ensemble, un grand merci à Fernand-le-Néanderthalien, un grand merci à Petite-Rosée-du-Matin-sur-les-Boutons-d'Or-à-Peine-Eclos.

Merci à nos chers bienfaiteurs ! Merci !

QUATORZIÈME LEÇON

L'homme tourne le coin de la rue et retrouve le paradis

Les gens qui ne travaillent pas ne s'ennuient jamais. Les gens qui travaillent s'ennuient quand ils ne travaillent pas. C'est une Grande Loi de la Nature, on n'y peut rien, c'est comme ça.

Et c'est très moral, en plus.

L'Homme des premiers âges ne s'ennuyait pas, car il ne travaillait pas. C'est sa femme qui travaillait. Mais elle ne s'ennuyait pas non plus, car elle n'arrêtait jamais. Ils étaient donc très heureux tous les deux, c'étaient deux sourires perpétuels, sauf qu'il fallait souvent changer la femme.

Le jour où l'Homme des premiers âges voulut avoir sa cadillac comme tout le monde, il tâta le travail du bout du doigt, juste pour voir, et crac, c'était fait. Corps et biens. Le travail, c'est comme ça. Faut pas jouer avec.

Le travail ne peut pas durer tout le temps, ce serait inhumain. Il faut bien que le patron se repose. Et comme pendant ce temps-là il ne veut pas laisser les ouvriers tout seuls dans son usine pour qu'ils la lui fauchent, il les met dehors jusqu'au lendemain. Ça s'appelle les loisirs. Les loisirs, c'est quand on donne des coups de pied dans les cailloux en crachant par terre.

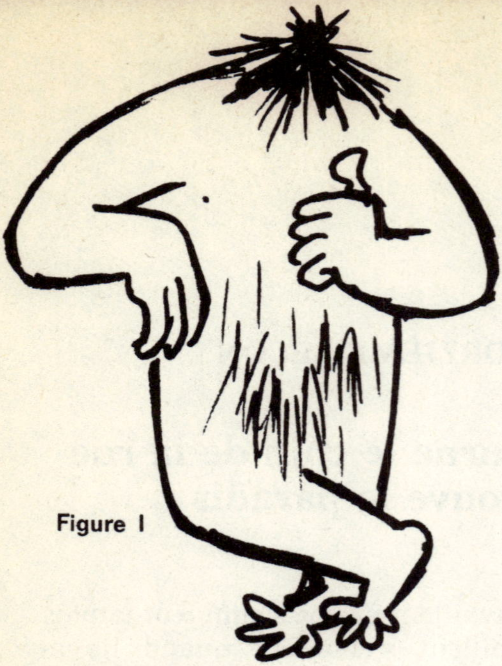

Figure I

L'Homme commença à s'ennuyer tellement pendant les loisirs qu'il fut prêt à faire n'importe quoi pour échapper à cette épouvantable torture, sauf réparer la porte de la salle de bains.

L'ennui est la mère de l'invention et la tante de la collection de timbres. Je sais, Victor Hugo l'a dit avant moi, mais on ne le répétera jamais assez.

***

Pour ne plus s'ennuyer tout seul, l'Homme inventa de s'ennuyer ensemble. Il eut des copains. C'était bien la première fois. Depuis la nuit des temps, l'Homme avait toujours été un loup-garou pour l'Homme. Jamais deux Hommes ne s'étaient approchés l'un de l'autre à moins de deux mètres pour autre chose que se faire du mal avec des objets étudiés pour ça. Eh bien, maintenant, le soir, après le travail, l'Homme se mit à rencontrer d'autres Hommes, et il n'eut pas envie de les tuer. Ce que le travail fait de nous, c'est pas croyable... Il les appelait ses copains.

L'Homme et ses copains se tenaient debout, bien groupés, dans une attitude tout à fait particulière que vous trouverez fidèlement reproduite sur la figure I. Ils restaient très longtemps comme ça. Leurs yeux étaient vides, leur lèvre inférieure pendait un peu. De temps en temps, l'un ou l'autre ouvrait la bouche, mais rien n'en sortait. Toutes les demi-heures environ, ils changeaient de pied. De bras aussi, conséquemment.

Ils seraient restés comme ça jusqu'au matin si leurs femmes n'étaient venues les chercher avec des paroles blessantes où il était question de triste feignant, de soupe qui refroidit et d'exemple pour le gosse, et alors, bon, ils rentraient à la maison en tapant sur la femme.

Ils sentaient qu'il leur manquait quelque chose, qu'il leur manquait des tas de choses. Mais quoi ?

Figure II

Ce qui leur manquait, moi je vais vous le dire. Parce que si nous attendons qu'ils trouvent tout seuls, nous en avons pour cinq cent mille ans.

Il leur manquait cinq choses :

1. Un comptoir pour mettre sous leur bras.
2. Un verre pour mettre sur le comptoir.
3. Un mégot pour mettre à leur lèvre, l'inférieure, celle qui pendait un peu.
4. Des bretelles.
5. Un sujet de conversation.

***

Tout ça, ils ont fini par l'avoir. Petit à petit. Mais pas dans l'ordre, ç'aurait été trop beau. Il y eut une période où ils avaient des bretelles mais pas de comptoir. Une autre où ils avaient un comptoir, un mégot, mais pas de bretelles (la mode était aux toges qui tiennent sans bretelles, cette année-là).

Le sujet de conversation, ils l'eurent tout à fait en dernier, parce que naturellement c'est plus difficile. Vous comprenez, il faut déjà savoir causer, et d'une. Après, il faut avoir de la conversation. Troisièmement, la conversation c'est pas tout, encore faut-il avoir un sujet de.

Les sujets de conversation susceptibles d'exister dans un univers à trois dimensions du modèle courant sont au nombre de quatre, pas un de plus. Les mathématiciens les plus instruits sont tous d'accord sur ce point.

Liste complète des sujets possibles de conversation :

A — Les filles.

B — Le sport.

C — La politique.

D — La fois où on s'est tellement saoulé la gueule.

Et c'est tout.

A cause de la pluie, ils mirent un toit au-dessus

d'eux. A cause de leurs femmes, ils mirent des murs sous le toit. Ça devenait très intime. Ils appelèrent ce lieu une Maison de la Culture. En abrégé : bistrot.

Le bistrot était un endroit magique. Dans l'irréelle lumière du néon, les choses cessaient d'être des choses pour devenir des légendes. Rien que des Zorro, rien que des James Bond. Des sacrées petites vies en final des Folies-Bergère, avec du strass partout. Ça faisait un grand bruit d'épopées se bousculant au-dessus du zinc quand tout le monde se mettait à gueuler en même temps pour placer la sienne à soi, tellement plus terrible, et moi, les mecs, c'est comme moi, une fois, hé, les mecs, c'est comme moi, une fois, je me méfiais de rien, je m'amène, qu'est-ce que je vois, hé, les mecs, écoutez-moi, vachement terrible, moi je me gourais de rien, moi, hein, je m'amenais, comme ça, et alors, qu'est-ce que je vois, hé, les mecs... Et tout ça se cognait en l'air, cling pataschtrak, avec des étincelles bleues, rouges, vertes, mauves, et ça repartait, et ça faisait un feu d'artifice un peu beau, tiens.

Ça, les femmes ne peuvent pas comprendre. Mais qu'est-ce que tu y trouves donc à ton sale bistrot, à rester debout des heures et des heures quand t'as un chez-toi qui t'attend et du Martini dans le frigidaire et de la glace et ton fauteuil et ta télé, non mais qu'est-ce que tu y trouves, je voudrais bien le savoir, avec tous tes bons à rien de ton espèce, et l'argent que ça coûte, qu'on aurait déjà notre pavillon et notre caveau pour nous deux plus tard et même une concession pour Azor au cimetière des chiens d'Asnières. Si c'est pour la conversation, je peux te la faire aussi bien que n'importe qui. Et des choses un peu plus intéressantes. Et qui t'instruiraient. Tiens, le filet de bœuf, tu sais à combien qu'il est, le filet de bœuf ?

La femme n'a pas la fibre épique.

*
**

Figure III
HOMERE

Les savants se donnent beaucoup de mal pour essayer d'expliquer d'où viennent les Grands Mythes Eternels de l'Humanité. Ils disent ceci, ils disent cela, au fond ils disent un peu n'importe quoi. Moi, je vais vous le dire, d'où ils viennent, les Grands Mythes Eternels. Ils viennent du bistrot.

Je prouve.

Supposons un bistrot, un moderne moche, comme tous les vrais bons bistrots. Avec le juke-box, le tilt et le téléphone tout au fond qui sent tellement mauvais parce que la cabine sert aussi de vécés. Et le bar. Et les gars au bar.

Supposons un gars qui introduit dans la conversation le sujet suivant : comme quoi, une fois, étant au régiment, il a passé un quart d'heure avec une pute dure à la peine pour le prix de trois paquets de gauloises.

Eh bien, si vous vous trouviez là, au comptoir, vous vibreriez comme les copains aux strophes bien scandées chantant à la face des dieux les surhumaines amours qui furent une fois et ne seront jamais plus. Vous sauriez que le coup qui se tira là fut le plus beau coup jamais tiré depuis qu'il y a des coups, et qui se tirent. Vous le verriez, ce preux, manipulé par une virtuose de première, et attention, pas la pouffiasse crapule je t'arrache ça vite fait, pardon, à la bonne elle m'avait, vous pouvez rigoler, je sais, j'ai l'air d'un con, enfin, j'en étais pas à ma première pute, je sais de quoi je cause, peut-être, au béguin je vous dis, je l'avais repérée, dans la rue, elle abordait pas n'importe qui, elle en avait même pas accroché un le temps que je la regardais en me tâtant j'y vas j'y vas pas, pas la gagneuse qui faut qu'elle bouffe, pas de préjugés pourvu que ça paie, non, la fille qui faut que le gars lui fasse envie, d'abord je vais vous dire mon idée qui m'est venue après, moi je suis sûr que cette nana-là c'était une fausse pute, avec son air distingué qu'elle arrivait pas à cacher, ça se voyait qu'elle avait ses bachots, et attention, sapée Carven, parfumée Balmain, la femme du monde vicieuse qu'était descendue sur le trottoir se pêcher un homme, un vrai avec quelque chose dans le futal, ces mecs de la haute, des dégénérés, tout dans la tête, rien dans le calcif, alors une femme un peu sentimentale ça reste sur sa faim, forcément, et je vais peut-être vous faire marrer, mais je l'ai tellement régalée qu'elle voulait pas de mon oseille et pourtant ce jour-là j'étais pas tellement en train vu que je revenais d'enterrer mon père, il avait gardé sa connaissance jusqu'au bout, souffrir comme ça ça devrait pas être permis, qu'est-ce qu'il salissait comme linge, un homme qu'avait travaillé toute sa putain de vie, honnête et tout, et total. Même qu'on devait se revoir, et que j'ai été bien con, aujourd'hui je serais président-directeur général et mon whisky je me le boirais dans un hamac, merde, mais la semaine d'après j'étais puni nib de perme et après j'ai oublié vous savez ce que c'est.

Maintenant, honnêtement, dites-moi : n'est-ce pas là, mot pour mot, tout le thème sublime d'Orphée et Eurydice ? Et même celui de Tristan et Iseut ? Et celui d'Isis et Osiris ? Et, en prime, celui de Joseph et Mme Putiphar ? Et bien d'autres encore... Il suffit d'arranger un peu les décors et les costumes. Si vous lisez les « Amours Célèbres » dans *France-Soir*, vous voyez ce que je veux dire.

Homère était un pilier de bistrot, voilà la vérité.

Je pourrais vous montrer aussi facilement comment le mythe d'Hercule est sorti des conversations sportives et le mythe de Superman des conversations politiques, mais l'espace m'est compté. D'ailleurs, dans notre France, il n'existe plus qu'un seul sujet de conversation politique : le tiercé. Et ça c'est de la mathématique, pas du bla-bla. C'est pour ça qu'on dit que la politique est devenue une science exacte.

Mais le maître sujet, l'épopée des épopées, c'est toujours la fois où qu'on s'est tellement saoulé la gueule. Les femmes nous ont fauché le sport, elles nous ont fauché la politique, elles nous ont fauché les histoires cochonnes, mais ça, elles ne l'auront jamais. C'est notre Chanson de Geste, à nous les mâles, notre Roncevaux, notre Crépuscule des Dieux. Qui n'a entendu un barde du samedi soir scander en strophes sonores la terrible journée n'a rien entendu. Ça se termine mal, comme tout ce qui est vraiment beau. C'est toujours le calva, ou le muscadet, qui a le dernier mot. Heureusement que c'est rien que du naturel, du fait à la maison, parce qu'avec les saletés chimiques qu'on vous vend dans le commerce, on en serait crevé.

La Femme crut bien avoir sa revanche le jour où apparurent les camping-c'est-Trigano, les caravanes, les fermettes-week-end et les sports d'hiver. Mais non ! Le bistrot avait couru encore plus vite. Il était déjà là, en bambou, en fausse pierre de pays ou en plastique gonflable, avec son zinc, son juke-box, son tilt et son téléphone-vécés. Et tous les maris, le coude à bonne hauteur.

Tant qu'il y aura un bistrot, la Civilisation vivra.

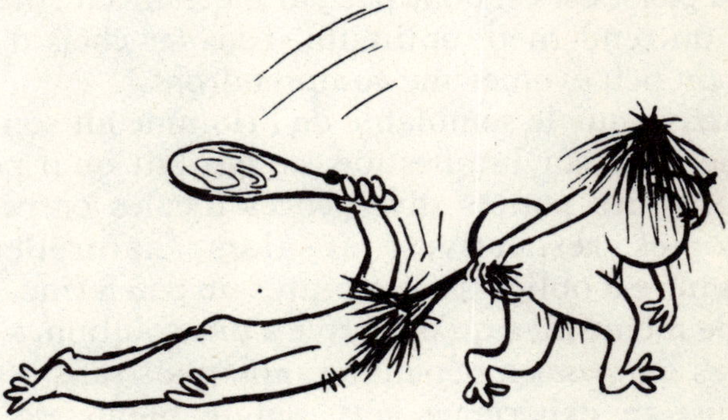

QUINZIÈME LEÇON

L'homme devient un petit peu malhonnête et tout ce qui s'ensuit

Quoi que puissent dire les gens pessimistes, l'Homme n'est pas spontanément malhonnête.

L'Homme ne dépouille son semblable que lorsqu'il n'existe vraiment aucun autre moyen encore moins fatigant de se procurer ce que son semblable a et que lui n'a pas. Ce n'est donc pas par méchanceté, mais par souci du rendement optimum. Tous les chefs d'entreprise un peu évolués me comprendront.

Il arrive que le semblable de l'Homme ait son point de vue à lui sur la question, ce qui fait qu'il peut se produire des petites divergences locales entre leurs idéologies respectives, et alors, naturellement, l'Homme est obligé de se montrer un peu ferme, il faut tout de même bien qu'on arrive à une solution, à la fin, j'ai pas que vous à dépouiller, non mais sans blague.

L'austère expérience aux doigts pleins de gifles enseigna à l'Homme qu'il ne suffit pas d'avoir très fort envie de ce que possède autrui pour qu'autrui se laisse dépouiller sans gesticuler de façon dangereuse. La vie n'est pas exactement faite comme elle devrait l'être. Il y a de ces types avec de très gros poings qui possèdent des choses qui seraient bien mieux possédées par moi. Je vous dis moi parce que moi je possède très très bien.

C'est un bonheur pour n'importe quoi d'être possédé par moi.

Il n'est pas absolument obligatoire de dépouiller les pauvres, mais les riches sont si méfiants ! Si antipathiques... Ne pas dépouiller les pauvres, c'est mépriser les dons du Seigneur.

Les pauvres, ça ne pense qu'à guetter le moment où l'autre pauvre aura le dos tourné pour le dépouiller. C'est juste le bon moment pour les dépouiller tous les deux ensemble. Les riches, avant de les dépouiller, il faut d'abord devenir plus riche qu'eux. Autrement, c'est de l'immoralité pure et simple.

***

Tout ça, c'est des considérations générales. Vous, vous voulez des faits. Des faits concrets, comme dit le journal télévisé. Alors, bon.

Le premier voleur de tous les temps vivait il y a deux cent cinquante millions d'années. Il s'appelait Golfe Persique. C'est une coïncidence. Vous en verrez bien d'autres si vous vivez assez vieux.

Il était chasseur de lentilles. Je veux dire, avant d'être voleur. Après, il était chasseur de lentilles et voleur. Dans ce temps-là, les lentilles étaient sauvages. Elles poussaient de-ci, de-là, dans la jungle assassine, sur des tiges trop hautes pour qu'on puisse cueillir les lentilles à la main, trop gratte-cuisses pour qu'on puisse y grimper sans s'égratigner la virilité, et trop fatigantes à courber pour qu'on puisse les courber sans fatigue. Il fallait donc se mettre à deux et se faire la courte échelle. Et c'est à ce moment-là qu'on se rendait compte que, allongés sur le dos, la courte échelle, ça ne va pas bien haut.

On allait chercher un type, et puis encore un type, jusqu'à tant que. Il fallait bien compter dix types pour que le dixième, là-haut, puisse enfin cueillir les lentilles bien à sa main, mais alors c'était juste le moment où celui qui se trouvait tout à fait en bas arrivait au bout de son addition dans sa tête et son addition faisait juste dix et ça voulait dire que c'était lui qui se fatiguait plus que tout le monde et que si on ne lui augmentait pas sa part au prorata, salut bonjour. On réglait l'incident. Vous voyez quel travail. Et quand on avait cueilli toutes les lentilles d'un pied de lentilles, ça ne faisait quand même pas beaucoup de lentilles. Alors on marquait l'endroit avec un sandwich au pâté de foie pour être sûr de le retrouver l'année prochaine et on cherchait un autre pied dans la jungle traîtresse. La lentille, ça pousse où ça veut. Les riches ne connaissent pas leur bonheur. Les riches achetaient les lentilles et faisaient des réflexions de riches pas contents quand par hasard ils avaient trouvé un caillou dedans, soi-disant. Et alors il fallait leur donner une lentille à la place en s'excusant mon Dieu excusez-moi, ça n'était encore jamais arrivé, mais comment cela a-t-il bien pu, c'est bien la première fois, mais certainement Monsieur, on va vous l'échanger tout de suite, évidemment ça ne fait jamais plaisir, oh non, ça ne se reproduira pas, pensez donc, nous sommes une maison honorablement connue sur la place, vraiment je ne comprends pas, je vous fais un emballage-cadeau ? Et avec ça, Monsieur ? Certainement, Monsieur ! Au revoir, Monsieur...

⁂

A partir de là, la leçon d'aujourd'hui sera un peu différente des leçons passées. Jusqu'ici, c'est moi qui faisais tout le travail. On va voir si vous avez bien profité.

Voilà, vous avez fait la connaissance de Golfe Persique le chasseur de lentilles, vous avez lu la première partie de son histoire. Vous devez être

LE PREMIER ENTOLAGE

capable de la terminer tout seul. Ou alors, c'est que vous avez lu superficiellement les précédents chapitres. Dans ce cas, relisez-les.

Maintenant, à vous de nous expliquer comment Golfe Persique découvrit l'art subtil de faire passer des silex, taillés à la dimension et en la forme requises puis polis avec soin, pour des lentilles authentiques bien que rétives à la cuisson donc non échangeables puisque conformes au modèle du catalogue si vous savez pas faire cuire des lentilles moi j'y peux rien ou alors c'est peut-être votre eau qu'est trop calcaire. Vous avez essayé avec une pincée de bicarbonate ? Alors, c'est votre tête qui leur revient pas, je comprends ça, remarquez, bon, dégagez, j'ai pas que vous à m'occuper, non mais sans blague.

Vous nous raconterez comment Golfe Persique devint tellement riche qu'il ne se lavait jamais deux fois de suite les pieds dans la même eau, et comment ceci s'appelle du VOL ÉHONTÉ, et comment Golfe Persique fut non seulement le premier voleur, mais aussi le premier voleur éhonté. Vous nous retracerez sa longue et verte vieillesse allongée sur un matelas de concubines très moelleuses et très inventives, sa mort sereine et couronnée de roses, puis, passant par une heureuse transition de l'anecdotique à l'universel et du concret au transcendant, vous conclurez votre exposé par la constatation réconfortante que le crime ne paie pas. Dans trente minutes exactement je ramasse les copies.

***

Vous qui me lisez depuis le début avec gourmandise, vous n'avez pas été sans remarquer que ceci est une œuvre chaste. Monumentale et chaste. C'est d'ailleurs cette haute tenue morale qui a valu à l'« Aurore de l'Humanité » les suffrages d'hommes de science tels que vous et Monsieur Jean Dutourd, de l'Académie Française. J'en suis fier. Si, si, je vous assure.

Maintenant, je voudrais bien gagner des sous, si possible beaucoup. Je vais donc en faire un livre, un beau livre, plutôt cher, et je vais le mettre dans les librairies pour que les gens l'achètent. Les gens, vous les connaissez, ils n'achètent que si c'est osé. Les deux succès de cette année sont Sade et Wolinski. Sade et Wolinski sont osés. Surtout Wolinski, qui n'a pas l'excuse d'être Sade. Ceux qui ont acheté *La vie de Jésus,* ça ne compte pas, ils ont été très déçus et ils l'ont mis de côté pour les étrennes de la concierge. Moi, mon livre, je veux qu'on se le mette précieusement au frais pour quand les invités seront partis, et qu'on se le rachète parce qu'on se l'est fait voler. Je voudrais bien me payer un pull-over rouge et jaune, très beau, que j'ai vu. Alors, je vais y mettre de l'osé. C'est pourquoi je préfère arrêter là ce chapitre, qui sera un peu plus court que de coutume et qui d'ailleurs commençait à m'ennuyer, pour attaquer tout de suite le chapitre suivant, un chapitre très très osé, vous verrez.

SEIZIÈME LEÇON

L'homme déclenche la grande révolution sexuelle et se fait remettre à sa place

Si, parvenus à ce point culminant de notre étude, nous jetons en arrière un regard pensif, un fait aussitôt nous frappe par son évidence extrême. Ce fait peut s'énoncer ainsi :

Les actes de l'Homme ne sont pas uniquement inspirés par le souci d'être utile à son voisin.

Un examen plus approfondi, portant sur des dizaines de milliers d'années, a donné des résultats remarquablement constants qui ont conduit les gens qui sont payés pour ça à formuler les trois axiomes suivants, bases de tout le comportement humain :

A — L'Homme tend à éviter ce qui lui est désagréable.

B — L'Homme tend à rechercher ce qui lui est agréable.

C — A condition que ça ne soit pas trop fatigant.

Cela s'appelle avoir un IDÉAL.

⁂

En général, l'Homme assimilait ces principes assez vite. (Ou alors, c'est qu'il était masochiste, mais moi je vous parle des gens sains, c'est-à-dire plutôt un peu dans l'autre sens, comme vous et moi.)

Les principes, c'est déjà quelque chose, mais naturellement ça ne suffit pas. Au début, l'Homme avait beau être tout à fait d'accord pour éviter les choses désagréables, il n'y parvenait qu'une fois sur trois mille deux cents, à peu près, pour la bonne raison qu'il fallait d'abord qu'il y soit passé pour savoir l'effet que ça lui faisait. Ça, ça s'appelle l'INFORMATION. Et même, des fois, après, il avait une grosse bosse sur la tête, et alors il oubliait comment c'était arrivé, et il fallait tout recommencer. Et même des fois il était mort. Alors sa maman se disait que tout ce temps-là avait été du temps perdu, sans compter le bon lait de ses mamelles, et qu'elle aurait mieux fait de suivre sa première idée qui était de le jeter aux cochons à sa naissance. Enfin, c'est la vie.

D'ailleurs, ça ne resta pas longtemps aussi empirique. L'Homme finit par trouver un système pour se rappeler. Sur les choses désagréables, il dessinait un signe qui voulait dire : « Caca ». Sur les choses agréables, il faisait un signe qui voulait dire : « Miam-miam ». Et il fut très content de son idée.

L'Homme s'aperçut alors d'une chose. Et voici quelle était cette chose : c'est qu'il faisait plus souvent le signe « caca » que le signe « miam-miam ». Beaucoup plus souvent, oh là là. Ça voulait dire que s'il lui arrivait de poser le pied dans quelque chose, il n'avait pas besoin de regarder pour parier que c'était quelque chose de sale plutôt qu'un porte-monnaie rempli de pièces d'or.

L'Homme commença à soupçonner que peut-être on ne l'avait pas jeté dans cette vallée de larmes pour manger toute la journée des glaces à la fraise en regardant le feu d'artifice. Il comprit que le monde était méchant et qu'il était, lui, Homme, tout seul au milieu, et tout nu, et avec toutes ces guêpes.

Seul contre l'Univers... C'est vache. Mais grand. L'Homme, d'abord accablé, releva la tête. Il décida de faire face. Crânement. Il regarda le ciel droit dans les yeux et il lui tira la langue. Et puis il courut vite se cacher derrière sa Femme.

Plus tard, à tête reposée, l'Homme fit le bilan de la situation. Il y avait beaucoup moins de choses miam-miam que de choses caca, ça c'était vrai. Mais il y en avait quand même quelques-unes. En faisant bien attention, on devait pouvoir arriver à laisser les choses caca pour les copains et à se garder toutes les choses miam-miam pour soi. Ça devait sûrement être faisable. Et en effet.

Après ça, l'Homme apprit à être content en dedans sans avoir l'air tellement content au-dehors. Il était devenu SOURNOIS. Il vécut plus longtemps. Ensuite il dit aux autres que l'agréable c'est pas tout dans la vie, qu'il y a aussi la fierté de vaincre ses penchants, que le travail est meilleur que le repos, la faim meilleure que le rot, la soif meilleure que l'ivresse, la pauvreté meilleure que la richesse et la chasteté meilleure que la femme. Les autres faisaient semblant de croire ça pour pouvoir en dire autant.

L'Homme était devenu MORAL.

Cette fois, il ne lui manquait plus grand-chose.

***

Les choses caca, je ne vais pas vous les énumérer. Il y en a trop. Et puis, je préfère vous laisser le plaisir de les découvrir par vous-même.

Pour les choses miam-miam, vous ne m'avez pas attendu. Il faut quand même que je vous dise que ce n'est pas aussi simple qu'on pourrait le croire, comme ça, à première vue. Il y a les choses un tout petit peu miam-miam et les choses énormément miam-miamissimes. Et entre les deux il y a les intermédiaires.

D'ailleurs, une même chose peut être plus ou moins

miam-miam, ça dépend des détails. Mais là, il faut déjà être connaisseur pour apprécier. Par exemple, manger quand on a faim, c'est bon. Manger encore quand on n'a plus faim, c'est très bon. Se faire vomir pour pouvoir recommencer à manger, c'est très très bon. Faire tout ça devant un pauvre qui a très faim et rien à manger, c'est exquis suprême voluptuossimement très bon.

De même pour la boisson. Tous les gourmets un peu raffinés vous diront que l'important ce n'est pas tellement la forme de la bouteille, mais surtout que le machin qu'il y a dedans vous saoule la gueule bien bien. Et vite fait.

L'Homme, toujours feignant et efficace, décida que les choses miam-miam s'appelleraient les PÉCHÉS. C'était moins long à dire et on comprenait presque aussi bien, une fois qu'on savait. Les choses caca, il les baptisa VERTUS.

Les choses les meilleures de toutes, il les nomma PÉCHÉS CAPITAUX, ce qui veut dire que les pauvres n'avaient pas à y fourrer leurs pattes sales. Les péchés capitaux étaient réservés aux riches, qui sont tellement plus capables d'apprécier ce qui est bon. Si un pauvre y touchait, crac, il allait en enfer. Et en plus il ne trouvait pas ça tellement bon, à cause du manque d'habitude, forcément, et alors il se disait qu'il était vraiment volé de tous les côtés. C'est bien fait.

Les pauvres ne savaient pas très bien ce que c'était que l'enfer, mais ils pensaient que c'était un endroit encore plus moche qu'ici, et ça suffisait. Les riches savaient ce que c'est que l'enfer : c'est être pauvre. Les pauvres se réjouissaient de ne pas aller en enfer, les riches se réjouissaient de ne pas y être, tout le monde était content, et s'il y avait parfois des révolutions c'était seulement pour entretenir la santé du corps.

L'Homme ne pouvait manquer de finir par se rendre compte que, parmi tous ces délicieux péchés capitaux,

1
2
3
4
6
7

il en était un beaucoup plus délicieusement capital que tous les autres : la luxure. En fait, auprès de ce festin, les autres péchés n'étaient qu'amuse-gueule et grignotage de cacahuètes.

L'Homme qui fit cette importante découverte s'appelait Don Juan. Non, ce n'est pas le même. Le mien, en réalité, il s'appelait Bob, mais on l'avait surnommé Don Juan parce qu'il savait faire bouger ses narines. Il avait épousé, à l'âge où ça s'était mis à le travailler, une jeune fille d'excellente famille qu'on appelait Vénus-Couche-Toi-Là, allez donc savoir pourquoi. Et alors, sous les joyeux vivats, il l'avait traînée par les cheveux sur les cailloux pointus semés à foison par les invités et il l'avait jetée, depuis la porte, sur le viril sol de silex rustiquement travaillé, tout au fond de la caverne, juste dans le rectangle dessiné à la craie avec écrit au milieu le mot « lit ». Et puis il s'était jeté à son tour, en visant bien, sur la vierge rougissante. Et puis ils avaient fait leur petite affaire. (Je me permets de vous renvoyer à la leçon IV du présent ouvrage, dans laquelle tout ceci est traité en détail.)

...TEMPS CONSACRÉ A LA RÉVISION DE LA LEÇON IV...

Voilà. Vous avez relu attentivement la leçon IV. Vous avez maintenant bien présente à l'esprit la façon dont se déroulait une nuit d'amour paléolithique. Eh bien, oubliez tout ça. Cette fois-ci, les choses se passèrent tout à fait autrement.

Evidemment, Don Juan ne savait pas que les choses ne se passaient pas comme elles auraient dû, puisque pour lui c'était la première fois. Lui, n'est-ce pas, il suivait son instinct, comme il avait toujours fait dans la vie, et après tout il n'avait pas tellement tort, vu qu'il avait réussi à atteindre l'âge du poil au menton, ce qui n'était pas donné à tout le monde en ces temps de sélection naturelle intensive. Et même il avait tout à fait raison, et son instinct était un très bon instinct. Je vais vous faire voir.

Donc, Vénus-Couche-Toi-là gisait, bras en croix et jambes en V, là où elle était retombée. Emplie d'un doux émoi, elle attendait le choc, en fermant les yeux.

Or le choc tardait. Vénus-Couche-Toi-Là s'étonna. (Elle n'aurait pas dû. Maintenant, nous ne pouvons nous empêcher de penser qu'elle en connaissait long, pour une jeune épousée naïve...) Elle s'étonna bien davantage quand elle sentit une main se poser sur son sein gauche. D'abord, elle ne crut pas que c'était une main. Une main, ça tord, ça arrache, ça écrabouille. Celle-là, pas du tout. Elle était comme un petit chat. Tiède, et douce, et légère. Vénus-Couche-Toi-Là ouvrit les yeux, vit que c'était bien la main de son mari et se dit : « Ça y est, j'ai épousé un anormal. C'est bien ma veine. »

Mais voilà qu'il lui arrivait quelque chose. Quelque chose d'incroyable, une espèce de maladie. Les yeux écarquillés, Vénus-Couche-Toi-Là ne savait pas qu'elle voyait pour la première fois au monde une pointe de sein se dresser sous une caresse.

Pourquoi Don Juan faisait-il cela ? Il ne savait pas. Il avait envie de le faire, voilà tout. Et comme il avait deux mains, il se dit que ça tombait bien parce que, justement, Vénus avait deux seins. Et comme elle l'agaçait à gémir comme ça, il se dit que, bon, il avait lui aussi une bouche pour lui fermer la bouche. Alors leurs langues entamèrent une furieuse bataille, et les mains de Vénus-Couche-Toi-Là coururent sur le corps de Don Juan, et voilà qu'elles aussi trouvèrent des tas de choses à faire.

Elle n'arrivait plus à s'y reconnaître parmi les millions de sensations qui la parcouraient dans tous les sens. Elle n'essayait d'ailleurs pas. Tout ce qu'elle

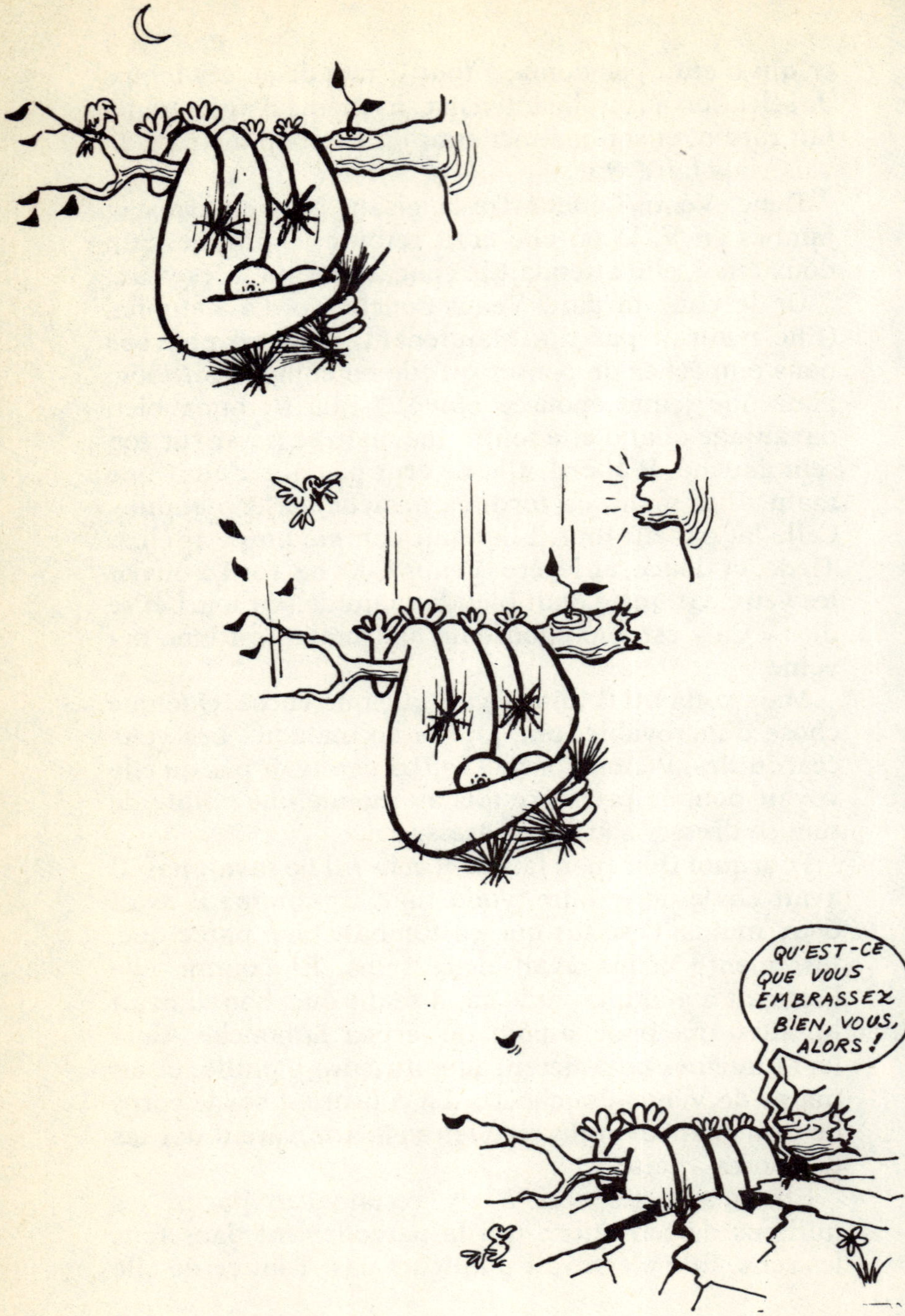
QU'EST-CE QUE VOUS EMBRASSEZ BIEN, VOUS, ALORS !

savait, c'est que c'était énormément miam-miam, fantastiquement miam-miam, oh, maman ! Don Juan se disait justement la même chose. Et ça ne faisait que commencer !

Quand luit le petit matin, ils revenaient d'un long voyage. Ils furent tellement heureux d'avoir découvert ces rivages qu'ils décidèrent de consacrer leur vie à en explorer toutes les curiosités.

***

Don Juan et sa femme Vénus-Couche-Toi-Là auraient bien voulu garder leur trésor pour eux tout seuls, mais ils criaient tellement fort du soir au matin et du matin au soir que les voisins, pensant que Don Juan avait trouvé un nouveau procédé, bien plus efficace, pour battre sa femme, accoururent à l'entrée de la caverne afin de s'instruire.

Ils virent effectivement quelque chose de vraiment nouveau. Mais ce qu'ils ne comprenaient pas, c'est pourquoi Don Juan criait aussi. Et pourquoi la Femme était si contente.

A la fin, il y en eut un pour aller chercher sa Femme à lui et l'amener dans la caverne et lui faire ce que Don Juan faisait à Vénus-Couche-Toi-Là, en regardant bien comment faisait Don Juan afin de faire exactement pareil. Quand il se releva, ses yeux étaient pleins d'étoiles, sa tête pleine d'oiseaux, et son sourire était un sourire tellement spécial que tous les autres coururent aussitôt chercher leurs Femmes à eux. Ceux qui ne purent pas tenir dans la caverne s'arrangèrent dehors, et on alluma beaucoup de torches pour pouvoir bien regarder comment faisait Don Juan et ne pas se tromper dans les mouvements.

***

Je ne sais pas si vous avez tout compris.

Ce qu'ils avaient découvert-là, ça s'appelle l'ÉROTISME. L'érotisme, ça veut dire se faire plaisir mutuellement et tant qu'on peut entre Homme et Femme avec les moyens du bord. Comme ils avaient l'âme très pure, ils n'y voyaient pas plus de mal qu'à boire ou à manger, sauf que c'était bien meilleur.

L'érotisme se perfectionna rapidement. Il faut reconnaître que les Hommes et les Femmes apportèrent beaucoup de bonne volonté à en scruter les secrets. Il n'y fallait pas une grande science. Simplement un cœur désireux de bien faire et un esprit pur de tout préjugé comme de toute répugnance. Il fallait surtout être convaincu que le plaisir maximum se trouve en donnant le plaisir maximum : les râles de volupté ne sont beaux qu'à deux voix. Et puis se laisser porter par l'inspiration, et vogue la galère !

L'érotisme féconda puissamment l'essor de la morale et des bonnes mœurs. Les liens familiaux se resserrèrent. Les enfants, au lieu d'aller traîner dans les caniveaux ou de voler des cerises, s'assirent sagement en rond pour regarder papa et maman faire l'amour, battant des mains aux initiatives particulièrement brillantes.

La vie mondaine prit un éclat nouveau. A la fin des repas de cérémonie, l'Homme ne roula plus sous la table pour cuver son vin. Il roula sous la table pour s'occuper de sa voisine.

***

Il y avait pourtant des gens qui ne voyaient aucun intérêt à ces activités. Par exemple, les vieillards. Or, en ces temps lointains, les vieillards connaissaient tout sur tout. Ils dirent que l'érotisme était caca. Que l'Homme était caca par le bas de son ventre et que la Femme était caca tout entière. Caca ! Caca ! Caca !

INVENTION
DE L'AMOUR
PLATONIQUE

Bien sûr, d'abord cela fit rire tout le monde, surtout les jeunes. Mais les vieillards, vous savez ce que c'est : ils ont peiné tout au long d'une vie d'honneur et de sacrifices, et voilà, ils sont vieux, ils n'ont plus de dents pour mâcher les bonnes choses, plus de jambes pour courir le guilledou, plus rien à faire qu'emmerder le monde en attendant la mort. Emmerder le monde, c'est le seul plaisir qui reste quand tous les plaisirs sont partis. Alors, ils y tiennent.

Les vieillards étaient très amis avec le Grand Sorcier, qui était lui aussi un vieillard. Si vous avez oublié ce que c'était que le Grand Sorcier, allez vite voir à la leçon VI.

...TEMPS CONSACRÉ A LA RÉVISION RAPIDE DE LA LEÇON VI ...

Le Grand Sorcier rassembla le peuple. Il dit que le Grand Père Fouettard qui est aux cieux était venu le voir personnellement pendant la nuit, qu'Il lui avait demandé des nouvelles de sa santé, ce qui était honnête de Sa part, et qu'Il lui avait fait remarquer que, depuis quelque temps, les créatures semblaient avoir tendance à oublier le premier Principe Sacré du divin équilibre grâce auquel tiennent ensemble les morceaux du vaste univers, à savoir : TOUT SE PAIE.

A la sueur de son front. Pour avoir la viande, il faut attraper l'aurochs, pour avoir le vin, il faut planter la vigne, pour avoir des sous, il faut tuer sa vieille maman. Ça s'appelle la JUSTICE. Rien pour rien. Et on paie d'avance. C'est la Loi. C'est MA Loi. Bon.

Et maintenant, le plaisir ? Je dis le maître plaisir, celui de l'Homme avec la Femme, LE Plaisir, quoi. Hmm ? Alors, celui-là, le plus grand de tous, vous l'auriez à l'œil ? Voyons, voyons, mes petits, soyons sérieux.

Tout se paie, mes enfants, le plaisir comme le reste. Plus que le reste. Cette denrée-là, pour l'avoir, voici le prix que vous la paierez : vous la paierez en HONTE.

— Honte de quoi ? dirent-ils. Nous ne faisons rien de mal.

— Pas honte « de ». Honte. Tout court. Honte comme ça, parce que ces choses sont honteuses, parce que vos corps sont caca entre les cuisses... Et puis, zut, à la fin ! Parce que Moi, votre Père Fouettard qui suis aux cieux, j'ai décidé que ça serait comme ça, voilà. Objections ? Pas d'objections. Rompez.

— Amen, dit le Grand Sorcier.

***

Et les Hommes eurent honte. C'est-à-dire les Femmes eurent honte et les Hommes eurent honte de ne pas avoir honte, mais le résultat est le même.

Ils se cachèrent tout au fond de la nuit pour faire

l'amour. Ils se retinrent de crier à cause des enfants. Leurs joyeux derrières roses n'égayèrent plus les prés fleuris.

Quand un Homme et une Femme avaient fait la chose, ils avaient tellement honte qu'ils rasaient les murs et courbaient l'échine, si bien que tous les autres voyaient bien qu'ils venaient de LE faire et ils avaient honte à leur tour.

Les enfants, voyant à certains moments leurs parents s'isoler en grand mystère, en déduisirent qu'ils faisaient des choses sales, et ils ricanèrent derrière leur dos, et ils les méprisèrent.

Les Hommes cachèrent leur membre dans des sacs en peau d'hippopotame, car ils avaient honte de posséder une chose aussi répugnante, et ils firent dessus des dessins de couleurs vives pour faire penser à

autre chose, et ils tassèrent dedans de la laine de mouton pour donner du volume.

Les Femmes mirent une jupe. Pour voir ce qu'il y avait dessous et si ça valait la peine, il fallait se baisser et faire semblant de se nettoyer entre les orteils, ce qui est blessant pour la dignité du mâle.

Les maris, ne pratiquant plus les jeux de l'amour qu'avec leur femme, supposèrent que les autres femmes dissimulaient sous leurs jupes des aptitudes inouïes. L'appel de l'inconnu les précipita dans l'adultère. Il y eut beaucoup de poteries cassées.

***

Le règne de la Honte commençait. Il dure encore. Le Grand Tabou de Sous la Ceinture est la plus durable conquête de l'Homme.

Même ceux qui ont chassé de chez eux le Grand Père Fouettard ont conservé le culte de la Honte Sexuelle. Allez donc à Moscou présenter respectueusement vos testicules à la momie de Lénine et vous verrez si je n'ai pas raison !

DIX-SEPTIÈME LEÇON

L'homme et l'ordre font un mariage d'amour

Dans les premiers temps, les hommes étaient tous très forts et très sains à cause de cette bonne rude vie au grand air qu'ils menaient et à cause de ces bonnes choses naturelles qu'ils mangeaient. A cause, aussi, que les pas tout à fait assez forts crevaient avant d'avoir eu seulement le temps d'essayer de s'approcher de ces merveilleuses sources de force et de santé, ce qui, à bien regarder, fausse un peu le problème, mais si on ergote à tout bout de champ on n'y arrivera jamais.

Les hommes, donc, étaient très forts, très sains et très beaux. Tous. C'était un spectacle superbe. Ils étaient tous exactement aussi forts, aussi sains, aussi beaux. Ils couraient tous exactement aussi vite. Ce qui fait qu'ils attrapaient tous exactement autant d'aurochs, et exactement aussi gros, et exactement aussi tendres, et nécessitant exactement le même temps de cuisson. La même chose pour les légumes : ils arrachaient tous des carottes exactement aussi grosses, c'est-à-dire les plus grosses de toutes, et les petites carottes malingres tordues pourries pleines d'asticots ils les laissaient pour les femmes. La même chose pour le dessert : ils sautaient tous exactement aussi haut et ils cueillaient donc exactement les mêmes plus belles pommes. La même chose pour l'amour : ils avaient tous des guitares exactement aussi grosses, c'est-à-dire les plus grosses qu'ils pouvaient porter, un gramme de plus ils n'auraient pas pu, et ils en jouaient tous exactement aussi fort, c'est-à-dire vraiment très fort, et ils faisaient par conséquent battre le cœur de jeunes filles toutes exactement aussi surhumainement belles, et aussi fraîches d'haleine, et aussi ombragées de cils, et aussi lourdes de seins, et aussi tendres de ventre, et aussi lisses de cuisses, et aussi vastes et blanches de croupe, et aussi vierges, et aussi douées pour accommoder l'aurochs aux carottes, et ils les traînaient par les cheveux sur les silex du chemin suivant un trajet exactement aussi long. Les femmes un tout petit peu moins merveilleuses — celles qui avaient par exemple un grain de beauté sur la cuisse, à l'intérieur, tout en haut — se vouaient au service du Seigneur ou faisaient des cochonneries entre elles, ce qui prouve bien que l'homosexualité féminine plonge ses racines dans la nuit des temps. Et l'homosexualité masculine ? Eh bien, le problème se présente de façon sensiblement différente au départ. Les hommes étant, comme je viens de vous le dire, exactement aussi forts les uns que les autres, lequel des deux aurait traîné l'autre par les cheveux sur les silex ? Ce qui prouve bien que l'homosexualité masculine ne put s'établir que lorsque de nouveaux rapports de force, fondés sur des critères différents, furent apparus parmi les hommes, mais ceci déborderait le cadre de la présente étude et fera l'objet d'un chapitre ultérieur, beaucoup plus cochon.

Cet heureux état de choses s'exprime brièvement en disant que les hommes de ce temps-là étaient ÉGAUX. Pas un ne pétait plus haut que les autres ou, si cela se produisait, vite les autres se dépêchaient de le rattraper. Parmi tous ces hommes absolument égaux, il y en avait un qui était encore plus égal que les autres, et celui-là s'appelait le CHEF.

Femmes des premiers âges dédaignées par les hommes parce qu'elles ont un grain de beauté.

Le chef, donc, était le chef, puisqu'il était le plus égal. C'est la logique même.

Comment s'étaient-ils rendu compte qu'il était le plus égal ? Excellente question. Vous allez voir, la réponse n'est pas mal non plus. Voici. Tous les hommes étant exactement aussi forts les uns que les autres, s'il arrivait qu'un homme ait envie d'une chose qu'un autre homme avait et que lui n'avait pas, par exemple un bon œil d'aurochs frais du jour parce que lui avait gobé tout de suite les deux yeux de son aurochs à lui qu'il avait tué le matin — Oh, ces yeux d'aurochs à la coque, un régal ! Mais attention, trois minutes juste, sans quoi ils deviennent vitreux, ce n'est plus le même regard [1] — tandis que l'autre se les était gardés pour les déguster à la fin de l'aurochs, c'était un de ces maniaques, vous savez, qui mangent les aurochs en commençant par la queue, tout ça rien que pour se garder le plus fin le plus délicat pour le dessert, ce qui est un double plaisir : d'abord c'est plus fin, et puis ça

1. Il ressort de cette prédilection des premiers hommes pour l'œil d'aurochs que, contrairement à ce qui se passait pour, par exemple, la chasse au sanglier ou à l'escargot, on ne tuait pas l'aurochs en visant l'œil, mais bien l'anus, seul autre endroit de son anatomie suffisamment net et suffisamment rond. Naturellement, la mort n'est pas aussi foudroyante. Il faut attendre que la constipation ait fait son œuvre.

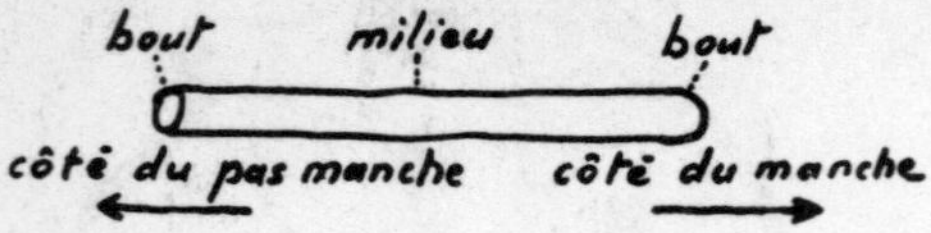

PRINCIPE DU GOURDIN
(schéma)

fait baver de jalousie les goinfres qui ont mangé le meilleur au commencement, bref, le bilan de la situation à un certain moment grand M était le suivant : un type T avait encore un œil d'aurochs [1] tout frais tout beau à déguster et un autre type T' (Té prime) n'en avait pas, bien qu'il fût prêt à n'importe quoi pour en avoir un. Bon. Soyez très attentif, ça devient difficile.

T, donc, se pourléchait devant ce bon œil d'aurochs

1. Et même deux. Mais, pour simplifier les calculs, nous ne considérerons qu'un seul œil d'aurochs.

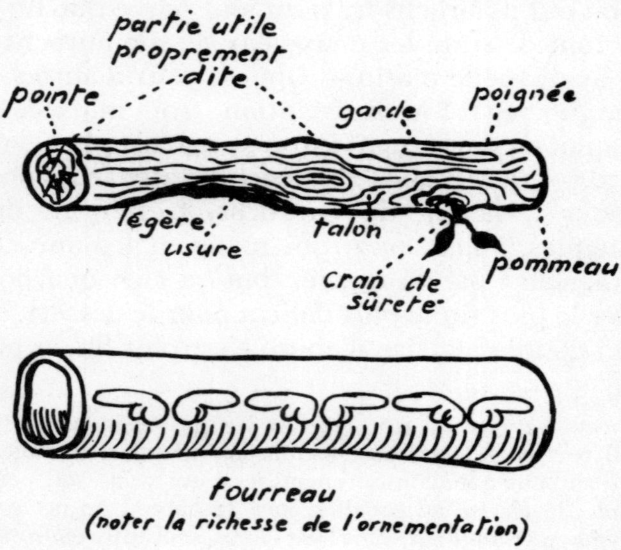

GOURDIN CLASSIQUE

A l'époque de son apogée, le gourdin atteignit une perfection qu'il ne devait plus dépasser.

qu'il allait gober et T' se disait que si seulement T était un tout petit peu moins fort que lui il savait bien ce qu'il ferait. Oui mais, voilà, T était exactement aussi fort, alors ce serait vraiment du temps perdu, et alors, bof... Mais voilà que la main de T' (attention, je dis bien Té prime, ne confondez pas) que la main de T' se levait toute seule, sans que la tête de T' lui ait dit de se lever, et dans cette main il y avait quelque chose de long, de lourd et de dur, et la main de T' abattait cette chose sur la tête de T, et T' voyait sa main, sa main à lui, faire cela, et il était très étonné, et il ne savait pas ce que c'était qui faisait faire ça à sa main, mais à vous je vais vous le dire : c'était la RAGE, fille de l'ENVIE aux doigts crochus, au teint blême et livide. Et sachez que la rage fait faire à l'homme ce qu'elle veut, mais surtout des bêtises. Naturellement, les choses se passèrent plus vite que je ne vous les raconte. Beaucoup, beaucoup plus vite. En fait, T' eut à peine le temps de sentir qu'il allait être étonné, crac, T était déjà étendu par terre et il avait maintenant deux têtes, mais plus étroites, et toutes les choses qu'il y avait auparavant dans la tête de T pendaient joliment aux branches des sapins, ça faisait comme des arbres de Noël, mais naturellement T' ne savait pas ce que c'était qu'un arbre de Noël et il n'apprécia pas comme il aurait dû. C'est un peu dommage, moi je trouve.

Or T' savait parfaitement ce que cela voulait dire quand un type était par terre et que les choses qui auraient dû se trouver rangées proprement dans le dedans de sa tête pendouillaient par-ci par-là dans les arbres. Cela voulait dire que ce type avait été moins fort qu'un autre type. Mais justement, T était aussi fort

COMMENT TENIR LE GOURDIN

que lui, T', et aussi fort, d'ailleurs, que tous les autres types qui existaient sur la Terre à cette époque-là, T'', T''', T'''', mais il n'est pas utile que vous vous fatiguiez à retenir leurs noms, ils n'ont dans cette démonstration qu'une importance purement anecdotique.

T' avait l'esprit scientifique. Il savait que lorsqu'une loi fondamentale de la nature semble présenter une exception, c'est à ce moment-là que l'observateur sagace à l'esprit hardiment novateur se dit qu'il y a une découverte à faire et rafle le prix Nobel. T' sentait qu'il était au bord de quelque chose d'immense, mais il n'arrivait pas à savoir si c'était le principe d'Archimède ou la recette du clafoutis aux bouts de gras [1]. Il décida de procéder avec méthode. Pour commencer, il s'assit à l'ombre afin de réfléchir à tout ça bien à fond. Mais il se produisit un événement, que je vous narrerai en temps utile, et qui l'empêcha de réfléchir assez longtemps pour parvenir à un résultat. Je vais donc sans attendre vous expliquer ce qui s'était passé.

Il s'était passé que, lorsque la main de T' s'était abattue sur la tête de T avec la chose dure, T était en train de contempler avec adoration l'œil d'aurochs sur lequel repose le chatoyant édifice de cette histoire

1. Ce n'était pas le principe d'Archimède. Sinon le principe d'Archimède s'appellerait « principe de T' ». Or, il s'appelle « principe d'Archimède ». Pour le clafoutis aux bouts de gras, on ne sait pas. Il y a un prix Nobel à réclamer.

COMMENT RECEVOIR LE GOURDIN

immorale mais vraie, et la position de l'œil d'aurochs était telle que T se trouvait entre l'œil et T' et, donc, occupé qu'il était à contempler l'œil, tournait le dos à T' et conséquemment ne voyait pas T' ni ce que faisait la main de T'. Nous dirions aujourd'hui que T avait été cueilli par SURPRISE. Retenez bien ce mot. Par la suite, la surprise devint la meilleure amie du lâche, mais à l'époque de T et de T' elle était encore tout à fait inconnue et les hommes ne soupçonnaient pas qu'il pût exister quelque chose de plus fort que la force.

Lorsque les autres types de la tribu arrivèrent en chantant de gaillardes chansons et qu'ils virent T par terre, et dans quel état, mon Dieu, et T' assis à l'ombre avec son gourdin sous le bras et les choses sales et gluantes collées au bout du gourdin, et l'œil d'aurochs entre eux au milieu de la clairière, ils comprirent immédiatement que quelque chose n'allait pas. Un œil d'aurochs tout frais et pas mangé, ça ne s'était jamais vu, ça ne pouvait pas exister. C'est vous dire combien T' avait été troublé. Alors ils s'installèrent tous en rond autour de l'œil, et ils regardèrent l'œil avec une concupiscence formidable, et aucun ne faisait un geste vers l'œil car aussitôt les autres lui auraient tapé sur la main, et comme chacun d'eux était aussi fort que lui ce n'était même pas la peine d'essayer. Arrivés à ce point de notre récit, je ne sais pas si vous avez remarqué, les choses sont figées, il n'y a aucune raison que ça bouge, nous autres savants dirions que l'entropie du système

LE GOURDIN
A TRAVERS LES AGES

Musée du gourdin

Préfecture de Police de Paris

GOURDIN EN PIERRE
Age de pierre

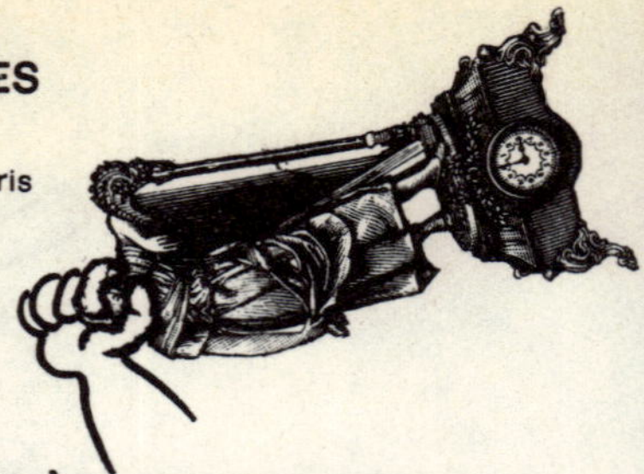

GOURDIN EN BRONZE
Age du bronze

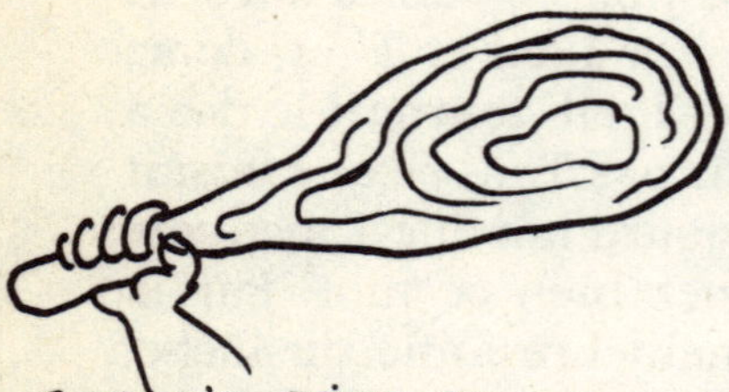

GOURDIN PEINT EN FAUX-JAMBON
Age du faux jambon

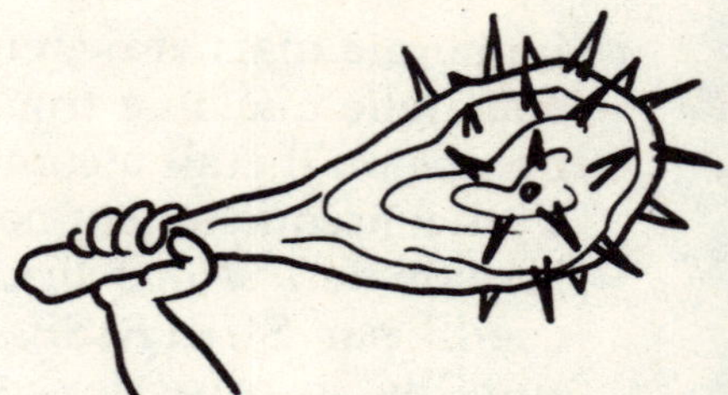

LE MÊME AVEC UNE SURPRISE

GOURDIN EN FER
Age du fer

GOURDIN EN RENNE
Age du renne

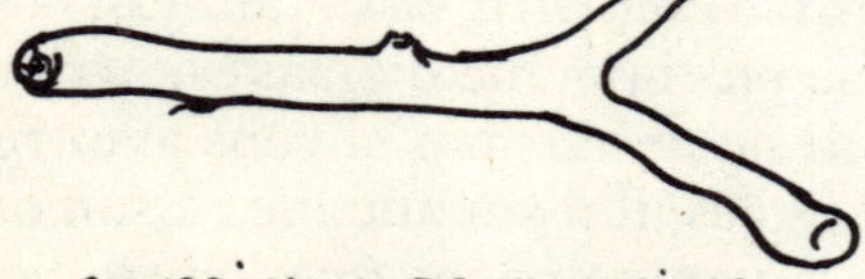

GOURDIN A DEUX MAINS

est maxima, il ne se passera plus rien à moins d'une intervention extérieure au système, et justement la voilà, ouf.

L'intervention extérieure, c'est notre ami T'. Vous l'aviez oublié, celui-là, eh, oui ! Nous l'avions laissé réfléchissant à l'ombre, et au bout d'un certain temps il s'aperçut, en faisant le bilan annuel de ses activités, que cette réflexion-là ne lui avait apporté qu'une grosse colique dans les boyaux de la tête et pas le prix Nobel. Et comme il se sentait en même temps un grand vide dans les boyaux du ventre, il se leva, son gourdin à la main, et voilà qu'il tomba sur ce paquet de types figés en rond autour de l'œil d'aurochs... L'œil d'aurochs... Là, tout près... Et ces gros cons autour... C'est juste à ce moment-là que la main de T' recommença à faire des siennes, à cause de cette chose, la rage, vous savez... Et ce que la main de T' avait fait à T, elle le refit à T'', T''', T'''', à tous les T de la tribu, ce qui faisait vraiment beaucoup de T car c'était justement la tribu des T, c'est comme ça qu'elle s'appelait, et tous les hommes de la tribu étaient là en rond. La main leur fit comme à T, pareil, mais en moins fort, parce qu'elle commençait à se fatiguer, si bien qu'ils tombèrent à terre, mais moins morts que T. Et T' resta seul debout, et il goba l'œil d'aurochs, et finalement l'œil n'était pas aussi bon qu'on aurait cru, parce que cet aurochs-là était un peu myope de cet œil-là, et c'était vraiment pas la peine de faire tant d'histoires.

⁂

Avant cet événement que nous qualifierons de décisif, les hommes étaient égaux, mais ils ne savaient pas qu'ils l'étaient. A vrai dire, ils ne s'étaient même jamais posé la question. Lorsqu'ils se réveillèrent, ils prirent pour la première fois conscience de leur égalité et aussi de la grosse bosse qu'ils avaient sur le haut de la tête.

C'est-à-dire, en ce qui concerne l'égalité, T' leur expliqua, et alors ils prirent conscience. En ce qui concerne la bosse, ils prirent conscience tout seuls.

Voici comment T' s'y prit. Il leur dit que l'expérience à laquelle il venait de procéder prouvait qu'ils étaient tous exactement aussi moins égaux que lui, et par conséquent égaux entre eux. Il leur dit ensuite qu'il avait réfléchi à tout ça et qu'il avait inventé un mot qui voulait dire « plus égal », un mot très joli, très facile à prononcer, et ce mot était « chef », et lui, T', était le chef, et criez trois fois hourra pour votre chef bien-aimé, mes enfants. Ils crièrent trois fois hourra et furent bien contents d'avoir un chef, quoiqu'ils ne sussent pas très bien à quoi ça pouvait servir.

⁂

Le lendemain, il y eut, comme chaque jour, le retour de la chasse à l'aurochs et le moment où l'on fait la distribution des portions d'aurochs. Chaque portion consistait en un aurochs entier, que l'on mangeait sur place, avec la peau, car c'est là que se trouvent toutes les vitamines. L'aurochs est un mets délicieux, qu'on le commence par n'importe quel bout. Dommage que ça ne reste pas vivant jusqu'à la fin.

Les chasseurs, donc, faisaient la queue. Le chef passa devant et dit :

— Je me sers le premier, car je suis le chef.

Il dit encore :

— Je prends double portion, car je suis le chef. Et il prit dix aurochs.

Un des chasseurs, une espèce d'intellectuel, compta les aurochs, et puis il compta sur ses doigts, un doigt un aurochs, et puis il recommença à l'envers, et enfin il dit :

— Tu as dit double portion. Or, tu en prends dix.

Aussitôt, huit gaillards pleins de santé levèrent huit

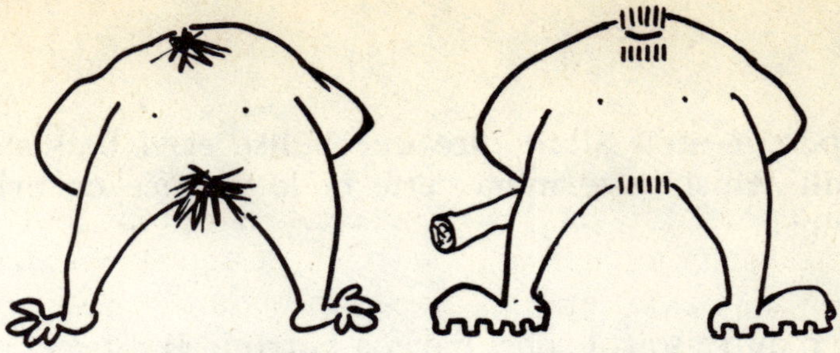

gourdins énormes sur l'espèce d'intellectuel, et ils lui firent très mal pendant très longtemps. Et lorsqu'ils eurent donné le dernier coup de bichon à ce travail de précision, le chef expliqua patiemment :

— Une double portion pour moi et une portion simple pour chacun de ces huit braves petits gars, ça fait dix portions en tout.

Il dit encore :

— Si j'avais pris simplement ma double portion, m'auriez-vous laissé faire ?

Et ils dirent tous :

— Sûrement pas ! L'aurochs, ça ne pousse pas sur les arbres !

Il dit :

— Vous voyez bien ! Il me fallait donc bien prendre ces huit portions pour pouvoir avoir ma double portion.

Ils comprirent très bien cela et ils furent contents d'avoir un chef aussi intelligent et qui savait si bien expliquer les choses.

Le chef dit encore :

— Ces huit bons garçons n'iront plus chasser l'aurochs. Ils resteront auprès de moi. Et vous chasserez pour eux, et vous chasserez pour moi. Ils s'appelleront « flics », c'est le nom que je leur donne, et ce qu'ils feront sera le bien, et ce qu'ils diront sera la vérité, et ceux qu'ils battront seront des canailles. D'autres questions ?

Un vieux chasseur leva la main. Les huit gros flics levèrent leurs huit gros gourdins. Le vieux chasseur s'aperçut qu'il allait dire une bêtise et il baissa la main. Ainsi se termina cette belle journée de printemps.

⁂

Un autre soir, le chef parla à la tribu. Il dit ceci :

— Mes chers amis, je viens d'inventer quelque chose. Quelque chose de très bon. Ça s'appelle l'ORDRE. Je vais vous faire voir.

Le chef vint vers les aurochs, et il prit une double portion d'aurochs, et puis encore une double portion, et encore une, et encore, et comme ça vingt doubles portions, et il dit aux flics : « Emportez. » Et les flics emportèrent tout cela dans sa caverne à lui.

Le chef dit aux chasseurs : « Ce qui reste est à vous. Partagez-vous-le gentiment, et bon appétit. » Or il restait une seule portion, une portion même pas double, et ils étaient trente-deux chasseurs.

Un chasseur leva la main et dit : « Polope ! » Alors, tous les chasseurs levèrent la main et dirent : « Polope ! »

Aussitôt, les flics levèrent leurs gourdins, et comme les chasseurs n'avaient pas de gourdins, car il serait impoli de venir à la distribution des aurochs avec une arme, ils furent bientôt tous par terre et ils eurent très mal. Et quant à celui qui avait levé la main le premier, il eut beaucoup plus mal que tout le monde et jamais on ne put retrouver la totalité de ses morceaux.

Le chef dit :

— Je vais vous expliquer ce qui s'est passé. Vous avez été poussés au mal par un MENEUR. Vous avez semé l'ANARCHIE. Heureusement, mes braves flics ont rétabli l'ORDRE. L'ordre, c'est le contraire de l'anarchie. Ce n'est pas difficile. Des questions ?

Les gourdins se levèrent. Il n'y eut pas de questions.

Le chef dit encore :

— Vous êtes de bons et honnêtes citoyens un instant

LES MÉFAITS DU DÉSORDRE

Homme faisant l'amour avec une mammouthe

Homme faisant l'amour avec une mouche (Détail)

Mammouth faisant l'amour avec une femme (Position classique, dite "du missionnaire")

égarés. Je vous pardonne. Désormais, vous me donnerez vingt doubles portions chaque jour. Vous me les donnerez de bon cœur et vous les porterez vous-mêmes dans ma caverne en chantant d'allègres refrains. Avec cela, je nourrirai les flics et je pourvoirai aux autres besoins de l'Etat. Le reste, vous en ferez ce que vous voudrez pourvu que votre joyeux festin ne soit pas trop bruyant. Si vous voulez manger davantage, petits gourmands, c'est très facile : il vous suffit d'attraper davantage d'aurochs. Naturellement, je prélèverai la part de l'Etat sur ce que vous attraperez en plus. Des questions ?

Toujours pas de questions. Ce qui montre bien que l'ordre est favorable à l'épanouissement de l'intelligence.

Plus tard, un chasseur dit à un autre chasseur : « Qu'est-ce que c'est : l'Etat ? » Et le deuxième chasseur dit : « L'Etat, c'est lui. » Ce qui montre bien : 1° que Louis XIV est un voleur et 2° qu'il n'est même pas capable de plagier correctement.

⁂

Une autre fois, le chef parla ainsi :

— Mes chers amis, vous avez fait des progrès. C'est bien. Nous pouvons maintenant passer au chapitre suivant. Ce chapitre s'intitule : l'Ordre et l'Amour.

Le chef s'éclaircit la voix, s'appuya sur l'autre jambe, et dit :

— Et d'abord, qu'est-ce que l'amour ?

Tous les chasseurs levèrent le doigt et se bousculèrent pour être le premier à répondre. Le chef fronça le sourcil et fit : « Tss, tss... » Les flics levèrent leurs gourdins. Les chasseurs comprirent que la question du chef n'était pas une vraie question, juste une chose pour donner du piquant au discours. Ils comprirent aussi que l'ordre ça voulait dire que c'était le même qui faisait les questions et les réponses. Ils devenaient vraiment très intelligents. Ils baissèrent le doigt.

— Eh bien, dit le chef, l'amour, c'est comme la faim. Mais la faim, pour la calmer, il faut des choses précises, des choses qu'on ne trouve pas n'importe où : de l'aurochs, des légumes, du dessert ou du fromage, au choix, café, pousse-café, cigares [1]. Tandis que l'amour, ça se calme avec n'importe quoi : une aurochsse, une betterave habilement creusée, un orphelin sans défense, un trou dans la terre, un vieux prêtre portant le saint sacrement et ayant peur de le laisser tomber, un canard, une petite fille aux cuisses gercées qui se baisse pour cueillir des pâquerettes, une pantoufle, une motte de beurre avec une touffe de poils pour la poésie, une grenouille qui veut se faire aussi grosse que le bœuf et en effet, un nid de guêpes mais il faut faire vite, un édredon de plumes, une mouche, un solstice d'hiver, un vieux père qui n'a pas mérité ça après une vie d'honneur et de sacrifices, une bonbonne avec autour un support-jarretelles en dentelle noire, une source généralement bien informée, un crocodile à condition de ne pas se tromper de bout, une miche de pain avec beaucoup de mie, une métaphore hardie, un biberon plein de farine lactée sucrée Jacquemaire la seconde maman, un chat de gouttière, la narine gauche d'un mammouth endormi... Si vous avez d'autres idées, adressez-les-moi sous pli fermé à la Chefferie. L'amour, ça peut même se calmer dans une bonne femme normalement constituée, à l'extrême rigueur et si vraiment on n'a rien d'autre sous la main.

Le chef but un coup. Les chasseurs étaient un peu congestionnés. Le chef reprit :

— Cela, c'est l'amour dans le désordre. Mais vous êtes civilisés, désormais. Vous ne voudriez plus vous conduire comme des cochons, n'est-ce pas ?

---

1. Les hors-d'œuvre n'étaient pas encore inventés. N.d.T.

Le chef marqua un temps d'arrêt. Les guerriers attendaient la suite. Les flics levèrent leurs gourdins.

— Non ! crièrent en chœur les chasseurs. Non, non, mille et mille fois non ! Nous ne voulons plus nous conduire comme des cochons !

Le chef leva les deux mains et sourit avec bonté.

— Eh bien, mes chers amis, puisque tel est votre vœu unanime, voici. Désormais, vous ferez l'amour dans l'ordre et la dignité, c'est-à-dire uniquement dans une FEMME LÉGITIME. Une pour chacun et une seule. Vous ne le ferez que dans le but de procréer des enfants légitimes, qui deviendront des chasseurs légitimes ou des flics légitimes. Naturellement, les femmes légitimes, ça vieillit, et quand ça vieillit, ou bien ça engraisse, ou bien ça pendouille, en tout cas faire l'amour là-dedans devient de plus en plus légitime. Ceci est très beau. Ceci est l'ordre. D'autres questions ? Au revoir, mes chers amis. N'applaudissez pas trop fort, vous me feriez rougir.

⁂

Ainsi fut-il. Les chasseurs firent chaque soir l'amour dans leurs femmes légitimes et pas ailleurs. Les petites filles aux cuisses gercées, les orphelins sans défense et les vieilles mamans purent sortir dans les rues sans être hantés par l'obsession d'avoir des dessous toujours propres et bien reprisés pour le cas où. Le beurre eut un bon goût de beurre et les métaphores n'eurent plus les ailes collées. L'ordre étincelait. L'univers fut comme un beau jardin. Les flics se dandinaient en balançant leur gourdin. Les choses étaient telles qu'elles devaient être.

⁂

LES BIENFAITS DE L'ORDRE

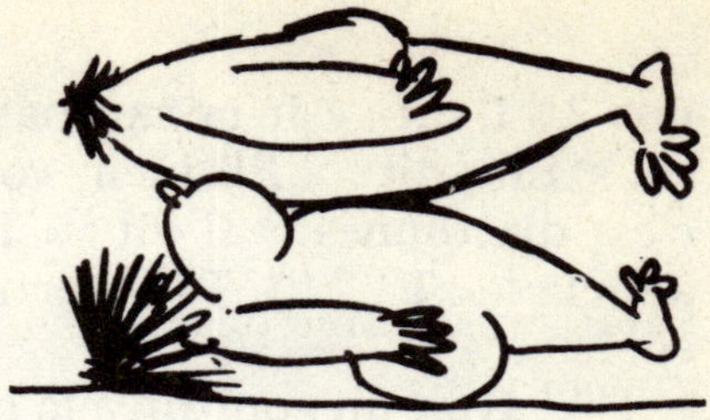

Couple procréant avec décence

Un soir, un homme rentrait de boire un coup avec les copains. C'était l'heure d'aller faire l'amour dans sa femme légitime, si possible sans la réveiller, et puis de dormir, si possible sans ronfler. La nuit était fort noire. Comme il passait devant un gros arbre, il entendit « Pst ! ». Il regarda derrière l'arbre et il vit une femme. La femme lui dit : « Tu me plais. Fais l'amour dans moi. » Il dit : « Mais tu n'es pas ma femme légitime, tu es la femme légitime de T''''. » Elle dit : « Oui, mais j'ai envie de toi. » Il dit : « Mais ce n'est pas un endroit convenable pour l'amour. Si les flics nous voyaient... » Elle dit : « Oui, mais ils ne nous verront pas. » En même temps, elle mit sa main juste où il fallait, et il commença à moins penser à l'Ordre, aux flics, à tout ça, et il constata qu'elle n'avait pas du tout le même tour de main que sa femme légitime, ni la même consistance, ni la même odeur, ni les mêmes lèvres, et qu'elle remuait beaucoup plus fort et beaucoup plus en rythme, et qu'elle s'intéressait beaucoup mieux à ce qu'elle faisait, et que tout cela lui faisait à lui un effet formidable, oh là là, et enfin, bon, il fit l'amour dans elle, et quand ce fut fini il était un peu essoufflé mais bien content, mince, alors.

Il dit : « Eh bien, bon, salut. » Elle dit : « Ce sera dix thunes.[1] » Il dit : « Pourquoi ? » Elle dit : « Ça les vaut,

1. Ah, oui, j'oubliais : entre-temps, le chef avait inventé la monnaie.

non ? » Il dit : « Je ne sais pas, je n'ai jamais payé pour ça. » Elle dit : « Eh bien, voilà, maintenant, tu sais : c'est dix thunes. » Il dit : « Tu peux te brosser. » Elle appela : « T''''' ! » T''''' sortit de derrière l'arbre d'à côté.

T''''' avait un gourdin à la main. Il dit : « Dix thunes, plus dix thunes pour mon dérangement, ça fera vingt. » L'autre n'avait pas de gourdin. Depuis qu'il y avait l'Ordre, les gourdins étaient distribués aux chasseurs chaque matin avant le départ pour la chasse et ils devaient être déposés au magasin en rentrant. Il dit à T''''' : « Tu n'es pas flic, et pourtant tu as un gourdin. Ceci n'est pas l'Ordre. » T''''' dit : « T'occupe. Vingt thunes ou je cogne. » Il donna les vingt thunes, et puis il rentra chez lui, mais auparavant il fit un détour pour passer voir le flic qui se dandinait au tournant du coin et lui signaler qu'il se passait des choses qui n'étaient pas l'Ordre. Et comme il arrivait, voici : T''''' prenait justement congé du flic, et le flic comptait avec beaucoup de soin cinq jolies thunes toutes fraîches. Alors il regagna sa caverne en pensant à ces choses dans sa tête, mais c'étaient des choses difficiles, alors, bof, il se coucha auprès de sa femme légitime, mais cette fois-là il ne fit pas l'amour dans elle et à cause de cela elle lui cria des mots extrêmement humiliants bien qu'elle fût plutôt contente, au fond, de couper à la corvée, car ce n'était pas une vaginale, plutôt une clitoridienne, mais ce qui est dû est dû et même si on n'en profite pas ce n'est pas une raison pour le laisser perdre, non mais, et elle cria très fort et très longtemps.

Le lendemain, cet homme pensait toujours dans sa tête à ces choses difficiles, et cela lui tirait la figure vers le bas, et ses camarades virent cela, et ils lui demandèrent pourquoi, et il répondit qu'il se passait des choses qui lui semblaient à lui ne pas être en accord avec les paroles du chef et que, alors, bon, de deux choses l'une : ou bien le chef ne savait pas cela, et alors un chef comme ça qui ne sait même pas ce qui se passe qu'est-ce qu'on en a à foutre, ou bien il le savait, et alors il se foutait du monde, quoi, je sors pas de là, et dites-moi où je me trompe.

Or T''''' — oui, le mari de la dame d'hier soir, c'est bien ça — passait par là tout à fait par hasard, en laissant à son habitude traîner un peu ses oreilles, ça peut toujours servir, et justement ces paroles tombèrent dans ses oreilles, vous voyez qu'en effet ça sert, et il continua sa promenade, et elle l'amena au voisinage du flic du coin du tournant — le même, c'est ça, le même, vous l'avez reconnu ! — et il dit quelque chose au flic avec le coin de sa bouche, sans s'arrêter, et le flic dit : « Tiens, tiens ? » et il dit encore : « Merci. T'es un bon petit gars. Pour ton clandé, tu peux faire venir

* La première pute

l'architecte, le plombier et le décorateur. Moi, j'aurai rien vu. » Et il serra bien son gourdin dans sa main, et il marcha droit vers le pas-content, et il lui dit : « Comme ça, mon ami, on n'est pas content ? On critique le gouvernement ? On récrimine ? On complote ? On fomente ? On subverse ? » A chaque point d'interrogation, le gourdin tombait sur la tête du pas-content, et les gourdins de tous les autres flics accourus en faisaient autant, et, tout en tapant, les flics emmenèrent ce méchant homme, et on ne l'a plus jamais revu dans le quartier.

⁂

Naturellement, ces mœurs brutales nous font sourire. Aujourd'hui, ça ne pourrait plus marcher. Allons, tant mieux.

DIX-HUITIÈME LEÇON

De quelques aspects mal connus des âges farouches

Au commencement des temps, tout là-bas dans le fond à gauche, là où le fil des siècles se perd dans le noir et le froid si bien qu'on ne le voit pratiquement plus parce que c'est si loin si mal éclairé, au commencement des temps, lorsque la nature était encore toute neuve et pas très bien rodée, l'univers n'avait pas ses lois solidement implantées dans les réflexes et donc les effets ne découlaient pas des causes aussi roide que maintenant. On sentait je ne sais quelle réticence dans la transmission, je ne sais quelle hésitation quant à la marche à suivre. Oh, furtives. Le caillou que vous abandonniez à lui-même entre ciel et terre ne se précipitait pas instantanément vers le bas avec la fougue et l'impétuosité si sympathiques quoique un peu bébêtes auxquelles nous sommes habitués. Il commençait, le caillou, par flotter, comme indécis, voire esquissait un petit saut dans la mauvaise direction. Bien sûr, ce n'était que velléité. Vite il se reprenait et faisait ce qui devait être fait selon la Grande Harmonieuse Loi de la Gravitation Universelle, article six, paragraphe trente-quatre bis, alinéa cent vingt-huit : « De la conduite des cailloux, caillasses, graviers, gravillons et autres machins sans forme ni utilité bien définies, quoique pesants », et en mettant les bouchées doubles pour rattraper le millionième de milliardième de seconde perdu, et il aurait fallu de rudement bons yeux ainsi qu'une âme maladivement portée au soupçon pour s'être rendu compte de quelque chose. Et c'était tant mieux pour tout le monde, non ? Et la preuve, c'est que nous sommes là. Bon.

En ce temps-là, la Terre était un jardin et l'Homme était dans le jardin, au milieu. L'Homme était la plus belle fleur du jardin. Excepté, naturellement, qu'une fleur ça se tient debout sur sa tige, alors que l'Homme était couché. D'ailleurs, les fleurs aussi étaient couchées, en ce temps-là. Les arbres aussi. Et les femmes ? Les femmes aussi. Et les aurochs ? Aussi. Ah, bon. Tout le monde était couché, quoi. C'était bien. Tu parles si ça l'était !

Oui. Il faut que je vous explique. En ce temps-là, l'air était très riche, très fortifiant. Il contenait beaucoup

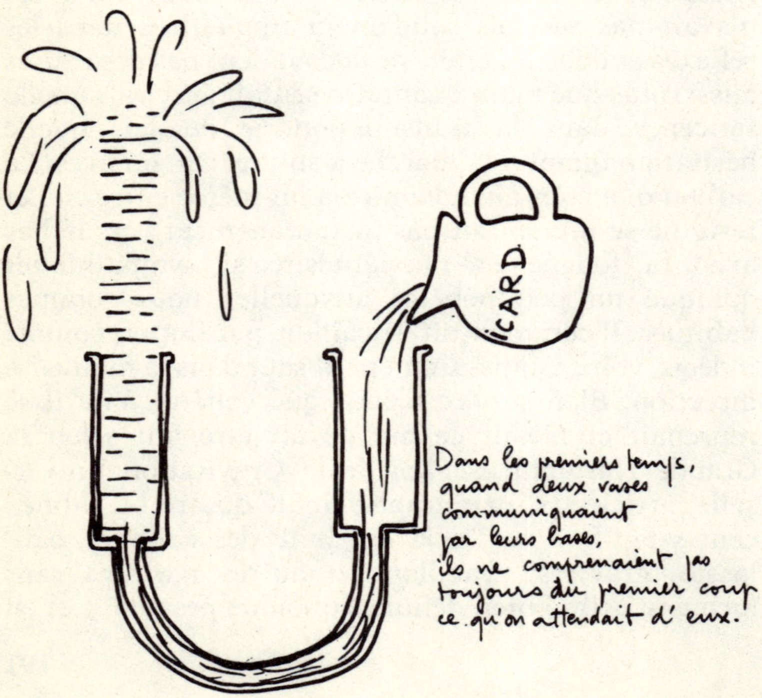

Dans les premiers temps,
quand deux vases
communiquaient
par leurs bases,
ils ne comprenaient pas
toujours du premier coup
ce qu'on attendait d'eux.

Au commencement des temps, les lois de l'univers n'étaient pas très bien rodées...

plus d'oxygène que maintenant, et de l'oxygène de première qualité, attention, pas de la cochonnerie déjà sucée et recrachée des millions de fois par des types qui ne se relèvent pas forcément la nuit pour se laver les dents et qui même, ça s'est vu, puent carrément de la gueule. Pètent, parfois. Ah, ça va être beau, l'an 2 000 ! L'air, par contre, en ce temps-là, ne contenait pas d'azote, qui ne sert à rien, qu'à vous encombrer la soufflerie. A la place, il contenait des protides, des lipides, des glucides, des vitamines, des sels minéraux indispensables pour la croissance, café, pousse-café, cigare et trois cents grammes d'héroïne de premier choix par mètre cube. Et des femmes ? Des femmes aussi, très belles et bien salopes.

Voici comment ça se passait. On était couché, comme je vous disais, sur l'herbe douce, couchée elle aussi, l'herbe, il n'y a pas de raison. Avait-on faim ? L'on ouvrait la bouche. N'avait-on plus ? L'on la fermait. Sous le vent, autant que possible. Le vent soufflait en permanence, avec constance et régularité.

On pouvait s'y fier. Des vents comme ça, on n'en fait plus, et depuis longtemps, hélas hélas. Il soufflait très fort et très doucement. Tout à la fois, oui. Très fort pour arracher les choses nourrissantes et les transporter jusqu'aux bouches à nourrir. Très doucement pour déposer les choses nourrissantes dans les bouches à nourrir sans leur casser de dents ni leur salir la barbe. Et les seringues, pour l'héroïne ? Vous vous croyez malin, hein ? L'héroïne, mon petit monsieur, se prenait par la bouche, c'était une espèce de nougat, très bon, rien que du sain du naturel, avec des noisettes, oui, c'est ça, pourquoi se priver d'un petit plaisir supplémentaire, et paf, voilà votre clou rivé. Merdeux, va.

J'ai employé la locution verbale « avoir faim ». C'est une figure de style. On n'avait jamais vraiment faim, ce qui s'appelle faim. Tout au plus un agréable titillement d'appétit, une rafraîchissante bouffée de gourmandise, de loin en loin, par exemple après l'amour. Je vous attendais là. L'amour, ah, ah. C'est aussi le vent qui apportait les femmes, peut-être ? Parfaitement, il les apportait. Mais chaque chose à son heure, s'il vous plaît. Si vous m'interrompez tout le temps, je vais perdre le fil et je serai obligé d'inventer n'importe quoi.

Et d'abord, je n'en ai pas fini avec le manger. Ouvrir la bouche, ça a l'air facile, comme ça. Encore faut-il l'ouvrir à bon escient. Un aurochs dans la fleur de l'âge qui vous arrive entre les dents juste au moment du plat de viande garni, accompagné de quelques carottes et céleris en branche pour la garniture, c'est parfait. Un deuxième aurochs, ce n'est plus ça. On se force pour ne pas vexer, mais on aurait préféré du dessert. Donc, il fallait garder les yeux ouverts, disons entrouverts, disons au moins un œil, afin d'ouvrir la bouche au — et seulement au — moment précis où, sur les ailes du vent, passait à portée la chose qu'on avait justement envie de manger. Vous voyez, il faut toujours être prudent dans ses jugements et ne point se hâter de prendre les gens pour des feignants.

⁂

Les femmes. Nous y voilà. Les femmes arrivaient, comme le reste, sur les ailes du vent. Mais ce n'était pas avec la bouche qu'on les arrêtait. Avait-on bien mangé, roté, pété, le cœur parlait. L'homme sentait sa solitude. Son œil naturellement tourné vers l'azur infini voyait passer des formes divines.

Une de ces formes était plus divine encore. Question de goût, qui est une chose strictement personnelle. A peine cette forme plus que divine s'annonçait-elle à l'extrême bord de l'œil, tout là-haut presque encore derrière le front, aussitôt, crac, l'amour fleurissait comme une fleur de rêve. Comme une fleur à ressort. Comme une catapulte. Comme un arbre, mais debout, celui-là. Le seul objet debout dans tout le paysage. Et quel objet ! Et combien debout ! La femme dans l'éclat de son printemps s'y venait cogner, boum, de front, et, sa trajectoire brisée, s'épandait accordéonique au pied du pieu fier et vibrant. Qui, sans la laisser toucher terre, se courbait, le pieu, en un mouvement dont la vitesse inouïe n'excluait pas la grâce et, avec une précision non moins remarquable, l'empalait, tchiak, au bon endroit, et à partir de là procédait comme n'importe lequel de ces membres sexuels d'aujourd'hui, membres si peu, et sexuels laissez-moi rigoler. Ça, oui, c'étaient des hommes, et qui avaient de quoi régaler les mignonnes.

Mais, dites-vous, l'homme était-il donc toujours dessous, position confortable, certes, mais sans prestige ? Et monotone. Attendez donc. Le vent transportait des aurochs, des ananas au kirsch et des femmes. Pourquoi n'eût-il pas transporté des hommes ? Tiens, c'est vrai. Hé, oui. Ça ne vous serait pas venu à l'idée tout seul. Anthropocentrisme profond, égotisme ingénu, ouh là là, faut pas rester comme ça, mon vieux. L'homme volant, la femme gisant, reprenez le scénario ci-dessus en mettant en creux ce qui était en bosse et vice versa.

DIX-NEUVIÈME LEÇON

D'autres aspects curieux du bon vieux temps

Au commencement des temps, comme je vous l'ai dit, les lois de la nature étaient dans toute l'impulsive fraîcheur de leur jeunesse et, naturellement, elles cafouillaient un peu, faute d'habitude, mettez-vous à leur place.

Mais, en même temps, elles étaient beaucoup plus fortes que maintenant. Notre univers d'aujourd'hui est un pauvre vieil univers bien usé bien fatigué. Ses lois ne fonctionnent plus guère que comme des espèces de réflexes machinaux. Ça graillonne, ça traîne la patte, ça prend du jeu et du mou, surtout quand le temps va changer. Si vous les aviez vues, les lois, au commencement des temps ! Quelles luronnes ! Rien que le principe d'Archimède, tiens. Le principe d'Archimède était tellement fort, au commencement des temps, qu'un corps pesant n'avait même pas besoin d'être plongé dans un liquide pour recevoir de la part de ce liquide une poussée verticale dirigée de bas en haut. Il suffisait que le corps pesant passe dans les environs du vase rempli de liquide pour commencer à ressentir les effets de la poussée. Naturellement, plus il s'approchait du liquide, plus ça poussait fort. Et pas « égale à la masse de liquide déplacé », la poussée. Plus forte que ça. Beaucoup, beaucoup plus forte, oh là là. C'est pourquoi les plus énormes rochers flottaient très haut au-dessus de la surface de l'eau. Il ne restait rien au fond des mers et des rivières, tout était au-dessus, forcément. Et si vous plongiez le fameux corps pesant dans le liquide — en vous y mettant à cinq ou six copains plutôt costauds — et si vous le lâchiez tous bien ensemble, vouaff, il fonçait en l'air, le corps pesant, tout droit en l'air, dzouïnng, à une vitesse tellement incroyable qu'on ne le voyait même pas passer, et il retombait très loin, par-là, ça dépend qui vous aviez visé, et il arrivait ce qu'il arrivait. Comme un boulet de canon, quoi ? Comme un boulet de canon, c'est ça. Voilà pourquoi les gens ont été si longtemps avant d'inventer le canon. Ils n'en avaient pas besoin. Quand ils allaient à la guerre, ils emportaient avec eux le principe d'Archimède et une marmite d'eau, ça faisait l'affaire. Des corps pesants, c'était pas la peine, on en trouverait bien sur place.

⁂

La nature était tellement gaillarde, tellement pleine de sève, dans cet heureux temps-là, que deux et deux faisaient toujours au moins cinq. Et même des fois six ou sept, et même une fois 1515, ce qui est une vraiment très bonne réponse. C'est la question qui n'était pas la bonne. On ne peut pas tout avoir.

Alors tout était sain, direct et droit au but. Il n'y avait jamais de retenue dans les additions. Les divisions tombaient toujours juste. Il n'y avait pas tous ces nombres à la con avec des virgules dedans. Les virgules, c'est chichis, trou du cul et compagnie. C'est les vers dans le fruit. Quand on commence à trouver des virgules dans les nombres, un univers est bien mal parti, moi je vous le dis. En pleine dégénérescence. Juste le temps de faire les valises, à bon entendeur, salut.

ont le même poids, non ? Et les triangles ? Vous n'allez pas me dire qu'il est normal que la somme des angles d'un triangle tout maigre tout pointu soit égale à celle d'un gros triangle équilatéral gras à lard ? Un peu de bon sens, quoi. Vous voyez bien que quelque chose ne tourne pas rond. Dans le joli temps que je vous cause de, la nature ne vous prenait pas en traître. Comme tu voyais les choses, comme ça elles étaient. C'est très longtemps après qu'elle s'est mise à tout compliquer. Intellectuelle et pédale, voilà ce qu'elle est devenue, la nature. Ah, faudrait pas vieillir...

***

Tenez, la Terre. En ce temps-là, la Terre était plate et rectangulaire, pas de problème. Elle avait quatre coins. Elle était là, devant vous, comme une table, une grande table avec de l'herbe dessus. Comme on la voit encore aujourd'hui, c'est ça, tout pareil. Seulement, dans ce temps-là, c'était vrai. Tu pouvais t'y fier. Pas besoin d'aller dans les écoles pour savoir comment c'était fait, la Terre. T'ouvrais les yeux, juste le temps d'un coup d'œil, tu les refermais, tu répondais : « Plate et rectangulaire. » Tu te rendormais. T'avais ton bac. Si t'avais eu le temps d'ajouter, avant de replonger : « Comme une table », t'avais la mention bien. Si t'avais réussi à aller jusqu'à : « Quatre coins », mention très bien. Jusqu'à : « Avec de l'herbe dessus », t'étais élu bon Dieu à la place du bon Dieu et on te faisait sauter en couverte pour fêter ça, seulement les types s'arrêtaient toujours avant, à cause de toutes ces responsabilités, polope, on aime mieux être à notre place qu'à la Sienne.

Enfin, bon, bonne fille et pas bêcheuse, la Terre. Aujourd'hui, ah là là ! Sournoise et croche-patte. Oh, elle a toujours l'air d'une table, comme avant. Seulement, en vrai c'est une boule. Dégueulasse, non ? Tu peux pas trouver ça tout seul. Impossible. La première fois que t'entends ça, tu rigoles et tu traites la bonne femme de menteuse. Une institutrice diplômée d'Etat, t'aurais mieux fait de te retenir. Car la salope te foutit illico au coin, et le coin c'était sous son bureau, la tête entre ses cuisses, très blanches, ses cuisses, mais tout au fond c'était tout noir ça sentait dégueulasse, et tu as eu très peur, et tu as eu très chaud à ta pauvre tête qu'elle serrait entre ses cuisses, et ces saloperies de trucs en fer qu'elle avait à ses jarretelles qui te râpaient tes rouges petites oreilles d'élève intelligent mais dissipé peut mieux faire. Une boule ! On se demande où ils vont chercher tout ça... Tu vois une table, faut que tu dises une boule. Ton âme d'enfant apprit là la duplicité. Elle sut que tout n'est qu'apparences, mensonge, trompe-l'œil, antipodes et compagnie. Elle fut flétrie à tout jamais.

⁂

Et les vases communicants par leur base ? Nous ont-ils assez fait souffrir, ces cons, avec leurs manières de faire tout à l'envers de ce qu'ils devraient ! Eh bien, le croiriez-vous, au commencement des temps, ils se conduisaient comme des vases en bonne santé : l'eau montait plus haut dans le maigre que dans le gros, ce qui fait qu'il y en avait autant dans les deux, c'est normal et conforme à ce que n'importe quel châtreux de chat aurait pu prédire. Aujourd'hui, la loi est que l'eau doit monter au même niveau dans les deux. Mais moi je suis bien tranquille : je parie tout ce que vous voulez que, derrière notre dos, l'eau baisse dans le gros vase et grimpe dans le maigre. Dès qu'on regarde, hop, au même niveau. Oh, elle est rapide, la mâtine. Voyez-vous, au fond, la nature doit avoir un peu honte de toutes ces conneries qu'elle est obligée de faire.

Quand on mettait une marmite d'eau sur le feu,

Au commencement des temps, la
Nature était simple et directe.

comme le feu est plus fort que l'eau c'est lui qui pompait toute la bonne chaleur qu'il y avait dans l'eau, si bien que l'eau gelait et que le feu devenait encore plus chaud qu'avant.

Quand un pauvre empruntait de l'argent à un riche, le riche devenait encore plus riche et le pauvre encore plus pauvre.

Quand un type mourait, c'était pour lui que c'était le plus triste, pas pour ceux qui restaient, comme c'est le cas maintenant. Ceux qui restaient étaient bien contents de rester, et ils ne trouvaient pas du tout que c'étaient les meilleurs qui partaient, aussi bizarre que cela puisse paraître à nos psychologies de dégénérés.

***

Dieu avait fait l'homme à Son image, mais en ce temps-là l'image de Dieu était un peu plus belle que Son image de maintenant.

L'homme était vraiment réussi. Grand, mince, blond, avec des yeux très bleus et des dents très blanches, toujours bien rasé et sentant bon l'aftershave naturel, pas de poils du nez qui dépassaient, jamais de crottes dans le coin des yeux, un joli complet prince de Galles pur tergal avec gilet assorti, quatre mains très agiles aux ongles bien vernis, une queue pour s'accrocher aux branches la tête en bas, des nageoires pour nager, des ailes pour voler, sachant faire bouger ses oreilles et faire sortir la fumée par les yeux quand on lui appuyait sur le nombril, ça, oui, c'était un mec à l'image de Dieu. Et aussi fort que Dieu. Dieu n'avait pas triché. Tellement semblable à Dieu, il était, l'homme, qu'un jour où Dieu tournait le dos, il Lui cassa la gueule et prit Sa place. Et alors, vous savez ce que c'est, il eut à son tour envie de créer un homme à Son image. Aussitôt, crac. Et comme ça jusqu'au Dieu qu'on a maintenant. Du point de vue image, vous voyez ce que ça donne. Regardez-vous dans la glace. Mouais.

LA LEÇON DE GÉOGRAPHIE

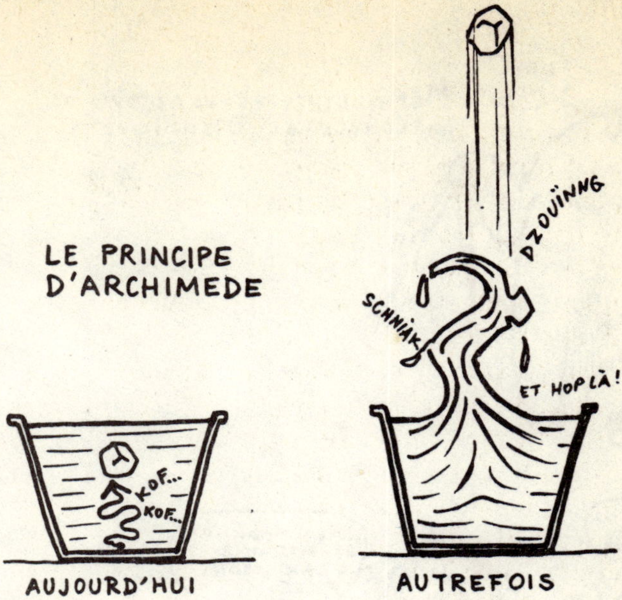

Au commencement des temps, la Nature avait du poil au cœur.

C'est très exactement à la seconde précise où Méthyléthylphénylacétylmalonylurée Disodique s'aperçut soudain qu'il ne pouvait plus, avec son compas, tracer que des ronds et uniquement des ronds, que l'on peut situer l'apparition du premier symptôme sensible d'une altération dans la texture de l'univers.

C'était pourtant un bon compas. Méthyléthylphénylacétylmalonylurée Disodique (si vous le permettez, afin de gagner du temps et de la place, nous désignerons désormais notre héros par son prénom seul), Méthyléthylphénylacétylmalonylurée n'avait eu jusqu'ici qu'à s'en louer. Robuste et bien en main, c'était un compas semi-professionnel de qualité soignée pour un prix tout à fait raisonnable. Il traçait des carrés très beaux, des triangles, des étoiles, des papillons, des bananes, des petits mickeys, des choses pornos. Enfin, c'était un compas, quoi, vous avez déjà vu des compas. Et d'un seul coup, crac : que des ronds tout ronds. Et même pas en couleurs. Méthyléthylphénylacétylmalo-

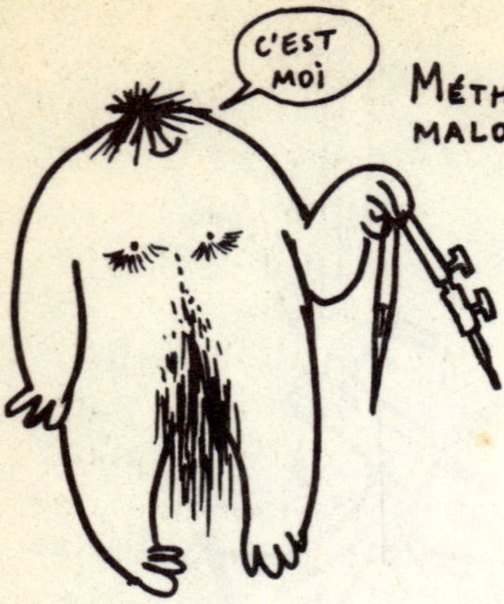

MÉTHYLÉTHYLPHÉNYLACÉTYL-MALONYLURÉE DISODIQUE

MADAME JANINE DISODIQUE SE PRÉPARANT À TENTER UNE INTÉRESSANTE EXPÉRIENCE.

MADEMOISELLE JANINE DISODIQUE RÉUSSISSANT SON EXPÉRIENCE.

nylurée sentit l'univers vaciller sous ses pieds. S'il avait été Archimède, il aurait immédiatement trouvé le principe d'. S'il avait été Einstein, il aurait trouvé $E = mc^2$. S'il avait été Molière, il aurait écrit le « Bourgeois Gentilhomme ». N'étant que Méthyléthylphénylacétylmalonylurée, il jeta son compas par-dessus son épaule d'un geste excédé, se retourna pour voir dans l'œil de qui il s'était planté et décida de dessiner à la règle, bof, il n'y a pas que le compas dans la vie, quoi. Et alors, vous savez quoi ? Eh bien, sa règle, je vous le donne en mille, sa règle ne traçait que — non pas que des volutes, ni que des spires, ni que des oves, ni que des orbes, ni que des festons, ni que des Mayas desnudas, ni que des couchers de soleil sur l'Adriatique, non — que des lignes droites. Droites, oui, fchiak, toutes droites. Ça vous la coupe, hein ? C'était comme ça.

En même temps, d'autres observateurs notaient d'autres phénomènes étranges. Le fil à plomb, par exemple. Voilà que le fil à plomb indiquait toujours la même direction. Et quelle direction ! Le bas. Qu'est-ce que vous voulez foutre d'un fil à plomb pareil ? Une seule direction à son répertoire, c'est vachement limité, comme possibilités. Et attention, pas qu'un fil à plomb ! Tous les fils à plomb du monde se mirent à indiquer une seule direction. Vous me direz, en achetant plusieurs fils à plomb, beaucoup de fils à plomb, ça donnait quand même un certain choix. Oui, mais voilà : tous les fils à plomb indiquaient la même direction. Tous vers le bas. Incroyable, non ?

Ce n'était pas tout. Voilà que des voyageurs annonçaient que les points cardinaux étaient frappés de paralysie ! L'Ouest était une fois pour toutes figé en face de l'Est et à gauche du Nord. Le Sud était tout en bas. Rien à faire pour les bouger. Epinglés comme des papillons sur des bouchons. Ça, alors ! Les voyages allaient devenir bien monotones...

La première bonne femme — c'était justement la sœur de Méthyléthylphénylacétylmalonylurée. Elle s'appelait Janine. Janine Disodique — qui, ayant mis une marmite d'eau à refroidir sur le feu, eut la surprise, y ayant trempé le derrière — c'était l'eau pour le pastis mais Janine avait coutume, lorsque cette eau était devenue bien fraîche bien glacée, d'y rafraîchir ses hémorroïdes toujours un peu enflammées vers le déclin du jour — de la trouver bouillante, passa pour une menteuse en dépit de ses cloques. Il fallut pourtant se rendre à l'évidence : les choses n'étaient plus ce qu'elles avaient été. L'univers perdait de sa souplesse. La nature avait pris un coup de vieux.

Naturellement, avec le temps, ça ne s'est pas arrangé. Enfin, quoi, faut s'y faire.

VINGTIÈME LEÇON

Parce qu'il avait une clôture à utiliser, l'homme invente la propriété privée

Dans les temps d'innocence, rien n'était à personne.

Prenons, par exemple, les bananes. Les bananes, en ces temps heureux, poussaient toutes seules, personne ne les avait fait pousser. Elles poussaient n'importe où, là où le vent avait porté la graine de banane, là où le singe au cul rouge avait fienté sa fiente de banane avec la graine de banane dedans, fchiak, la banane est un fruit légèrement laxatif. Enfin, bon, la graine avait germé, le bananier avait poussé, la fleur avait fleuri, l'étamine avait envoyé son pollen dans le pistil en criant « Maman ! », la cigogne avait apporté le bébé banane, la banane avait grandi, la banane avait mûri, et voilà, elle était là, la banane, au milieu de la verdure, jaune, grasse, oblongue, cylindrique, légèrement incurvée, douce et ferme à la fois, vachement obscène, je ne sais pas si vous vous représentez la chose, et les femmes rougissaient en la voyant, et les hommes essayaient de ne pas rougir afin de ne pas passer pour ce qu'ils n'étaient pas. Question : à qui elle était, la banane ?

Tiens donc : à celui qui l'avait vue le premier ! Pas vrai : à celui qui l'avait cueillie le premier. Pas vrai : à celui qui avait fendu la tête à celui-là pour lui faucher la banane. Pas vrai : à celui qui la mangeait. Pas vrai :

à celui qui avait tapé dans le dos de celui qui la mangeait afin d'attraper la banane au vol quand elle lui tomberait de la bouche. Pas vrai : à celui qui avait été plus rapide que celui-là et qui l'avait envoyé dinguer d'un coup d'épaule pour happer la banane juste avant qu'elle ne touche terre. Pas vrai : à celui qui avait flanqué son pied dans le derrière de celui-là pour qu'il tombe sur la banane et hop, il n'y a plus qu'à aller la chercher sous son ventre. Pas vrai : à celui qui avait plongé sous le ventre de ce con par l'autre côté, et qui avait mordu la main de cet autre con, et qui avalait la banane vite fait sans mâcher bien à l'abri sous le ventre et il avait rudement raison de se dépêcher parce qu'il y avait déjà un neuvième type (vous pouvez compter) qui lui avait plongé deux doigts dans les yeux et qui le tirait de là-dessous par les trous pour lui faucher la banane avant qu'il l'ait avalée mais trop tard, gloup, c'était fait, et qui c'est qui a eu le dernier mot ?

Donc, la banane était à celui qui l'AVAIT MANGÉE. Passé antérieur. Celui-là, oui, celui-là pouvait dire : « Elle est à moi. » Et d'abord, on ne disait pas comme ça. On disait : « Elle est DANS moi. » Ce qui vous montre bien que.

⁂

Voici donc un premier point acquis. Dans les temps d'innocence, on n'avait à soi que ce qui se trouvait dans soi, bien profond bien au chaud. Ce n'était d'ailleurs pas une vérité absolue. Vous pouviez très bien vous faire chiper une dent pendant votre sommeil, les dents c'est très utile pour faire des pointes de flèches, surtout les canines, surtout si vous dormiez la bouche ouverte — il était recommandé de dormir la bouche fermée, tourné du côté du mur, la bouche bien collée au mur — quoique les molaires c'est pas mal non plus, surtout cariées, pour faire des taille-crayon, mais une fois que tu avais le taille-crayon tu te rappelais que le crayon n'était pas encore inventé et pas question d'aller la remettre où tu l'avais prise, le type s'étant entre-temps plus ou moins réveillé, généralement, et bof, tu la foutais en l'air, et naturellement elle retombait à l'envers, la partie plate en bas, les trois pointes en l'air, à tous les coups, et voilà pourquoi il y a tant de crevaisons de pneumatiques causées par des molaires préhistoriques, en tout cas c'est ce que disent les maris quand ils rentrent en retard pour la soupe, et

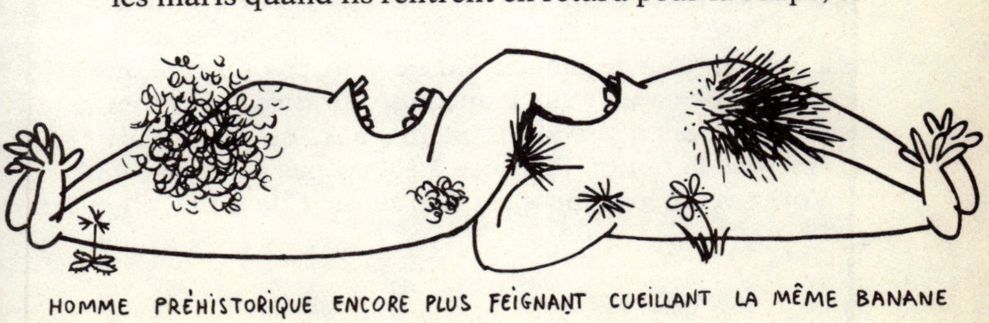

HOMME PRÉHISTORIQUE ENCORE PLUS FEIGNANT CUEILLANT LA MÊME BANANE

tiens, la preuve, la molaire, je l'ai gardée, attends, je l'ai là, dans ma poche, dans ce temps-là quelles dents ils avaient, dis donc, quelle santé, pas besoin de dentiste. Quoi, odeur de pastis ? Qu'est-ce que tu racontes avec ton odeur de pastis ? Je te cause préhistoire, science, culture, et toi tu me réponds odeur de pastis ! Y a des fois, vraiment, t'es pas là, Lucie.

Mais, objectez-vous, la banane, pourquoi attendre le dernier moment pour la cueillir ? Pourquoi ne pas la cueillir avant d'avoir faim, pourquoi ne pas la mettre dans le garde-manger en attendant, pourquoi ne pas y mettre deux bananes, douze bananes, des tas de bananes ? Pourquoi, hé ? Parce que les autres seraient aussitôt allés dans ton garde-manger te faucher tes bananes. Bien contents, ah, dis donc, de ne pas avoir à se donner la peine de les cueillir, et bien contents de te voir pleurer, en plus. C'est comme ça, les autres. Fumiers et compagnie. C'est pourquoi il n'y avait pas de bananes dans les garde-manger, il n'y avait rien du tout, même, dans les garde-manger, et on se demande bien pourquoi, dans ces conditions, ils continuaient à avoir des garde-manger qui ne leur servaient à rien, mais ce n'est pas à moi qu'il faut demander ça, moi je fais de l'histoire, pas de la psychologie des profondeurs. Non, mais.

Nous résumerons magistralement tout cela en disant que la notion de propriété n'existait pas pour la portion de l'univers située en dehors des limites naturelles de l'individu. Une bonne chose de faite.

Si vous avez bien compris le système, vous n'avez pas été sans remarquer qu'il entraînait, entre autres, cette conséquence : la terre n'était à personne, et donc elle était à tout le monde. Ça ne veut pas dire qu'on avait décidé ça noir sur blanc. Ça veut dire qu'on s'en foutait, qu'on n'y pensait même pas, qu'on n'avait même pas la notion de chose à soi ou pas à soi.

Voyez-vous, une chose est une chose. Elle est là, elle

mène sa vie de chose, elle ne sait pas qu'elle est à quelqu'un, et elle a bien raison parce qu'au fond elle n'est à personne, rien n'est jamais à personne. Quand un type dit : « Ceci est à moi », ça n'existe que dans sa tête à lui, ça. Dans sa tête à lui, il y a un câble, un gros câble, bien râpeux bien solide, qui est attaché à un bout à la chose et à l'autre bout à lui, type, avec des nœuds très serrés très costauds. Comme il y a au monde beaucoup de choses et beaucoup de têtes, ça fait beaucoup beaucoup de câbles, oh là là, oui. Tellement de câbles qu'il n'y aurait plus moyen de circuler entre tous ces câbles s'ils existaient ailleurs que dans les têtes. Heureusement, ils ne sortent pas des têtes, ou alors rarement, par exemple pour les chiens, et alors ça s'appelle une laisse, ou pour les femmes du monde, et alors ça s'appelle une rivière de diamants, mais ce sont des cas exceptionnels, et de toute façon on ne peut pas toujours tenir l'autre bout, il y a forcément des moments où on le lâche, ne serait-ce que pour faire pipi, et alors, crac, le chien traverse la rue juste quand passe l'autobus, la femme du monde en fait autant juste quand passe une lamborghini avec un gigolo dedans, l'un passe dessous, l'autre saute dedans, on ne peut pas savoir d'avance, en tout cas, le chien et la femme, pfuit, a pus. Encore, le chien, tu peux ramasser les morceaux. Oui. Mais dans l'immense majorité des cas, le câble reste dans la tête du type, et la chose ne sait pas qu'il y a un câble entre elle et une certaine autre chose qui est un homme. Elle ne le sait pas, elle se croit libre. Donc, elle est libre. De son point de vue de chose, il faut reconnaître que le raisonnement est impeccable.

Un homme dit : « Ceci est mon champ. » Les autres hommes sont d'accord ou pas d'accord, en tout cas ils règlent ça entre eux. Mais le champ, lui, on ne lui demande pas son avis. On ne lui dit même pas qu'il appartient à quelqu'un. Et le champ continue à mener sa vie de champ, et les plantes qui poussent dessus à mener leur vie de plantes, et les bêtes qui courent dans l'herbe à mener leur vie de bêtes comme si de rien n'était. Il y a bien ce type qui marche dessus, et qui plante une barrière autour, et qui le défonce avec sa charrue, et qui arrache et fait mourir les plantes, et qui en sème d'autres, des grosses plantes très con toutes pareilles, et qui bref emmerde le monde, mais des emmerdeurs il y en a toujours eu, et finalement ils crèvent, et le champ est toujours là, et si ça se trouve on les enterre dessous, et alors qui c'est qui possède l'autre, hein, hein ?

Et les femmes ? Les femmes, pareil. Ah, ah, chouette, chouette, ça devient intéressant. Tu y as mis le temps, mais on y arrive quand même. Raconte les femmes, hein, dis, comment c'était les femmes, hein, hein ?

Eh bien, les femmes, dans ce temps-là, n'étaient pas des objets de luxe. Elles étaient des objets comme les autres. Elles n'étaient à personne. Elles ne soupçonnaient même pas qu'elles dussent être à quelqu'un. Elles ne voyaient pas les câbles, elles se prenaient pour des personnes humaines, pas pour des objets. Les autres objets aussi, d'ailleurs. Sexuellement (nous y voilà, yak yak !) ça donnait à peu près ça : une femme voyait passer un homme qui était juste le type d'homme qui suscitait en elle le flux de sécrétions lubrifiantes préalables à la copulation. De deux choses l'une : ou l'homme était plus petit qu'elle, ou il était plus grand. Dans l'hypothèse numéro un, la femme prenait l'homme par les oreilles, le jetait par terre (sur le dos) et se jetait elle-même sur lui (sur le ventre), en s'arrangeant pour que ce qui doit pénétrer pénètre dans ce qui doit être pénétré. Elle faisait ensuite ce que lui dictait son âme romanesque, et puis elle bramait trois à quatre fois très fort « Victor ! Oh, Victor ! » à tout hasard, pourquoi le type ne se serait-il pas appelé Victor ? Et puis elle se relevait, elle se secouait, et, si

elle était douée d'une âme vraiment très romanesque, elle lâchait tendrement trois petits pets dans la bouche de Victor, et puis elle continuait son chemin. Si, par contre, hypothèse numéro deux, l'homme était plus grand qu'elle, elle s'arrangeait pour se faire prendre par les oreilles, et jeter sur le dos, et ensuite comme ci-dessus mais vice versa, et elle bramait « Fernand », pour changer, et bon, Fernand s'en allait, tout fier d'avoir culbuté et plié sous sa loi cette nana sans défense, le con.

Dans tout ça, je ne sais pas si vous l'avez remarqué, pas question que l'une appartienne à l'autre, ni l'autre à l'une. Il ne serait venu à l'esprit de personne l'idée de dire des choses comme : « Je suis toute à toi. Tu es ma louloute en sucre à moi. Jure-moi que tu ne seras jamais à aucune autre... » D'abord, les mots pour le dire n'existaient même pas. On avait envie de se faire plaisir, hop, aussitôt fait. Le plaisir est un plat qui se mange chaud. Juste le contraire de la si fameuse vengeance, recommandée pour les pique-niques et buffets froids avec beaucoup de moutarde et des cornichons, réputation très surfaite, d'ailleurs. On se faisait plaisir avec un homme, ou avec une femme, ou avec une carotte, ou avec une chèvre... Liste non exhaustive. Le plaisir fini, on mangeait la carotte, ou la chèvre, ou la femme. Ou bien, si ce n'était pas l'heure de se mettre à table, on jetait ça n'importe où sans crainte de polluer l'écologie, toutes ces bonnes choses étant biodégradables.

Il pouvait se faire que, parmi les objets munis de ventres, un nouvel objet survînt à l'intérieur, précisément, de ce ventre. Ceci arrivait surtout aux objets de sexe féminin, surtout après avoir pratiqué la copulation avec un objet de sexe opposé. Mais ça, je vous le dis à vous parce que vous êtes à même de comprendre ces choses. Eux ne l'étaient pas. Ils pratiquaient tellement souvent la copulation et avec tellement d'objets de tellement de sexes différents que va savoir laquelle de ces copulations avait eu cet heureux effet. Celle avec le grand rouquin si rigolo ? Ou celle avec le zèbre un peu timide ? Ou celle avec la petite salope aux gros nichons mauves du bout ? Ou celle avec le bâton de commandement du chef avec ses saletés de sculptures folkloriques qui m'ont tout écorchée ? Et puis, non, même pas. Ces questions-là, ils ne se les posaient pas. Je rêve, j'anticipe, je suis malhonnête. En réalité, ils ne voyaient pas le rapport entre se faire plaisir en s'introduisant des choses de forme appropriée là où ça produit le plus d'effet et avoir un enfant dans le ventre. Oui, il faut que je vous dise, ils avaient décidé d'appeler ça « un enfant ». C'est un mot comme ça. Et alors on était tout content d'avoir un enfant à l'intérieur de soi. Malheureusement, ça ne durait pas. Un jour, l'enfant sortait, et il cessait d'être à vous, et il grattait la terre avec ses petits ongles pour trouver du lait mais naturellement il ne trouvait que des racines et des vers de terre, et des fois des cacas, et il mangeait ça en pleurant, mais de toute façon il n'aurait pas autre chose et c'est comme ça qu'on en fait des hommes, des vrais, pas des femmelettes comme maintenant, et s'il n'en crevait pas tout de suite les chiens le mangeaient, les chiens faut bien que ça vive aussi.

Tout ça, c'était avant la propriété. Comment est-elle donc venue, la propriété ? Eh bien, voilà.

Un jour, un homme nommé Chaviro, de la tribu des Chamilapataro, dit à la femme qu'il venait d'honorer de sa copulation (elle s'appelait Robrulapatacha) :

« Or, voici. Je me fais vieux. Je ne cours plus aussi vite qu'autrefois derrière le lièvre nourrissant mais agile, et souvent le lièvre court plus vite que moi, et quand je bondis mon grand bond de guerre en criant mon grand cri de guerre afin de retomber exactement sur le lièvre et de lui briser la nuque d'un coup de dents vif et précis, je ne mords hélas la plupart du temps que la poussière et l'herbe fade, loin en arrière du lièvre dont la petite queue blanche danse devant mes yeux comme pour me narguer. Or j'ai pensé à tout cela dans le dedans de ma tête, et voici. Je vais mettre autour du lièvre quelque chose qui s'appellera une clôture, et le lièvre ne pourra pas franchir la clôture, et je courrai après lui sans me fatiguer, et je crois que cette invention prendra place parmi les grandes inventions. »

Et Chaviro fit comme il avait dit, et la femme Robrulapatacha l'aida, et la tribu des Chamilapataro s'assit tout autour pour regarder cela, et le lièvre fut pris et mangé, et d'autres lièvres aussi, beaucoup, car la clôture de Chaviro était une grande clôture, et beaucoup de lièvres étaient enfermés dedans, et les Chamilapataro virent cela, et ils passèrent par-dessus la clôture pour attraper les lièvres sans se fatiguer, et ils étaient contents de cela, et ils riaient, mais soudain, voici. Chaviro leva sa massue sur un Chamilapataro, celui qui se trouvait le plus près de lui, et il lui cassa la tête, d'un seul coup, il était très doué très capable, et bon, le type fut mort. Le Chamilapataro qui arrivait juste derrière celui-là dit, étonné :

— Je suis étonné, ô Chaviro. Pourquoi as-tu fait cela ?

Chaviro dit :

— Parce que ce terrain, dans la clôture, est à moi. Et les lièvres qui sont dedans sont à moi. Et tout ce qui est dedans est à moi. Et ceux qui passent la clôture sont des voleurs.

Et il leur expliqua la chose des câbles et des nœuds qu'on ne voit pas mais qui sont pourtant là, il leur expliqua cela juste comme je vous l'ai expliqué tout à l'heure, mais moins bien, naturellement, à chacun son métier.

Et pour bien se faire comprendre, il cassa la tête au deuxième Chamilapataro, puis à un autre, et alors les Chamilapataro sortirent de dedans la clôture car ils ne voulaient pas mourir. Vous me direz qu'ils auraient dû tomber tous ensemble sur Chaviro et lui casser la tête bien bien, mais voilà, ils ne savaient pas encore que plusieurs ensemble sont plus forts qu'un tout seul, cette loi scientifique n'avait pas encore été découverte, il faut un commencement à tout.

Après ? Eh bien, après, tous les Chamilapataro firent des clôtures et dirent :

— Le morceau de pays dans la clôture est à moi, et tout ce qu'il y a dessus est à moi, celui qui essaie d'entrer je lui casse la tête.

Et tout le pays fut divisé en petits morceaux avec un Chamilapataro au milieu de chaque morceau, et le Chamilapataro regardait de tous les côtés si quelqu'un n'essayait pas d'entrer dans son morceau à lui.

⁂

Les Chamilapataro étaient heureux et fiers d'avoir fait faire un pas décisif à l'humanité sur la voie du progrès, mais ils s'ennuyaient un peu sur leurs petits morceaux de pays. Heureusement, Chaviro n'avait rien perdu de ses facultés créatrices. Un jour, il passa par-dessus sa clôture, puis par-dessus la clôture de son voisin, lequel leva sa massue, mais Chaviro avait tout calculé d'avance, et sa massue à lui arriva la première à bon port, et le type tomba, et Chaviro dit :

— Ce morceau aussi est à moi.

Et il démolit les clôtures entre les deux morceaux, et

cela ne fit qu'un seul morceau, ah, dis donc, qu'est-ce qu'il avait comme idées, ce Chaviro ! Attends, t'as encore rien vu.

Le type qui avait reçu le coup de massue était un type femelle, ce qu'on appela par la suite une femme, et Chaviro avait cogné juste assez fort pour qu'elle soit presque morte mais pas tout à fait. Et quand elle se réveilla et dit :

— Où suis-je ?

Chaviro lui flanqua son pied sur la gueule et dit :

— Chez moi. Tu es à moi. Comme le reste. Va chercher de l'eau, tue le cochon, trais la vache, attrape un lièvre, fais-le aux petits oignons, coupe du bois, ôte-moi l'écharde que j'ai dans le pied, répare la gouttière, fais taire ce chien, va voir si le facteur est passé, affûte-moi ce silex, caresse-moi juste comme j'aurais envie d'être caressé si je savais moi-même de quoi j'ai envie, saute, salope.

La femme dit :

— Mon grand fou chéri !

Et elle fit tout ce qu'il avait dit, et encore bien d'autres choses. Tout ce que faisait Chaviro, les autres le faisaient aussitôt, car Chaviro c'était l'avant-garde du progrès, et ils ne voulaient pas avoir l'air de ploucs et de cons. Chacun se trouva donc bientôt posséder un terrain deux fois plus grand, plus une femme, plus les enfants qui sortaient de la femme. Désormais, la propriété était bien en selle. Si vous le voulez bien, nous épuiserons le sujet dans une prochaine leçon.

VINGT-ET-UNIÈME LEÇON

L'homme fait fructifier son bien

Nous avons vu la dernière fois comment les hommes s'étaient partagé la Terre, chacun son morceau de Terre, et avaient mis des clôtures autour, ici c'est chez moi, de l'autre côté c'est chez toi, si tu laisses dépasser tes doigts à travers la clôture, paf, moi je les coupe, non mais des fois. Bon. Chaque homme était sur son morceau de Terre à lui, juste au milieu, tout fier, c'était sa propriété, ça s'appelait comme ça, et tout ce qui se trouvait sur sa propriété était sa propriété, et aussi tout ce qui poussait dans la terre sur sa propriété, et aussi tout ce qui courait sur la terre, et aussi tout ce qui rampait sur la terre, et aussi tout ce qui grignotait sous la terre, et aussi tout ce qui volait dans le ciel au-dessus de sa propriété, tout ça était à lui, rien qu'à lui, ouais, mon pote.

Et les pommes, et les poires, et les artichauts, et les petits lapins, et les aurochs, et le miel des abeilles, et les bonnes femmes de toutes les couleurs et de toutes les odeurs, tout ça, tout ce qu'il y avait à l'intérieur de la clôture, c'était à lui, il en faisait ce qu'il voulait. Pour le miel, les abeilles n'avaient pas très bien compris, et quand il voulait manger son miel elles le piquaient partout, et il avait très mal, il avait beau leur expliquer, qu'est-ce que ça peut être con, une abeille !

Il y avait un type, sur sa propriété il n'y poussait que de l'herbe, de l'herbe toute verte, toute bête, de l'herbe, quoi, et sur l'herbe il y avait des aurochs qui broutaient l'herbe et qui bousaient de la bouse, les aurochs c'est comme ça. L'herbe, le type ne la mangeait pas, naturellement, même pas les pissenlits, et d'abord des pissenlits il n'y en avait pas, et ensuite la vinaigrette n'était pas inventée, et quand bien même où aurait-il pris l'huile et le vinaigre ? Mais les aurochs, ça, oui, il les mangeait. Il ne mangeait même que ça. C'est léger à digérer et facile à préparer, il suffit d'attraper l'aurochs par la queue et de commencer à le manger par ce côté-là. Surtout ne pas se tromper de côté, à cause des cornes. Il devait seulement prendre la précaution de les trier soigneusement avant, d'un côté les aurochs, de l'autre côté l'herbe, comme aujourd'hui quand votre maman vous fait trier les lentilles, voilà, c'est tout à fait ça, parce que l'herbe, vraiment, ça vous gâcherait le goût de l'aurochs. Ce type était un délicat, il faut de tout pour faire un monde, et que celui qui n'a jamais trouvé un mégot dans la vulve de la femme aimée lui jette la première pierre.

Or ce type était gros, et rouge, et violacé, et son cou était épais, et sa poitrine était velue, et son visage était couvert de boutons, des milliers de gros sales boutons qui mûrissaient au soleil et explosaient à tour de rôle, fchiak, et lui faisaient très mal, et lui nuisaient auprès des dames, surtout dans les slows joue à joue, et mettez-vous à leur place. Tout ça à cause de la force qu'il y a dans la viande de l'aurochs, vous comprenez. Cette force courait dans le sang du type, et ce sang devenait épais comme de la confiture de coings, et la force devenait plus forte que le type, et alors elle l'étranglait par en dedans, eh, oui.

Il y avait un autre type, juste à côté, sur sa propriété il n'y poussait que des pruniers, et ces pruniers étaient couverts de prunes, très grosses et bien juteuses, toute

Homme malade parce qu'il a trouvé un brin d'herbe dans son aurochs

l'année, oui, dans ce temps-là c'était comme ça, il n'y avait pas toutes ces cochonneries d'inventions qui détraquent le temps, la nature c'était la nature, dans ce temps-là. Ce type donc mangeait ses prunes, il ne mangeait que ça, il en mangeait à s'en faire péter les boyaux du ventre, et en effet. Il faut vous dire que la prune possède un assez faible pouvoir nutritif, et que donc il faut en manger vraiment beaucoup pour se soutenir la santé. Il faut vous dire aussi que les meilleurs auteurs en la matière s'accordent pour attribuer à la prune un pouvoir purgatif non négligeable, ce qui entraîne comme conséquence que plus on en mange plus on se vide, cela constituant, vous l'aurez sans doute remarqué, un paradoxe de l'espèce la plus pernicieuse, mais à l'époque on ne le savait pas et de toute façon il n'y avait rien d'autre à manger dans la propriété de ce type, et bon, il passait son temps à s'empiffrer de prunes par en haut et à les évacuer

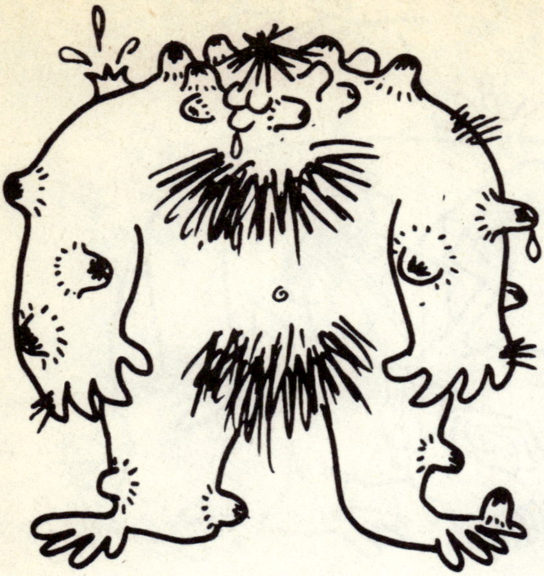

Homme nourri exclusivement de viande d'aurochs

simultanément par en bas. Or, le pouvoir purgatif augmentant, d'après la loi de Petit-Patapon, comme le carré du poids de prunes empiffrées, alors que le pouvoir nutritif n'augmente, lui, pendant le même temps, suivant la loi de Ducon et Lajoie, que du dixième de ce même poids de prunes, il arriva fatalement un moment M où le type évacua plus vite qu'il n'empiffrait, et où conséquemment le bilan de l'opération fut déficitaire, l'allure de ce déficit croissant rapidement suivant une fonction exponentielle qu'exprime, avec une approximation très satisfaisante, la paraboloïde à festons et à clochettes universellement connue sous le nom de « courbe de Choron ». Phénomène qui se traduisit dans les faits par le tableau clinique suivant : ventre flasque, dit « en tablier », amaigrissement généralisé, genoux tremblants, joues verdâtres, nez flottant tristement dans la brise. Vint un temps où le sujet n'eut même plus la force de secouer le prunier. Il resta dessous, la gueule ouverte, avalant sans mâcher et sans cracher les noyaux, et de ce fait sa colique permanente rendit un joli son de castagnettes.

Comme vous pouvez le constater, ces deux types étaient, chacun de son côté, chacun à sa façon, dans un bien triste état, et ils se regardaient l'un l'autre mourir à travers la clôture car, je ne sais pas si je vous l'ai dit, ils étaient mitoyens. Et le type aux aurochs — oh, bon Dieu, appelons-le une bonne fois André, ne soyons pas cérémonieux comme ça — et, donc, André savait très bien ce qu'il lui aurait fallu pour recouvrer la jeunesse et la beauté : introduire dans son alimentation quelques fruits bien mûrs, par exemple des prunes, dont le pouvoir purgatif et dépuratif ramone la tripe, éclaircit le sang et débarbouille le teint. Oui mais, voilà, il n'y avait pas de pruniers dans sa propriété, rien que des aurochs.

Et le type aux prunes — celui-là, on va l'appeler Napoléon Bonaparte, c'est un très joli nom. D'accord ? Espérons qu'il n'est pas déjà pris, mais ça m'étonnerait, un nom bête et compliqué comme ça ! — Napoléon Bonaparte savait parfaitement que ce qu'il lui aurait fallu c'est une nourriture moins exclusivement végétale et rafraîchissante. De la bonne viande rouge d'aurochs, voilà ce qui vous retape un homme. Oui, mais il n'avait que des prunes, pas d'aurochs.

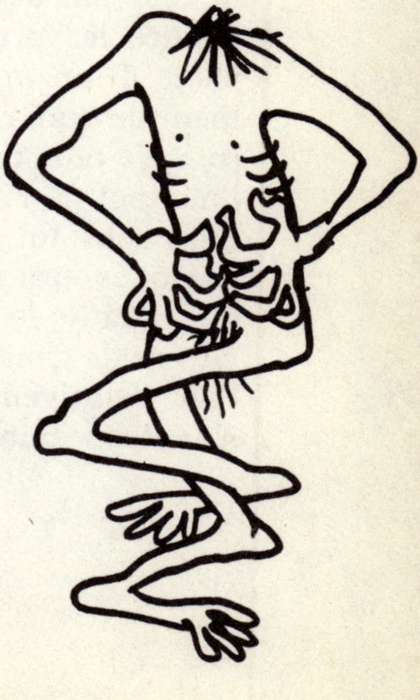

Homme nourri exclusivement de prunes

Si vous avez bien tout suivi, vous avez certainement compris qu'à ce stade la situation était sans issue. C'est ce que nous autres hommes de science appelons une conjoncture bloquée. Dèjà les noirs vautours tournaient en rond au-dessus des deux voisins, deux ronds, naturellement, à chacun ses vautours. Les vautours ont un sens spécial qui leur fait sentir de très loin les conjonctures bloquées. Et bon, à partir de là l'avenir filait sur l'impeccable trajectoire d'un déterminisme tracé au compas et la suite des événements ne présente plus le moindre intérêt pour l'observateur avide de percer les secrets de la nature, à moins qu'une impulsion fortuite, provenant d'une source d'énergie extérieure au système, ne vienne relancer sur une voie nouvelle l'enchaînement harmonieusement alterné des causes et des effets.

Et justement, l'impulsion vint, et elle fut comme je vais vous dire.

***

Un jour, un aurochs d'entre les aurochs d'André, se sentant quelque peu constipé du ventre, passa, guidé par le sûr instinct des êtres restés proches de la nature, la tête par-dessus la clôture et mangea des prunes d'entre les prunes des pruniers de Napoléon Bonaparte. Il en mangea beaucoup. Il en mangea exactement de quoi remplir un aurochs à ras bord. Et puis il rota, et puis il bousa. Le pouvoir laxatif faisait effet, l'instinct de l'aurochs était vraiment un bon instinct. L'aurochs fut satisfait de cela et il mangea encore quelques prunes, cette fois par pure gourmandise. Cependant, le bruit de son rot, se propageant à la vitesse de trois cent quarante mètres par seconde dans l'air relativement sec, vint éveiller l'attention de Napoléon Bonaparte, déjà plus qu'aux trois quarts mort sous le prunier du milieu, couché dans ses déjections pruniques que les noyaux intacts rendaient très douloureuses au dos. Voyant ce qu'il voyait, Napoléon Bonaparte rassembla ses dernières forces en un farouche cri de désespoir. André sursauta. Il n'avait rien vu, il était occupé à aspirer la moelle d'un os d'aurochs, on ne peut pas être partout à la fois. Il regarda, et voici, il vit. Il y avait son aurochs qui mangeait les prunes du voisin et puis qui s'en retournait tranquillement se les ruminer dans son coin préféré, et il y avait le voisin qui se traînait jusqu'à la clôture mitoyenne avec l'air d'avoir quelque chose à lui dire, à lui, André. Alors André se traîna lui aussi jusqu'à la clôture, et il écouta ce que le voisin avait à lui dire, et c'était ceci :

— Ugh. Ecoute ce que j'ai à dire, ô voisin ! Ton aurochs, là, a mangé mes prunes. Rends-moi mes prunes. J'ai causé. Ugh.

André réfléchit à tout ça. C'était très compliqué, ouh là là ! Il réfléchit longtemps, et puis il dit :

— Ugh. Tes prunes que mon aurochs a mangées ne sont plus des prunes. Je ne peux donc pas te les rendre. J'ai causé. Ugh.

Napoléon Bonaparte réfléchit à son tour. Longtemps. Très longtemps. Et puis il dit :

— Où qu'elles sont mes prunes ?

Vous avez remarqué qu'il avait oublié de dire « Ugh » et « J'ai causé », ce qui était malpoli, mais c'est parce que la réflexion l'avait beaucoup fatigué.

André dit :

— Nulle part. Elles ne sont plus. Voilà tout.

Tiens, lui aussi était fatigué.

Napoléon Bonaparte dit :

— Qu'est-ce qu'on va faire ?

André dit :

— Voici. Tes prunes ne sont plus des prunes. Elles sont devenues de l'aurochs et de la bouse.

Napoléon Bonaparte dit :

— Ah.

André dit :

— Si tu veux, je vais te donner ce que sont devenues tes prunes : cet aurochs et ces bouses qu'a bousées cet aurochs.

Napoléon Bonaparte dit :

— Je veux mes prunes. Mes prunes sont ma propriété. Cet aurochs et ces bouses ne sont pas ma propriété. Je crache sur eux.

André dit :

— Cet aurochs et ces bouses sont de l'aurochs de prunes et de la bouse de prunes. Mes aurochs sont de l'aurochs d'herbe et mes bouses sont de la bouse d'herbe. Ceux-ci ne sont pas ma propriété. Je crache sur eux.

Et comme la maladie d'André était d'avoir trop de force, il prit l'aurochs et il le balança par-dessus la clôture dans la propriété de Napoléon Bonaparte, et il prit les bouses et il les lança aussi.

Et Napoléon Bonaparte ne put rien faire, car sa maladie à lui était de n'avoir pas assez de force. Et donc l'aurochs resta dans sa propriété, et aussi les bouses, et voilà.

Et Napoléon Bonaparte continua à perdre ses forces et à s'empiffrer de prunes, et à penser dans le dedans de sa tête des pensées amères :

— Si seulement j'avais un aurochs à manger, je guérirais, je le sens. J'ai causé. Ugh.

Car il était toujours très poli, même dans le dedans de sa tête.

Bientôt il n'eut plus seulement la force d'ouvrir les yeux, et il s'empiffra sans même les voir les prunes qui lui tombaient dans la bouche. C'était triste, infiniment.

Et voici qu'une prune qu'il mangeait avait un drôle de goût. Et cette prune était grosse, elle n'en finissait pas. Alors, en s'aidant de ses deux mains, Napoléon

Aurochs-unité de troc se demandant ce qu'il va devenir après l'invention du papier-monnaie.

Bonaparte ouvrit un œil, et voici : il était en train de manger l'aurochs, qui avait par inadvertance et distraction posé son pied dans la bouche béante de Napoléon Bonaparte.

Or, au fur et à mesure que Napoléon Bonaparte mangeait, il sentait une riche et chaude force courir dans ses veines, et quand il eut mangé tout l'aurochs et recraché les cornes, il était tout rempli tout piaffant de cette grande et terrible force. Et il rota un rot formidable, et il courut tout autour de sa propriété pour penser un peu à tout ça. Et le résultat de ses pensées fut qu'il vint à la clôture et appela André. Et il lui dit :

— Ugh. O voisin, voici. Tu me donnes un aurochs d'entre tes aurochs. Je te donne une prune d'entre mes prunes. D'accord ?

André dit :

— Il faut que je réfléchisse. Ugh.

Et il réfléchit, et il dit :

— Ugh. O voisin, j'ai réfléchi. Une prune, ce n'est

pas assez. Car il y a le noyau, dans la prune, et le noyau ce n'est pas de la prune. Disons deux prunes pour un aurochs. J'ai causé. Ugh.

Napoléon Bonaparte dit :

— Ugh. Tu es dur, voisin. Mais j'ai vraiment besoin d'aurochs. D'accord.

⁂

Et ils firent comme cela, et tout le monde fut content, surtout Napoléon Bonaparte, qui maintenant mangeait à la fois de l'aurochs et des prunes, et qui était fort tout en ayant le teint frais. Quant à André, il s'aperçut bientôt que les prunes qu'il mangeait ne lui faisaient pas autant de bien qu'il aurait cru, et il réfléchit un peu à tout ça dans le dedans de sa tête, mais il ne comprit vraiment la situation que le jour où, s'étant par maladresse laissé tomber une prune sur le pied droit et un aurochs sur le pied gauche, il s'aperçut à sa vive surprise que les deux pieds ne ressentaient pas du tout la même sensation, oh là là, non. Et il parla à Napoléon Bonaparte, et il lui dit ceci :

— Ugh. O voisin, voici. Un aurochs c'est beaucoup d'aurochs. Une prune, ce n'est pas beaucoup de prune. Et deux prunes non plus, ce n'est pas beaucoup de prune. Or je veux que tu me donnes des prunes autant beaucoup comme l'aurochs que moi je te donne. Et voici comment je ferai pour savoir s'il y a autant beaucoup de prune que d'aurochs : tu mettras des prunes dans un sac en peau d'aurochs, tu en mettras beaucoup, et tu laisseras tomber ce sac sur mon pied droit, et moi, en même temps, je laisserai tomber un aurochs sur mon pied gauche, et si j'ai mal aux deux pieds juste pareil, alors c'est qu'il y aura autant beaucoup de prune que d'aurochs. Et si le mal à un pied n'est pas pareil que le mal à l'autre pied, alors nous mettrons plus de prunes dans le sac, ou moins de prunes, jusqu'à ce que ça soit pareil. J'ai causé. Ugh.

Naturellement, Napoléon Bonaparte discuta un peu, mais André ne se laissa pas faire, et finalement ils firent comme il avait dit. Et ils furent tous deux forts et piaffants, et leur teint fut frais, et leur santé fut excellente, quoique, à bien regarder, André souffrît d'un étrange mal aux pieds dont il ne comprenait vraiment pas la cause. Il appelèrent ce qu'ils venaient d'inventer le « commerce », et aussi le « troc », ce qui veut dire qu'ils étaient trop bêtes pour avoir inventé la monnaie. Et non seulement ils se portèrent mieux, mais ils eurent un but dans la vie : trouver des combines pour rouler le voisin. Ils inventèrent entre autres l'art de dissimuler des cailloux dans les sacs de prunes et celui d'enfoncer des enclumes dans le cul des aurochs. Leur intelligence se développa à la vitesse d'un cheval au galop.

VINGT-DEUXIÈME LEÇON

L'homme invente quelque chose de mieux que le bonheur

C'est en observant un tronc d'arbre qui roulait tout seul le long d'une pente que l'homme conçut l'idée de la monnaie. Mais non, de la roue. Excusez, j'ai bien dit : la monnaie. La preuve : la monnaie, ça roule. Pardon ? La roue aussi ? La roue aussi, peut-être, et c'est bien pourquoi, voyant un jour rouler de la monnaie, l'homme conçut l'idée d'inventer la roue, mais beaucoup plus tard, quand ses entreprises eurent pris une certaine ampleur. Et d'abord, pourquoi la vue d'un tronc d'arbre lui aurait-elle donné l'idée d'inventer la roue ? C'est de monnaie qu'il avait besoin, pas de roue. Que vouliez-vous qu'il fasse d'une roue ? Vous dites ? Avec une roue, c'est moins fatigant ? Mais, pauvre petit, un type qui a inventé la monnaie, il peut se payer tous les porteurs qu'il veut, et ça, oui, c'est vraiment moins fatigant. Il faut réfléchir avant de parler, c'est vrai, quoi.

*
**

Bon. Si vous voulez bien vous rappeler, nous en étions restés, la dernière fois, à quand l'homme eut inventé le troc. C'était un vrai grand progrès, il faut reconnaître, mais bientôt on se heurta à certains inconvénients qui limitèrent l'expansion des affaires et du commerce. Je vais essayer de vous faire comprendre.

Comme je vous l'ai expliqué, le commerce, dans ce temps-là, c'était je te donne des prunes tu me donnes de l'aurochs. Je te donne autant beaucoup de prunes comme tu me donnes d'aurochs. Bien. Tant que ça se passe entre voisins mitoyens, pas trop de problèmes. On se livre la marchandise de l'un chez l'autre et de l'autre chez l'un par-dessus la clôture, on consomme sur place, tout de suite, l'aurochs c'est comme les prunes, ça demande à être mangé bien frais, sinon ça meugle tout triste et ça n'a plus le même goût, moi je trouve. Après on fait une petite sieste et le commerce reprendra quand on se réveillera parce que juste à ce moment-là on recommencera à avoir faim. Les prunes, il n'y avait qu'à allonger le bras pour les cueillir. Les aurochs aussi. Pas de danger de manquer, dans ce temps-là, l'aurochs ça se reproduisait fallait voir. Tchiak tchiak. La prune aussi. Les étamines, les pistils, tout ça les jambes en l'air, tchiak tchiak, c'était le rut, c'était l'orgie, ah, dis donc, quelle santé ! La nature, dans ce temps-là, c'était quelque chose.

Les seules petites difficultés qu'il risquait d'y avoir étaient quand on voulait faire l'appoint pour la pesée, par exemple quand il manquait la moitié d'une prune pour faire juste autant beaucoup comme un aurochs de douze mois, et alors naturellement le type aux aurochs disait y'a pas de raison, je veux mon compte juste, non mais, et bon, le type aux prunes mettait une prune de plus sur le tas de prunes, mais du coup ça faisait une moitié de prune en trop, et alors le type aux prunes disait polope y'a pas de raison, et recta le type aux aurochs mettait un aurochs de plus par-dessus l'aurochs, mais du coup ça faisait un aurochs moins une moitié de prune en trop, pas du même côté que tout à l'heure, je ne sais pas si vous suivez bien tout, et alors

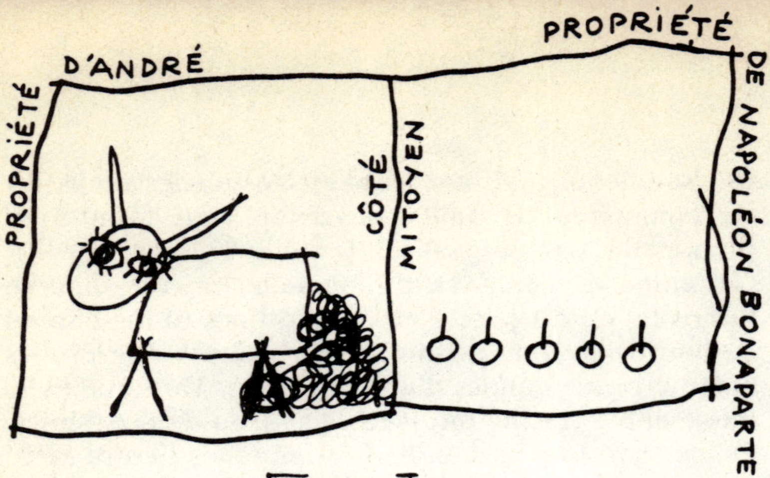

FIGURE I

Ça, c'est les propriétés d'André et de Napoléon Bonaparte. Elles ne sont pas très carrées parce que dans ce temps-là les hommes ne savaient pas encore bien dessiner, mais on reconnaît très bien les prunes et un aurochs. Les prunes, c'est ce qui a une queue. L'aurochs, c'est ce qui a de la bouse. On n'a pas dessiné la queue de l'aurochs afin qu'on ne le confonde pas avec une prune.

le type aux aurochs disait y'a pas de raison, et l'autre remettait des prunes, et finalement celui des deux qui avait le plus faim faisait crédit jusqu'à la prochaine fois mais nom de dieu je sais pas comment tu te démerdes c'est toujours moi qu'en est de sa poche c'est pas possible doit y avoir un truc. Vous voyez, rien de grave, juste de quoi s'occuper un peu les doigts et entretenir la conversation.

***

Là où les choses se gâtèrent pour de bon, c'est quand on voulut développer les échanges au-delà du voisinage immédiat. Mais pourquoi développer, direz-vous ? On était heureux comme ça, pas besoin de se compliquer la vie. Ecoutez voir. Le type aux prunes, là — Comment s'appelait-il, déjà ? Ah oui : Napoléon

Quelquechose — eh bien, ce Napoléon, je vous l'ai dit, était mitoyen avec André, le type aux aurochs (fig. I). Bien. Mais n'oublions pas que Napoléon avait quatre côtés. Enfin, je veux dire sa propriété, mais vous m'aviez compris. Donc, il y avait trois côtés par lesquels Napoléon n'était pas mitoyen avec André. Là, faites bien attention. Sur deux de ces côtés, il n'était mitoyen avec personne, pour la bonne raison qu'il n'y avait pas de propriété du tout de ces côtés-là, juste deux grands trous, c'était un pays comme ça, plein d'imprévu, très pittoresque (fig. II). Sur le troisième côté, Napoléon était mitoyen avec un autre type. Eh bien, vous me croirez si vous voulez, ce type, sur sa propriété, il n'y poussait que des prunes. Et attendez, au-delà de cette propriété il y avait d'autres propriétés, beaucoup de propriétés, de tous les côtés, jusqu'au bout du monde, et dessus, devinez quoi ? Des prunes.

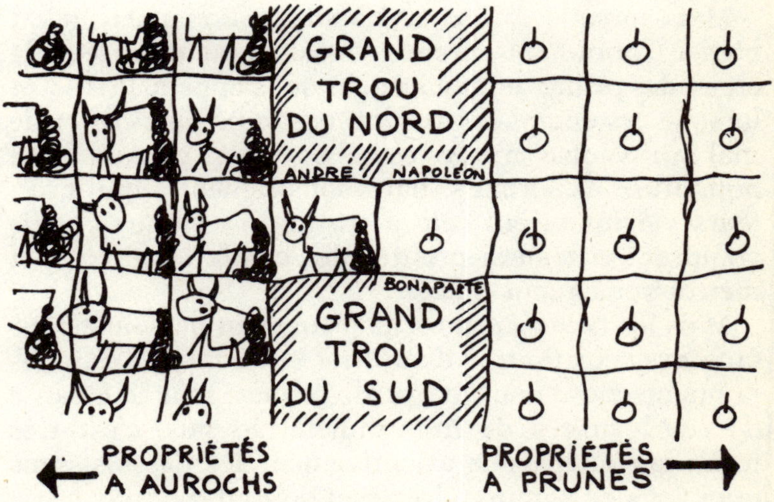

FIGURE II

Sur cette vue prise d'avion, on situe mieux les propriétés d'André et de Napoléon Bonaparte dans leur contexte. Le Grand Trou du Nord et le Grand Trou du Sud étaient très profonds, bien qu'on ne s'en rende pas bien compte ici.

Des prunes, des prunes, des prunes, rien que des prunes, sauf une propriété, tout là-bas, où il poussait des mirabelles. C'est quelque chose, ça, non ? Mais attendez, vous n'avez encore rien vu.

André, lui aussi, avait un autre voisin mitoyen et un seul, à cause des trous sur les autres côtés, oui, c'est ça, vous faites des progrès. Et derrière ce voisin il y en avait d'autres, plein, et alors là, vraiment, c'est à croire que c'était fait exprès, eh bien, sur leurs propriétés, à tous ceux-là, il n'y avait que des aurochs, des aurochs tendres et juteux, mais des aurochs, des aurochs, des aurochs et rien d'autre.

Ça, alors !

Naturellement, les gens à prunes ne mangeaient que des prunes, et ils attrapaient mal au ventre, et les gens à aurochs ne mangeaient que de l'aurochs, et ils étaient pleins de gros sales boutons sur la figure, et les uns et les autres crevaient de ça ou de ça, que voulez-vous, c'est la destinée.

Mais lorsque André et Napoléon Bonaparte (c'est bien ce nom-là ?) eurent mis au point entre eux la chose des prunes et des aurochs qui s'appelle le troc, et lorsque ces deux-là commencèrent à ne plus crever de mal au ventre ni de coup de sang grâce à une nourriture désormais harmonieusement équilibrée, leurs voisins virent cela à travers les clôtures et ils voulurent eux aussi profiter des bienfaits du troc, et mettez-vous à leur place.

Mais les types à prunes ne trouvaient personne pour faire avec eux du troc d'aurochs, et les types à aurochs la même chose pour le troc de prunes, tout ça à cause de ces histoires de mitoyenneté. Je sais, c'est très technique. Regardez attentivement les dessins, sans quoi vous ne comprendrez rien du tout. Le troc, ça ne pouvait fonctionner qu'entre André et Napoléon Bonaparte. C'est une invention qui a ses têtes. Et bon, les voisins soupirèrent et attendirent la mort.

Hommes cherchant parmi tous les noms d'objet non encore employés celui qui convient le mieux pour un objet nouvellement inventé.

C'est là que Napoléon Bonaparte eut une idée. C'était toujours lui qui avait les idées, je ne sais pas si vous avez remarqué. Décidément, il était vraiment doué pour le commerce, ce type. Je ne comprends pas que son nom ne soit pas devenu célèbre. Enfin, bon, voici comment était l'idée de Napoléon Bonaparte.

Il alla jusqu'à l'autre bout de sa propriété, pas le bout où il y avait André, et il appela le voisin mitoyen qu'il avait de ce côté-là :

— O voisin, écoute.

Le voisin dit :

— O voisin, j'écoute.

Sa voix était très faible, à cause de toutes ces prunes, et on l'entendait mal à cause de tout ce bruit dans son ventre. Napoléon Bonaparte dit encore :

— O voisin, tu voudrais bien manger de l'aurochs afin de fortifier ton sang et d'apaiser ton ventre, ne voudrais-tu pas ?

Le voisin répondit :

— Qui ne le voudrait, ô voisin ?

Napoléon Bonaparte dit :

— Alors, sois heureux, ô voisin. Ton vœu va être exaucé. Je t'apporterai de l'aurochs, et toi tu me donneras des prunes. Deux fois autant beaucoup de prunes comme d'aurochs. Dis-moi « Merci, ô mon sauveur ! ».

Le voisin dit :

— Mais toi tu donnes à André une fois seulement autant beaucoup de prunes comme d'aurochs !

Napoléon Bonaparte dit :

— C'est à prendre ou à laisser. Ugh. J'ai causé.

Le voisin dit :

— Je prends. Ugh. T'as gagné.

Napoléon Bonaparte dit :

— Tss, tss... Qu'est-ce qu'on dit ?

Le voisin dit :

— Merci, ô mon sauveur !

Napoléon Bonaparte dit :

— Mieux que ça. Avec les gestes.

Le voisin se prosterna dans la poussière, et il baisa les pieds de Napoléon Bonaparte, et il leva vers lui des yeux pleins d'adoration, et il dit ce qu'il fallait dire comme il fallait le dire. Et puis il tomba en avant, la figure dans ses excréments, car il était bien faible, en vérité.

⁂

Avant d'aller plus loin, relisez lentement ce qui précède en vous concentrant bien à fond. Voilà. On continue.

Ce que Napoléon Bonaparte avait fait avec son deuxième voisin — on pourrait l'appeler Eclat-de-Silex, celui-là, ces primitifs, c'est si poétique, ça porte toujours des noms d'objets utiles dans un ménage — avait fait, donc, avec Eclat-de-Silex était ce que plus tard on appela un « marché ». Dans ce temps-là, on ne savait pas que ça s'appelait comme ça. Tout était encore à trouver. On trouvait des choses, on trouvait des noms, mais on ne les trouvait pas forcément en même temps, pas forcément les choses en même temps que les noms qui allaient avec. Alors on jetait tout ça par terre, les chose et les noms, en tas, tout le monde s'asseyait autour, on fouillait dans le tas et on les mettait ensemble comme on trouvait que ça faisait le plus joli. Un nom pour chaque chose, une chose pour chaque nom, et même si des fois c'était pas tellement joli, en tout cas on avait bien rigolé. Par exemple, la chose qui était un marché, dans ce temps-là ils décidèrent de l'appeler « strapontin », c'était un nom comme ça, il leur restait sur les bras depuis un bon bout de temps, ils n'arrivaient pas à le caser, aucun objet ne voulait se marier avec, mais là ils trouvèrent que les deux allaient vraiment bien ensemble, très chic très habillé, même, et ils furent tout contents d'avoir si bien travaillé pour l'humanité, autant de boulot que les générations futures n'auront pas à faire, et ils se tapèrent joyeusement sur la tête à coups de choses lourdes et dures, c'est comme ça qu'ils se saoulaient la gueule, dans ce temps-là, les liqueurs qui ravalent l'homme plus bas que la bête n'ayant pas encore été inventées.

⁂

Ayant donc conclu son strapontin avec Eclat-de-Silex, Napoléon Bonaparte retraversa sa propriété en sens inverse et, parvenu à la clôture, il héla André d'une voix cordiale et forte.

— O voisin, écoute !

André, réveillé en pleine sieste, sursauta, car la voix de Napoléon Bonaparte était extrêmement cordiale et forte, et le silex grossièrement travaillé qui l'accompa-

Homme soudain frappé d'un éclair de génie mais ne sachant pas encore s'il va inventer la roue, le rouleau à pâtisserie, le cure-dents ou l'andouille de Vire.

gnait était un gros silex, bien que taillé par un gougnafier. André saigna du nez et cracha trois dents : il avait le sommeil léger. Il tendit automatiquement le bras vers la queue du plus proche aurochs, envoya ce nourrissant animal par-dessus la clôture et dit :

— Déjà l'heure ? C'est drôle, mon appétit n'est plus le même qu'autrefois. Enfin, bon, amène tes prunes, ô voisin.

Napoléon Bonaparte dit :

— Il faut que nous parlions sérieusement, ô voisin.

André dit :

— Je ne te donne pas mes aurochs pour des paroles, ô voisin. Je te les donne pour des prunes. Où sont les prunes ?

— Justement, ô voisin, c'est de ça qu'il faut que nous parlions.

— Parler ne fait pas pousser les prunes, ô voisin.

— Peut-être que si, ô voisin.

— Voyons voir, ô voisin.

Là, André commençait à être vraiment intéressé. Il s'installa bien à son aise sur l'herbe et regarda attentivement la bouche de Napoléon Bonaparte pour en voir sortir les prunes.

Napoléon Bonaparte dit :

— Hum. Voici, ô voisin. Mon autre voisin, là-bas, veut aussi faire un strapontin avec toi pareil comme moi j'en ai fait un avec toi. Il te donnera des prunes contre de l'aurochs, autant beaucoup de prunes comme il y aura d'aurochs. Ugh. J'ai causé.

André dit :

— Tu es un sale menteur, ô voisin.

Napoléon Bonaparte prit l'air qu'il faut prendre quand on vous dit des choses malpolies et même pas vraies, en plus, et il dit :

— Que ma langue se couvre de poils comme le cul de l'aurochs...

André dit :

— Tu es un triple sale menteur. J'ai tout le temps regardé : il ne sort pas de prunes quand tu parles. Rends-moi mon aurochs, ô voisin.

Napoléon Bonaparte dit :

— Les prunes sortiront à la fin, quand j'aurai fini de parler.

André dit :

— Ah, bon ? Toutes à la fois, alors ? Oh là là, qu'est-ce que je vais rigoler !

Et il s'installa encore mieux, le dos appuyé à un arbre, pour pouvoir rigoler très fort sans tomber à la renverse, et les aurochs d'André accoururent car eux aussi ils aimaient bien rigoler.

Napoléon Bonaparte dit :

— Ton aurochs, là, je vais le porter à mon voisin, là-bas, et mon voisin me donnera les prunes, et je te les donnerai. Voilà comment parler fait pousser les prunes. Ugh. J'ai causé.

André dit :

— Tu dis toujours qu'il va y avoir des prunes, et moi je ne vois pas de prunes, et mes aurochs non plus ne voient pas de prunes, et je ne rigole pas, et mes aurochs non plus, et alors je vais pleurer, et mes aurochs aussi.

Et en effet.

Pendant qu'ils pleuraient, Napoléon Bonaparte prit l'aurochs par la queue et le traîna jusque devant la clôture d'Eclat-de-Silex, et il dit à Eclat-de-Silex :

— Voici l'aurochs. Amène les prunes.

Eclat-de-Silex amena les prunes, deux fois autant de prunes comme il y avait d'aurochs. Napoléon Bonaparte vérifia cela à la manière habituelle, en les laissant tomber bien ensemble sur ses pieds, et Eclat-de-Silex mangea son aurochs, et c'était la première fois qu'il en mangeait, et il trouva ça très bon et plus facile à manger que les prunes à cause qu'il n'y a pas dedans toutes ces saletés de noyaux qu'il faut cracher, et la bonne force de l'aurochs courut dans son sang, et il retourna se coucher, et voilà pour lui.

Pendant ce temps, Napoléon Bonaparte emportait les prunes. Il alla trouver André et il lui dit :

— O voisin, voici les prunes pour ton aurochs. Désormais, tu me donneras deux aurochs à chaque repas, un pour moi, un pour le voisin, et tu recevras deux tas de prunes.

André fut content d'avoir toutes ces prunes, mais quand même il dit :

— Je suis content, ô voisin, quoique je n'aie pas tout compris. N'empêche, tu m'avais dit que les prunes sortiraient par ta bouche, et elles ne sont pas venues comme ça, j'ai très bien vu.

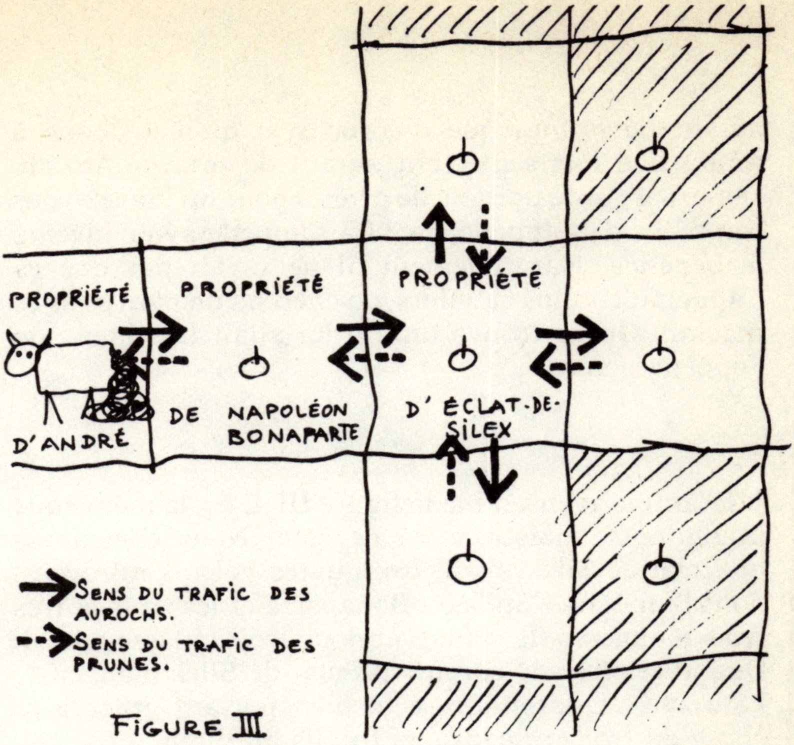

FIGURE III

C'est la même chose que la figure II, mais on ne s'occupe que du côté droit, pour simplifier. Les flèches indiquent tout ce que vous avez besoin de savoir. Les propriétés où il y a des hachures, vous n'avez pas à vous en occuper pour l'instant.

Napoléon Bonaparte dit :
— C'était une métaphore.
André dit :
— Ah, bon.

⁂

Question sur le texte :

Avez-vous fait bien attention tout au long ? Oui ? Qu'avez-vous remarqué ? Nous avons remarqué que Napoléon Bonaparte a pris à Eclat-de-Silex deux fois autant de prunes que d'aurochs et qu'il a donné à André une fois seulement autant de prunes. Ah, ah. Donc, il a gardé une fois de prunes pour lui. Savez-vous comment ça s'appelle, ça ? Ça s'appelle avoir inventé le bénéfice. Naturellement, il ne savait pas que ça s'appelait comme ça. Alors, on chercha un nom pour ce machin. On en trouva un qui lui allait très bien : on l'appela le vol.

***

Examinons ensemble la figure III. C'est la même que la figure II, mais vue de ce côté. Nous constatons qu'Eclat-de-Silex avait, lui, quatre voisins mitoyens, dont l'un était Napoléon Bonaparte et les trois autres trois mangeurs de prunes et donc trois chiasse-au-cul. Quand ces trois-là eurent vu Eclat-de-Silex manger de l'aurochs et devenir rose et bien portant grâce à la chose du troc et du strapontin, ils lui dirent :

— O voisin, ton voisin si serviable, si gentil, si amateur de prunes ne pourrait-il nous procurer des aurochs contre nos — beuark ! — prunes ?

Eclat-de-Silex répondit : « Je m'en occupe », et il en parla à Napoléon Bonaparte, et bon, d'accord, Napoléon Bonaparte leur procura des aurochs au tarif habituel, et ces trois-là devinrent roses et pleins de feu, et leur sphincter anal se resserra, et Napoléon Bonaparte commença à posséder vraiment beaucoup de prunes.

Si maintenant nous examinons plus attentivement la figure III, nous voyons que le voisin de l'autre côté d'André avait lui aussi trois autres voisins, tous mangeurs d'aurochs, tous boutonnés de vilains boutons. Eh bien, il se passa avec ces gens-là la même chose qu'avec ceux aux prunes, sauf que là c'était des aurochs et qu'André n'aurait jamais eu tout seul l'idée de leur prendre deux aurochs contre un seul tas de prunes. Heureusement, Napoléon Bonaparte l'eut, lui, l'idée — quel type, ce mec ! — et, comme les voisins avaient des voisins et les voisins des voisins des voisins, cela fit un double courant de prunes et d'aurochs qui laissa au passage des prunes et des aurochs pour Napoléon Bonaparte et André. (Vous ai-je dit qu'ils s'étaient associés ? Question sur le texte : à votre avis, qui a rédigé le contrat ?)

Mais voici que surgissent de nouveaux problèmes. C'est toujours comme ça dans cette vallée de larmes : tu résous un problème, ça en fait pousser douze. Un de ces problèmes était que les prunes que Napoléon Bonaparte avait gagnées par son travail pourrissaient, et que ses aurochs maigrissaient. Et que donc ses prunes valaient de moins en moins d'aurochs et ses aurochs de moins en moins de prunes. Il aurait fallu que les prunes restassent à mûrir sur les pruniers des voisins et que les aurochs continuassent à paître l'herbe grasse des voisins tout en appartenant à Napoléon Bonaparte. C'est difficile, ça. On ne peut pas être en même temps chez le voisin et être en même temps chez Napoléon Bonaparte. Napoléon réfléchit à tout ça dans sa tête, et voici, il trouva la solution. (Décidément, ce Napoléon Bonaparte, quel génie ! Quand on pense qu'il aurait pu être, je ne sais pas, moi, général, disons, et qu'il aurait gaspillé toute cette belle intelligence à des conneries ! Vous imaginez ? Quelle perte pour l'humanité !)

Sa solution était comme je vais vous dire.

Quand un type me donnera deux aurochs dont un que je garderai, je dirai au type : cet aurochs, il est à moi, mais il restera chez toi jusqu'à ce que j'en aie besoin. Car je sais que tu aimes tes aurochs et que ton cœur saigne quand ils s'en vont. Et moi, j'aurai chez moi un objet qui voudra dire que tel aurochs qui se trouve chez toi est à moi. Et quand quelqu'un me donnera des prunes contre un aurochs, je lui donnerai cet objet, et l'aurochs sera à lui, et il te présentera l'objet, et tu lui donneras l'aurochs. Pour les prunes, je ferai la même chose.

Il ne restait plus qu'à trouver l'objet. Napoléon Bonaparte regarda autour de lui et il vit le tronc d'arbre qui roulait comme je vous ai dit au commencement, et ce tronc d'arbre était juste gros comme un aurochs, et bon, ça faisait très bien l'affaire.

Naturellement, Napoléon Bonaparte rencontra certaines difficultés quand il s'agit d'expliquer au premier type qui lui apporta des prunes que ce tronc d'arbre qu'il lui donnait en échange n'était pas un aurochs mais que c'était la même chose qu'un aurochs. Les gens sont rétrogrades, vous ne pouvez pas savoir. Mais enfin, on n'arrête pas le progrès, et le système de Napoléon Bonaparte finit par s'imposer. Un tronc d'arbre valait un aurochs, un caillou valait une prune, ça fonctionnait très bien. Vous avez compris que Napoléon Bonaparte avait inventé la monnaie. C'est pourquoi il y a son portrait sur les billets de banque.

⁂

Un jour, Napoléon Bonaparte fit cette remarque dans sa tête :

« Les troncs d'arbre, c'est bien, mais c'est aussi lourd à porter que les aurochs, et en plus il faut les abattre, et abattre un tronc d'arbre ça vaut bien un aurochs, et finalement l'un dans l'autre j'y suis de ma poche. »

Vous voyez, quel précurseur ! Aussitôt, il eut une idée, paf. Il avait toujours une idée, et toujours juste au bon moment où il fallait l'avoir, ni trop tôt, ni trop tard, paf. Et son idée, cette fois, était qu'un tronc d'arbre n'étant de toute façon pas un aurochs, pourquoi devrait-il être aussi gros et aussi lourd qu'un aurochs ? Il coupa un tronc en rondelles, et il décida que chaque rondelle était comme un aurochs, pareil, ou comme autant beaucoup de prunes comme un aurochs.

Là encore, ça n'alla pas tout seul. Certains crurent que la rondelle était de l'aurochs comprimé et déshydraté, et ils la jetèrent dans de l'eau bouillante, mais ça ne devenait pas un aurochs, et alors ils revenaient trouver Napoléon Bonaparte pour lui faire du mal et causer un peu de tout ça. Mais tout finit par s'arranger, et voilà, la monnaie était là, telle que nous la connaissons aujourd'hui, à quelques détails près. Par exemple, nos rondelles sont plus petites. C'est parce que nos poches sont plus petites. Nous avons dégénéré. Les hommes de ce temps-là étaient de vrais hommes, avec du poil au cœur et des poches formidables. Quand j'y pense, j'ai honte.

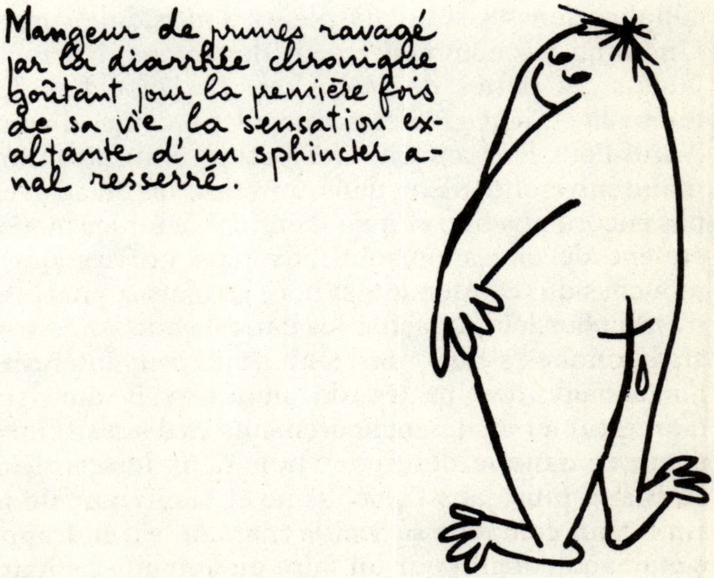

VINGT-TROISIÈME LEÇON

L'homme acquiert la notion du bien et du mal et sa vie prend un sens

Au commencement des temps, l'homme était bon. C'est la société qui l'a rendu méchant.

Un méchant, c'est un type qui arrache les pattes des mouches pour voir si elles peuvent encore décoller sur le ventre (elles peuvent très bien, mais elles n'en ont plus envie). Ou qui frappe sa vieille maman et s'acharne sur elle lorsqu'elle est à terre malgré ses supplications et ses yeux pleins d'incrédule surprise. L'homme, au commencement des temps, n'arrachait jamais les pattes des mouches. Les mouches de ce temps-là étaient grosses comme des baleines d'aujourd'hui. Pour leur arracher les pattes, il aurait fallu les maintenir solidement dans un étau, or l'étau n'était pas encore inventé, et quand enfin il le fut les mouches étaient devenues presque pas plus grosses que les mouches de maintenant, et bon, on n'avait plus besoin d'étau pour leur arracher les pattes, enfin, vous voyez, si l'homme s'était un tant soit peu intéressé à l'arrachage des pattes de mouches il aurait été d'amertumes en désenchantements et il aurait fini par sombrer dans le désespoir, puis dans le scepticisme ricanant, puis dans l'alcoolisme et la cirrhose du foie. En ce qui concerne sa vieille maman, s'il la frappait, c'était seulement pour lui faire dire où elle cachait les sous pour le terme, et s'il continuait c'était pour le cas où elle aurait eu une deuxième cachette, vous savez comment sont les vieilles mamans, joueuses et farceuses comme de jeunes chiots, tellement occupées à épargner pour leurs vieux jours qu'elles ne se rendent même pas compte qu'ils sont déjà là, les vieux jours, alors, voilà, il faut bien les aider un peu à dépenser, même, des fois, malgré elles. C'est pour leur bien.

Et si l'homme enfonçait une chose dure et pointue dans le ventre de son voisin, c'était uniquement, soyez-en sûr, parce que le voisin ne lui aurait jamais donné de bon cœur ni sans de longues et fastidieuses discussions son appartement, ses meubles, ses peaux d'ours, ses épouses et son sifflet à roulette qu'il en était si crâneur.

Croyez bien que s'il avait pu faire autrement qu'avec la chose pointue il l'aurait certainement fait. Et la preuve qu'il n'était pas méchant c'est que la chose était pointue, justement. Si quelqu'un a déjà essayé de vous enfoncer dans le ventre un machin plat du bout, vous comprendrez ce que je veux dire.

Quand il n'y avait pas encore la société, l'homme ne frappait pas l'homme. Il frappait les bêtes, surtout celles qui n'ont pas de cornes, ni de crocs, ni de griffes, ni de piquants. Pour les piquants, cela alla d'ailleurs beaucoup mieux lorsqu'il eut inventé le bâton, et même tout à fait bien lorsqu'il eut inventé de clouer un grand clou au bout du bâton, en travers, avec la pointe qui dépasse. Il frappait aussi les arbres, les fleurs, les pierres, la terre, la rivière. Il s'amusait bien gentiment.

Quand il y eut la société, l'homme n'arrêta pas de frapper, simplement il frappa les autres hommes qui étaient autour de lui et qui formaient la, justement, société. C'est donc bien la société la coupable. La société, c'est mauvaises fréquentations et compagnie, si vous voulez mon avis.

*
**

Avant la méchanceté, les gens n'étaient ni bons, ni méchants. Ils étaient les gens. Après, il y eut les bons et il y eut les méchants. L'avènement de la méchanceté rendit compliquées les choses les plus simples. Je vais vous faire voir.

Avant, quand on avait envie de quelque chose qu'on n'avait pas et que quelqu'un d'autre avait, de deux choses l'une : ou ce quelqu'un était moins fort, et alors on lui prenait ce quelque chose par la force, ou il était plus fort, et alors on le lui prenait par la ruse, ou il était tout à la fois plus fort et plus rusé, et alors on était mort et c'est lui qui vous prenait vos choses à vous [1]. Bien. C'était net, sain, sportif. Et équitable, en plus, puisque c'était toujours le plus faible qui perdait, ou le plus bête, ou le plus confiant, ce qui est tout à fait conforme au plan du Créateur de l'Univers et à la Grande Souveraine Harmonie de la Nature, car si le faible gagnait il ne serait pas le faible mais le fort, or le faible ne peut pas être le fort puisqu'il est le faible, ou alors c'est la fin du monde et je ne me mêle plus de rien. Enfin, quoi, qu'est-ce que vous diriez si, quand deux femmes se battent pour vos beaux yeux et votre coït qu'elles supposent en technicolor, si donc c'était la plus rabougrie, la boiteuse, la pelée, la jaunâtre, la brèche-dent, la pue-du-cul, qui gagnait et qui tuait la belle, la grande, la blanche et rose, la bien peignée ? Vous diriez c'est pas juste, et vous auriez bien raison de dire ça. La laideur et sa sœur la faiblesse doivent être vaincues et disparaître de devant la face du ciel, sans quoi ce vert paradis deviendrait bientôt à vomir partout.

Quand les méchants furent devenus méchants à cause de la société et de toute cette sorte de choses comme je vous ai dit plus haut et commencèrent à faire

1. D'accord, j'aurais dû dire : de trois choses l'une. Et après ? On vous en donne plus que ce qui est annoncé sur l'emballage, et vous vous plaignez ?

Homme n'arrachant pas les pattes des mouches.

le mal pour le mal, les bons comprirent que les beaux jours étaient finis. Ils réfléchirent un peu à tout ça, et ils eurent une idée. Et leur idée était de se grouper ensemble, tous les bons ensemble, c'est ça, afin de :

premièrement, pouvoir se défendre contre les méchants et les punir,

deuxièmement, montrer à tout le monde qu'ils étaient les bons, tous autant qu'ils étaient, et pas les méchants, puisque les méchants étaient justement ceux qui n'étaient pas les bons, j'espère que vous avez tout compris, la leçon d'aujourd'hui est un peu abstraite.

Ça, oui, c'était une bonne idée. Et donc les bons restèrent ensemble, bien serrés bien coude à coude, et pas un méchant ne pouvait se faufiler, et si un méchant essayait quand même, les bons qui se trouvaient au bord du groupe le mordaient, et il se sauvait en pleurant, enfin c'était le bonheur et la sécurité, c'est vraiment dommage que ça n'ait pu marcher qu'une demi-heure. Car il se produisit une chose que personne n'aurait pu prévoir : c'est que des bons d'entre les bons, brusquement, devinrent méchants. Ça, alors !

Vous voyez le travail. On ne pouvait plus avoir confiance en personne. Et voilà maintenant que, profitant de ça, il y eut des lâches et des mesquins qui se mirent à crier au méchant et à l'assassin chaque fois qu'un honnête homme voulait simplement un petit peu les tuer pour prendre leurs biens. La confusion régna. Va reconnaître un méchant d'un type qui fait son marché ! Une victime ou une soi-disant victime, ça gueule pareil, et les bons citoyens, sans y regarder de si près, pendent le supposé méchant et se partagent équitablement ses biens au prorata de la grosseur de leurs massues, et voilà pour celui-là.

Il ne suffisait donc pas de ne pas être méchant, il fallait en plus avoir l'air extrêmement non méchant, beaucoup plus non méchant qu'au naturel, le naturel ça n'était vraiment pas assez convaincant. Ceci s'appelle l'hypocrisie. C'est très fatigant, surtout au début, mais ça aide bien.

Hélas, il fallait s'y attendre, bientôt les vrais méchants aussi pratiquèrent l'hypocrisie. Mince, alors. Ça devient vachement compliqué, notre affaire.

***

L'hypocrisie, ça veut dire j'ai peut-être l'air faux jeton, comme ça, à première vue, mais si tu y regardes de plus près tu verras que c'est un faux air faux jeton, vu que les vrais faux jetons ont l'air tout à fait de braves types, forcément, sans ça ça ne prendrait pas, donc avec ma gueule de faux jeton je suis en réalité un type tout ce qu'il y a de régulier, et franc comme l'or, et sans défense, et donc tu peux tourner le dos, tu ne risques absolument rien, et comme ça tu me mets en confiance et tu pourras m'en laisser tomber un bon coup derrière les oreilles bien à ton aise quand je regarderai de l'autre côté, oui mais pas de pot c'était finalement un vrai air faux jeton mais c'est trop tard, hagne donc, c'est toi qui l'as derrière les oreilles, et te voilà mort, et par ici la bonne soupe, et qu'est-ce que tu dis de celle-là, ducon ?

La vie devenait de plus en plus difficile. On avait beau faire attention, on finissait toujours, tôt ou tard, par se tromper et par se trouver du mauvais côté de la massue, hagne donc.

Heureusement, un homme de génie trouva un moyen sûr et efficace pour discerner les bons et les méchants sans se laisser embobiner par les zig zags de l'hypocrisie. Ce moyen s'appelle la morale.

⁂

La morale, c'est très simple. Tu te mets dans un coin tranquille, tu te bouches les oreilles avec les mains ou avec de la terre glaise pour ne pas lâcher ta massue, c'est plus prudent, tu retiens ta respiration, tu retiens ta transpiration, tu retiens ta digestion, tu retiens tout ce qui fait du bruit, tu fais le vide en toi, quoi, et tu écoutes la voix de ta conscience.

Qu'est-ce que c'est que ça, la conscience ?

Voilà. Vous connaissez la boussole ? Eh bien, la conscience, c'est une espèce de boussole qui indique toujours la direction du Bien. Naturellement, elle indique du même coup la direction du Mal : c'est le pôle Sud, juste de l'autre côté.

Mais en plus la conscience est une boussole qui parle. On n'arrête pas le progrès ! Tu écoutes bien bien, et voilà, tu l'entends parler. Au début, tu as peur, c'est bien normal, ce machin qui cause dans ton ventre, ça vous flanque un coup. Après, on s'y fait. Remarquez, tant qu'on ne vous en a pas parlé, vous ne savez pas que vous avez cette cochonnerie en vous, vous n'y pensez même pas. Mais dès qu'on vous l'a dit, ça y est, plus moyen de penser à autre chose, on est là à tendre l'oreille, c'est l'obsession, on la guette comme on

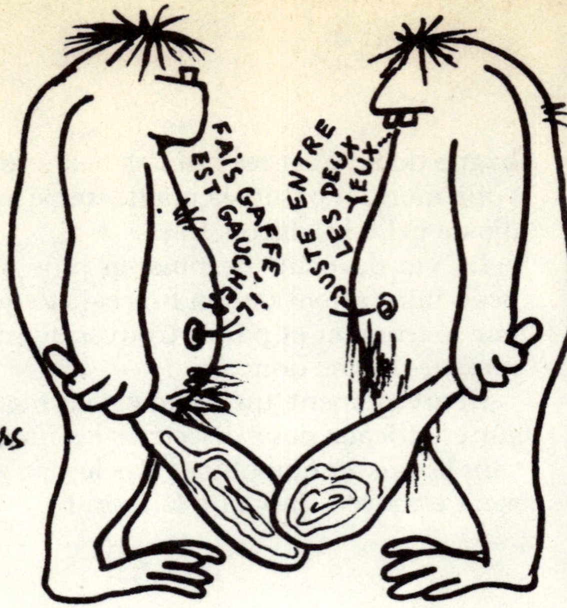

Consciences indiquant à leurs possesseurs la direction du Bien.

guette la chasse d'eau des voisins à travers la cloison du H.L.M.

Vous me direz — je vous vois venir, allez — : la conscience, d'accord, seulement on voit pas bien l'utilité. Ça indique le Bien et le Mal en ce qui concerne la conduite de son propriétaire. Mais dans le problème qui nous occupe, à savoir si les autres sont bons ou mauvais ? Hein ?

Excellente question. Voyons voir. Les bons sont ceux qui font le Bien, les mauvais ceux qui font le Mal. Oui. Hm. A partir de là, ça devrait aller tout seul. Supposons un individu donné, quelqu'un d'extérieur à l'observateur. Appelons ce quelqu'un Q. Appelons O l'observateur. Bien. O observe Q et se dit : « Supposons que je sois à la place de Q. J'ai en face de moi un type nommé O qui porte une belle pelisse en peau d'ours toute neuve. Que me dis-je ? Je me dis : cette pelisse est neuve, et moi j'ai froid, et voilà l'hiver, et les ours sont fatigants à chasser, et leurs griffes c'est pas des traînées de morve. Que fais-je ? Je guette le moment où ce con de O tournera le dos, et hagne donc. » Parvenu à ce stade, O se dit : « Soumettons ceci à la sagacité de ma conscience. » Et il se bouche les oreilles, et il fait le vide en lui-même, sans toutefois quitter Q de l'œil ni sa massue de la paume, et il écoute avec attention. Il entend ceci :

— Brgmlbrgmlbrrr... Ici, la voix de votre conscience. Il y a de la friture sur la ligne. Vous devriez manger un peu moins d'ail, ça pue, chez vous, c'est pas croyable. Et puis, tâchez donc de penser un peu moins à des vulves nacrées et à leur banlieue, ça ne vaut rien pour ma tension...

Il répond cela :

— Conscience, on verra ces problèmes plus tard. Pour l'instant, je veux savoir ce que vous pensez des pensées de ce type, là, Q, telles que je viens de les reconstituer. Rogers.

A quoi la conscience rétorque :

— Je vous reçois cinq sur cinq. Les pensées dont vous parlez sont de très sales très abominables pensées.

O insiste :

— Pas de détails. Bien ou Mal ?

— Mal. Plein grand Mal. Cap droit au Mal.

— C'est tout ce que je voulais savoir. Merci, conscience. Over.

Voilà le travail. Maintenant, O est fixé. Il sait ce qui se passe dans la tête de ce sale foutu de fumier de Q. Il sait aussi ce qu'il lui reste à faire. Le méchant doit être puni, le Mal extirpé de la surface de la terre. Dès que Q tournera le dos, hagne donc.

Veuillez noter, au passage, que Q est lui aussi muni de cet utile instrument de navigation et que donc et par conséquent il n'y a aucune raison pour qu'au même instant il n'ait soumis à la sagacité de sa propre conscience un problème identique point pour point concernant O et n'en ait reçu des réponses symétriques et opposées par rapport à un axe X-Y, chose très jolie très ornementale, et l'on peut dire qu'il avait bien raison, le poète, quand il chantait en vers sublimes sur la lyre bien vernie la relativité des notions du Bien et du Mal dans l'espoir que les gens du château lui permettraient de tremper son nez sale dans la soupe du chien.

Alors, nos deux types, là, Q et O, oui, finalement, qu'est-ce qu'ils vont faire ? Oh, ces deux-là, eh ? Bof, qu'ils se démerdent.

⁂

Tout à fait au commencement, il y avait une seule société, et tous les hommes étaient dedans. Et puis les hommes croissèrent et se multiplièrent, et une seule société ça n'était plus assez, alors au bout d'un certain temps il y en eut plusieurs, et puis il y eut beaucoup. D'ailleurs, la mode avait changé. Au lieu de dire « société », on disait « pays », ça signifie la même chose mais quoi, faut vivre avec son temps.

Et alors il se produisit une chose bien pratique, vraiment. On s'aperçut un beau jour que les bons se trouvaient tous réunis dans un seul pays et que les méchants étaient dans tous les autres. Pour ne pas risquer de se tromper, on désigna le pays des bons par le mot « patrie », ce qui veut dire tous les autres pays c'est de la merde même si on est trop polis pour vous le dire en face.

Alors, là, je ne sais pas si vous imaginez les formidables possibilités de la chose, mais laissez-moi vous dire que ce fut une véritable révolution dans la morale, qui est, comme je vous l'ai dit, la science du Bien et du Mal. Tous les bons d'un côté, tous les méchants de l'autre, ça simplifie drôlement le problème, pardon.

Et voyez un peu quelle chance ! Le pays des bons, la patrie, c'était justement notre pays à nous. Ça, alors,

Bête à piquants annonçant à sa famille que l'homme vient d'inventer le bâton.

c'est du pot, non ? Naturellement, on était drôlement contents d'être de ce pays-là, puisque du coup on était tous bons, mais en même temps, de penser à toutes ces saletés de pays pleins de méchants (on les flétrit du vilain nom d'« étrangers », c'est tout dire) ça vous rendait enragé dans votre bonne conscience de bon. Sans compter que c'était dangereux.

Heureusement, on avait les Pense-pour-nous.

Les Pense-pour-nous, c'étaient des hommes tellement bons qu'ils étaient des millions de fois meilleurs que n'importe quel autre homme bon, et tellement intelligents tellement instruits qu'ils savaient dans le dedans de leur tête tout ce qui était bon pour les autres hommes.

Tenez, par exemple, c'étaient les Pense-pour-nous qui avaient compris les premiers que les pays étrangers étaient pleins de méchants et qui l'avaient dit aux autres bons. Ils ne le répétaient pas tout le temps, n'empêche, on le savait. En temps ordinaire, on faisait semblant de rien, pour ne pas vexer les étrangers et pour ne pas gêner le commerce. Mais, de loin en loin, les Pense-pour-nous révélaient que les méchants de tel ou tel pays étranger étaient devenus subitement encore plus méchants, et il fallait vite vite aller leur casser la gueule avant qu'ils ne viennent casser la nôtre, marchons, marchons, qu'un sang impur abreuve nos sillons, et ça s'appelait sauver la patrie, et après il y avait un beau défilé, et beaucoup de méchants étaient morts, et aussi beaucoup de bons, ce qui prouve qu'ils n'étaient pas si bons que ça, tout compte fait, et qu'un coup de balai de temps en temps ça ne fait de mal à personne, ceux qui restent sont des vrais bons de bons, ceux qui reviennent avec une jambe de bois sont un tout petit peu moins bons mais on ne le leur fera pas sentir, d'ailleurs ce qu'ils avaient de méchant est parti avec la jambe, et tiens, soyons pas vaches, on va leur donner une médaille à la place, quelle belle journée, comme c'est émouvant, tous les armistices c'est pareil : faut que tu rentres saoul perdu, à bas les méchants, vive les bons, à bas les méchants, vive les bons, à bas les méchants, vive les bons, vive les bons, vive les bons, vive nous !

Homme écoutant la voix de sa conscience.

VINGT-QUATRIEME LEÇON

Grâce à l'outil, l'homme a le bras long

Je vous ai dit un jour que ce qui distingue l'homme des animaux et des légumes, c'est l'intelligence. En gros, c'est vrai. En détail, c'est juste le contraire. Je vais vous faire voir.

L'homme est plus intelligent que tous les autres êtres vivants, là nous sommes d'accord, il faut bien que ce soit vrai puisque l'homme le répète tout le temps et que jamais une seule voix non humaine n'a levé le doigt pour protester. Mais « plus intelligent que », il n'y a pas que lui à pouvoir dire ça. L'homme est plus intelligent que, disons, l'orang-outan, qui lui-même est plus intelligent que le chien, surtout policier, qui lui-même est plus intelligent que l'éponge, qui elle-même est plus intelligente que la laitue Grosse Blonde des Vertus. Vous voyez, tout le monde est plus intelligent que quelqu'un, c'est vraiment un trait universel dans le règne animal, et l'on peut dire que l'homme, par cela même, est le plus animal de tous les animaux. Il n'y a vraiment pas de quoi faire tant le fier.

Allons plus loin. Prenons un rat. Prenons-le tout à fait au hasard. Prenons également une huître, non moins au hasard. Comparons leurs intelligences respectives au moyen du célèbre test du labyrinthe. Nous constatons qu'un rat est sensiblement plus intelligent qu'une huître, fût-elle perlière. N'importe quel rat que n'importe quelle huître. D'où la loi, attention : tous les rats sont exactement aussi intelligents les uns que les autres, en négligeant quelques nuances tout à fait négligeables et en exceptant, bien entendu, le cas des rats descendants d'alcooliques. Toutes les huîtres aussi, avec les mêmes réserves. Bien.

Maintenant, prenons les hommes. Un examen, même superficiel, vous confronte immédiatement à cette évidence : les hommes ne sont pas du tout égaux entre eux, question intelligence, je veux dire. Il y en a qui sont plus intelligents qu'un chimpanzé, certains même plus que plusieurs chimpanzés cousus ensemble, et il y en a d'autres qui sont moins intelligents qu'une patte de derrière de rhinocéros, ou qu'une gousse d'ail piquée dans un rôti de veau, ou que du vomi d'oursin, ou qu'un képi d'agent de police vide, ce qui était ce qu'on avait trouvé de plus lamentable en matière d'intelligence jusqu'au jour où l'on découvrit un képi plein.

Un animal quelconque ne peut jamais être un imbécile pour un autre animal de la même espèce. Un homme, si. Donc — nous y voilà ! — ce qui caractérise l'homme sans aucun doute possible, ce n'est pas tellement son intelligence supérieure, c'est la possibilité qu'il a d'être un con. Ceci est très important.

Il existe des hommes cons par rapport au degré moyen d'intelligence qu'on est en droit d'attendre d'un homme. Il n'existe pas de chien con, ni de crocodile con, ni de microbe de la fièvre jaune con. Ce qui distingue l'homme de la bête, c'est la connerie.

Deuxièmement — cherchez bien, il doit y avoir un premièrement quelque part — : l'homme a tendance à sous-estimer les autres créatures dans le seul domaine où il puisse se mesurer à elles sans faire rigoler tout le monde, j'ai nommé l'intelligence. Entre parenthèses, je ne sais pas si vous l'aviez remarqué, l'homme n'ac-

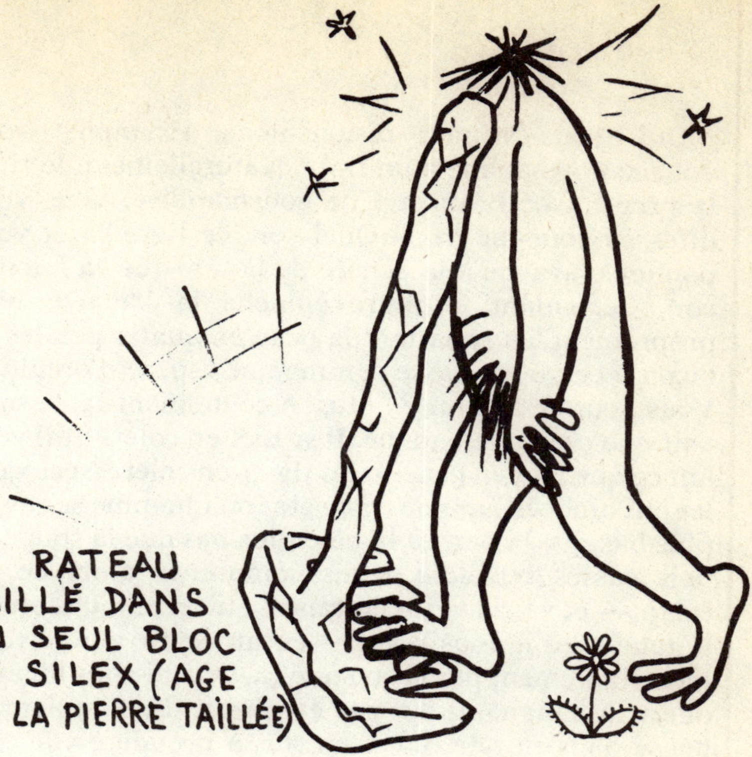

cepte la compétition que dans ce seul domaine, parce que là il est sûr d'avance de vaincre haut la main. Et après, naturellement, il prétend que ce domaine-là est plus important, plus noble, plus difficile que les autres, tout ça rien que pour se faire valoir. Ce n'est pas joli joli, question courage, esprit sportif, toute cette sorte de choses. Demander à un homme et à un éléphant d'extraire de tête la racine cubique de 3,141592653, c'est drôlement cousu de fil blanc. Même arrondi à 3,1416. Voilà comment l'homme remporte tous les premiers prix aux concours agricoles et d'entrée à Polytechnique. Les éléphants sont trop bons. Si j'étais éléphant, je refuserais de suivre l'homme sur ce terrain et je lui lancerais un défi au bras de fer, ah ah. Nous aurions alors une chance de voir des éléphants entrer à Polytechnique, et peut-être les choses iraient-elles mieux. Plus mal, c'est pas possible.

Oui. Sous-estimer, disions-nous. Exemple : vous donnez une banane à un tigre. Naturellement, le tigre la prend avec beaucoup de gourmandise. Vous vous dites en vous-même : « Quel con, ce tigre ! » et vous pouffez d'avance à la pensée de la tête que va faire ce con. Cependant, le tigre épluche la banane, bien proprement, en rabattant la peau en quatre pétales de façon à ce que ça fasse comme une espèce d'orchidée. Vous pouffez de plus en plus. A ce moment-là, le tigre voit que c'est une banane. Il se met en colère et il vous fait ce que font en général les tigres en colère à ceux qui les ont amenés dans ce triste état où l'homme se ravale plus bas que la bête et la bête plus bas que la soupe de pois cassés refroidie. Vous comprenez alors en un éclair — et vous avez bien raison : un éclair, c'est juste le temps qu'il vous reste — en un éclair que le tigre n'est finalement pas si con que ça. Quand vous lui avez offert la banane, il n'a pas été dupe. Il a simplement pensé dans sa tête oui, bien sûr, à première vue ça a l'air d'une banane, il faut être vraiment con et ignorant pour offrir une banane à un tigre, et téméraire, en plus, mais non, ce petit mec tout chétif tout blême avec sa grosse tête, ses pattes sans griffes, sa gueule sans crocs et son vilain cul sans poils tout barbouillé de caca

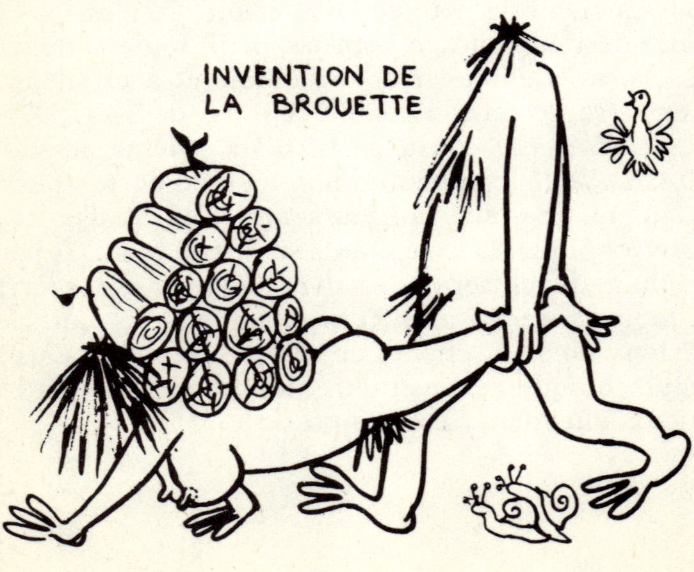

n'oserait jamais faire une chose pareille au seigneur tigre, donc à première vue ça a l'air d'une banane mais c'est pas une banane, c'est rien qu'une peau de banane, à l'intérieur il y a une saucisse de Francfort, une grosse avec de la moutarde, j'adore, c'est une façon ingénieuse et délicate de me l'offrir, je vais pouvoir la manger sans me salir les pattes, mon Dieu quel raffinement exquis chez ces petites bêtes ! Et puis le tigre a commencé à éplucher la banane ainsi que nous venons de le voir, et alors il a compris que non, vous êtes décidément con et ignorant et la suite de cette affaire ne regarde strictement que lui et vous.

⁂

On a longtemps enseigné que l'homme se distingue de la bête parce qu'il emploie des outils. Voilà qui semble une voie intéressante. Regardons cela d'un peu plus près.

Qu'est-ce qu'un outil ? Un outil est un objet qui sert à effectuer un travail précis ou à se crever un œil quand on n'a pas l'habitude. D'où l'on déduit que le travail a précédé l'outil. Nous avançons. Question suivante : existe-t-il, à part l'homme, des bêtes assez bêtes pour travailler ? Nous devons hélas reconnaître que oui. Pas beaucoup, il faut le dire. Les bêtes travailleuses le plus souvent citées dans les livres de lecture pour la jeunesse sont le castor, l'abeille, la fourmi et le bacille de Koch, plus familièrement appelé « le termite du poumon ». Nous ne voulons parler, naturellement, que des bêtes qui s'adonnent spontanément au travail. Celles qui ne travaillent que contraintes et forcées par l'homme n'ont pas leur place ici. Eh oui, chers petits amis, sans doute serez-vous douloureusement étonnés d'apprendre que le cheval, l'âne, le bœuf, la puce savante et les gentilles bactéries de nos intestins qui transforment avec zèle et diligence les dons de Dieu en merde ne travaillent pas vraiment de bon cœur au bien-être de leurs excellents maîtres. Pour tout vous dire, l'homme est obligé de les châtrer préalablement et puis de les fouetter avec régularité s'il veut obtenir de ces paresseux qu'ils accomplissent la tâche pour laquelle ils ont été créés et mis au monde. La castration solennelle des bactéries de l'intestin sans se salir les doigts est chez tous les peuples civilisés l'occasion d'une belle et émouvante cérémonie qui a lieu dans la nuit du 24 au 25 décembre. Notez cela, je vous prie.

Examinons un castor au travail. Ce sympathique animal coupe activement au ras du sol les troncs d'arbres jeunes et pleins de sève, les fait tomber à l'eau et les maçonne d'argile de façon à édifier un imposant barrage hydraulique qui lui servira à produire du courant électrique pour éclairer sa pittoresque demeure. Le castor utilise-t-il des outils ? Oui, répondez-vous tous ensemble : une truelle et une scie. Vous êtes de petits sots. Regardez mieux. Ne voyez-vous pas que cette truelle n'est autre que sa queue, aplatie en forme de truelle par la prévoyante nature, et que cette scie, ce sont ses testicules, dentelés et affûtés par la même prévoyante nature qui, si elle peut faire une truelle d'une queue, n'est pas plus embarrassée pour faire une scie d'une paire de couilles. Donc, ça ne compte pas. Pour qu'il y ait outil à proprement parler, il faut que l'animal utilise un objet pris en dehors de son propre corps. L'abeille, la fourmi et les autres bêtes dites industrieuses nous décevraient de la même manière. Epargnons-nous ces désillusions pénibles.

⁂

Promenons-nous dans une forêt tropicale. Bing ! Que recevons-nous sur la figure ? Une noix de coco. Qui a lancé la noix de coco ? Un singe. Pourquoi l'a-t-il

L'INVENTION DE LA TRUELLE
L'homme sut toujours être attentif aux leçons du grand livre de la Nature.

lancée ? Pour nous faire mal. Nous a-t-il fait mal ? Oui. Donc, il a atteint le but qu'il s'était fixé. Donc, la noix de coco peut être considérée comme un outil. Et voilà ! Le premier utilisateur d'un outil n'était pas, comme nous le croyions, un animal travailleur et économe, mais le plus paresseux, le plus tête en l'air, le plus farceur de tous les animaux : le singe. Ceci est un paradoxe. Un paradoxe, c'est ce que les gens instruits disent qu'est une chose quand elle est juste le contraire de ce qu'ils avaient prédit qu'elle serait.

Nous pouvons donc, disais-je, considérer la noix de coco comme le premier outil. Pourquoi la noix de coco et pas, par exemple, le caillou ? Parce que la noix de coco est juste sous la main quand on est en haut de l'arbre et qu'on a envie de faire du mal à quelqu'un qui est en bas. Le caillou, il faut commencer par descendre le ramasser, et après il faut le remonter là-haut, et d'abord c'est lourd, et ensuite on a changé d'idée le temps de faire tout ça. Je vous avais prévenus que le singe est feignant et tête en l'air. S'il n'était pas comme ça, jamais il ne nous aurait laissés prendre la tête de la création et c'est nous qui nous trouverions du mauvais côté des grilles du zoo.

La gloire immortelle de l'homme dans les siècles des siècles restera d'avoir franchi l'étape entre la noix de coco et le caillou. Etape décisive.

Ce n'est pas tellement que l'homme soit moins feignant que le singe, mais le caillou était à terre alors que la noix de coco était là-haut, et l'homme aussi était à terre, et même si c'est fatigant de se baisser ça l'est toujours moins que de grimper dans les arbres, et moins dangereux, aussi. Secouer le cocotier ? Pour tout recevoir sur la gueule, merci bien ! Notons en passant que l'homme est encore plus feignant que le singe puisqu'il ne grimpe même pas aux arbres. Pour pénible qu'elle soit à entendre, la vérité doit être dite.

Voici, à mon avis, comment les choses se sont

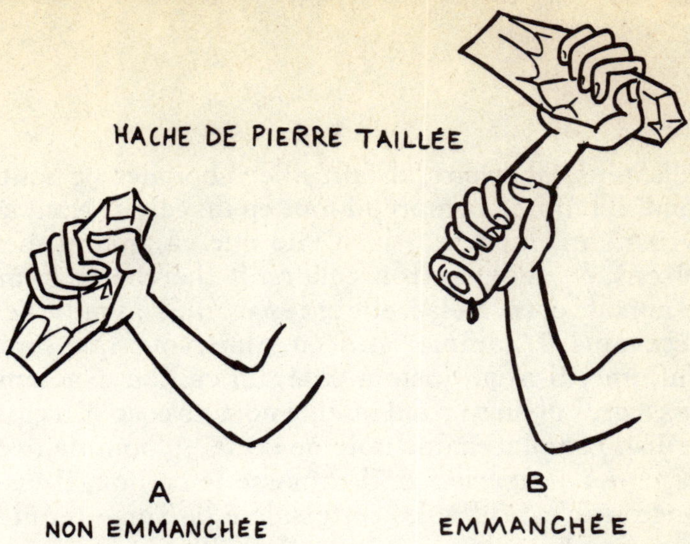

passées. Un singe, du haut d'un cocotier, vit passer un homme et, suivant la coutume des singes, il lui lança une noix de coco. La noix de coco frappa la tête de l'homme avec un bruit éclatant, et l'homme tomba, et il ne bougea plus. Le singe rit comme un singe bossu tout en se masturbant de plaisir. Il n'aurait pas dû. D'abord parce que, du point de vue pratique, l'opération n'était pas aussi brillante que l'on pourrait croire. L'homme était abattu, certes, mais il était en bas, et le singe était bien trop feignant pour descendre le ramasser. Et puis, de toute façon, les singes ne mangent pas de l'homme. Par contre, ils mangent des noix de coco. Or le singe avait perdu une noix de coco dans l'affaire, et encore, parce qu'il avait fait mouche du premier coup. Bilan : une noix de coco de perdue. Oui, mais un bon rire vaut un bifteck... Attendez seulement la suite. Bifteckera bien qui rira le dernier.

Deuxième temps. L'homme bat des paupières et dit : « Où suis-je ? » Il n'était donc pas mort ? Faut croire que non. Il a très mal à la tête. Il voit la noix de coco par terre, il entend le singe rigoler comme un fou, là-haut, et crier très fort pour aider l'orgasme à venir car il s'offre une deuxième masturbation en l'honneur de ce beau jour et naturellement la seconde fois c'est déjà plus laborieux, il faut aller chercher ça tout au fond. L'homme comprend tout en un éclair. Non, là, le lyrisme m'emporte. Pas si vite que ça, quand même. Disons, en deux ou trois éclairs. Il cherche de la main la noix de coco. Hélas, elle est éparpillée en mille éclats décevants. L'homme est déçu. Mais voici que son œil s'allume. Il a vu, juste à côté, un caillou exactement aussi gros et aussi rond qu'une noix de coco. Un caillou peut-il remplacer une noix de coco ? L'homme décide de tenter l'expérience. Il ramasse le caillou, il vise le singe — c'est difficile, cette saleté de singe remue de plus en plus vite —, il lance le caillou... Ouais ! ! En pleine gueule ! Juste au moment où l'orgasme arrivait. Le singe jouit comme vingt mille singes, et crève. Tout ce qu'on voudra, c'est une belle mort. Et tombe, badadzouinck, aux pieds de l'homme, qui l'emporte et puis le mange sans autre forme de procès.

***

Le caillou employé de la façon que nous venons de voir constitue ce qu'il est convenu d'appeler un outil de jet. L'homme, pendant longtemps, ne connut que les outils de jet. C'était mieux que pas d'outils du tout, mais il faut bien reconnaître que le champ d'application en était assez limité. Pour vous faire une idée, un peigne de jet, une brouette de jet, un rasoir de jet, eussent nécessité une maîtrise parfaite de l'instrument et donc un apprentissage long et fastidieux. On préférait se peigner avec les doigts, véhiculer la terre et les choses sales sur la tête des femmes et se raser avec les ongles, en creusant dans la viande des joues pour arracher le poil. La civilisation piétinait. Comment l'homme parvint-il à passer de la notion d'outil de jet à la notion d'outil de poing ? Comme je vais vous dire.

Par une claire matinée de printemps, un homme vit un merle sur une branche fleurie. Cet homme était sorti pour chasser la grive, mais il se dit que, bof, ça ferait quand même l'affaire, et il lança son caillou de jet vers le merle. Le caillou prit son vol suivant une trajectoire tendue et frappa le merle, bong, juste à l'endroit où il aurait frappé une grive si c'en avait été une. Le merle cessa de siffler bêtement et tomba en tournant lentement sur lui-même comme s'il était mort, car il était mort. Jusqu'ici, dites-vous, rien d'extraordinaire. Je vous l'accorde bien volontiers. Examinons les choses de plus près. Hé, hé, voici que nous nous apercevons que le jet de ce caillou présente une particularité que n'avaient pas les jets de cailloux précédents. Cette particularité consiste en ce que, cette fois, le caillou jeté n'est pas arrivé seul au but. Le jeteur de caillou est arrivé avec lui, après avoir suivi la même trajectoire. Ah. Explication : l'homme avait ramassé ce caillou par terre au pied d'un grand sapin d'où suintait de la résine. Le caillou était tout poisseux de résine et, quand l'homme l'avait lancé, sa main était restée collée au caillou par la résine et l'homme avait à sa grande surprise suivi le caillou à travers les airs. Et quand le caillou avait frappé le merle, l'homme était au bout du caillou et il avait senti un grand choc dans sa chair, et c'était la mort du merle qui passait en lui, et c'était très bon, tellement bon qu'il avait poussé un petit cri et un peu taché son pagne en peau de lézard.

Après cela, l'homme avait voulu savoir si ce serait aussi bon dans toutes les circonstances de la vie, par exemple pour cogner sur la femme, ou sur le bébé, ou sur le cheval, et alors il fit des essais, et oui, en effet, c'était très très bon, vraiment extra, on sentait bien à fond jusque dans ses os à soi craquer les os de la femme, ou du bébé, ou du cheval, quoique pour le cheval certains effets secondaires rendissent préférable le retour à l'ancien système, tout au moins jusqu'à ce qu'on ait inventé une espèce de caillou plus long, genre fouet, si vous voyez ce que je veux dire.

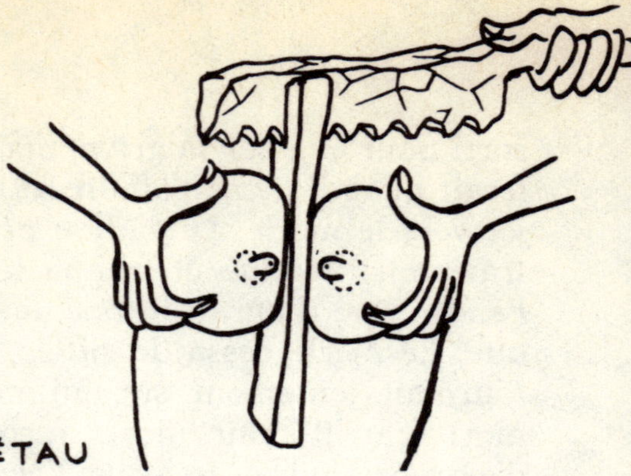

LE PREMIER ÉTAU

Enfin, bon, l'outil de poing était né. Le reste va être très facile, maintenant, vous verrez.

***

N'oubliez jamais que le premier outil était un gros caillou rond comme une noix de coco. Tous les autres sont sortis de celui-là.

L'homme s'aperçut assez vite que la résine de sapin n'était pas absolument nécessaire pour que le caillou et lui-même fussent intimement unis. Il lui suffisait de serrer très fort le caillou dans son poing, ça marchait très bien. Et alors, bon, tout heureux il cogna à coups de caillou sur tout ce qui l'entourait et il remodela le monde sur des bases plus humaines. Mais bientôt la marche triomphale du progrès se heurta à de nouvelles limites.

Un gros caillou rond, c'est un outil parfait pour casser des noix, pour faire des trous ronds dans une motte de beurre, pour endormir le petit ou pour faire sauter une dent de sagesse, mais quand il s'agit de travaux plus délicats, comme par exemple extraire une écharde, manger la soupe, souffler dans le cul d'un crapaud ou tailler de jolis copeaux dans un petit bout de bois, ça laisse à désirer.

L'homme voyait bien qu'il lui fallait encore perfectionner l'outil. Il ne demandait d'ailleurs pas mieux, mais il ne savait pas comment. Heureusement, le hasard veillait. Un jour, un homme dans la force de l'âge, nommé Lulu, donna, pour des raisons strictement personnelles, un énorme coup d'outil en pleine figure à un homme nommé, allez savoir pourquoi, Pet-Foireux. Or Pet-Foireux, à la même seconde, donnait à Lulu un coup d'outil d'une merveilleuse violence. En pleine figure, naturellement. Ce n'est pas là que ça fait le plus mal, mais c'est là que c'est le plus joli pour ceux qui regardent. Ici, faites bien attention. Les deux coups d'outil se rencontrèrent à mi-chemin, il y eut un grand bruit clair et des étincelles et les deux outils furent quatre outils, mais plus petits, Ça, alors !

Quatre outils, parfaitement. Eparpillés par terre avec autour quelques gouttes de sang et quelques morceaux de doigts. Lulu et Pet-Foireux furent très étonnés de cela, mais ils ne voulurent pas avoir l'air de ploucs et d'ignorants, et Lulu dit : « Je le savais, que ça allait faire ça. » Et Pet-Foireux dit : « Moi, c'est juste ça que je cherchais à faire. » Et ils ramassèrent leurs morceaux de silex — Vous ai-je dit que c'étaient des outils de silex ? — pour rentrer à la maison. Mais voilà que Lulu cria : « Aïe ! » et que Pet-Foireux cria : « Ouille ! » car les morceaux d'outils les avaient mordus aux mains. Ils eurent d'abord très peur de ces cailloux qui mordaient les gens, mettez-vous à leur place, surtout que leurs doigts saignaient très fort. Et puis ils regardèrent ça à tête reposée, et voici : les morceaux de cailloux n'étaient plus ronds comme avant d'être cassés. Leurs bords étaient tranchants comme les dents de la belette, et ils mordaient. Ils mordaient n'importe quoi : des carottes sauvages, des morceaux de bois, les doigts... Ils mordaient juste où on voulait qu'ils mordent, juste comme on voulait, ni plus ni moins, il suffisait de les guider. Vous avez compris que Lulu et Pet-Foireux avaient inventé l'Age de la Pierre Taillée.

A partir de là, tout alla très vite. Un homme de génie fit un trou dans un outil en pierre taillée, il y mit un manche et cela fit une hache. Un autre fit quatre trous, y passa les doigts, et cela fit un coup-de-poing américain. Un autre inventa le couteau à six lames, un autre la brouette, un autre le cure-dents, un autre l'ouvre-boîtes pour manger le dedans des tortues — jusque-là, on se contentait de lécher la carapace en bavant de convoitise — un autre la pince à épiler pour manger les hérissons, un autre le râteau qui saute au nez pour farces de bon goût, un autre le thermomètre médical... Tout cela en silex taillé. Pendant des millénaires, l'homme tailla le silex. Jusqu'au jour où un homme de génie eut l'idée d'utiliser les branches des arbres, les bâtons furent en pierre taillée.

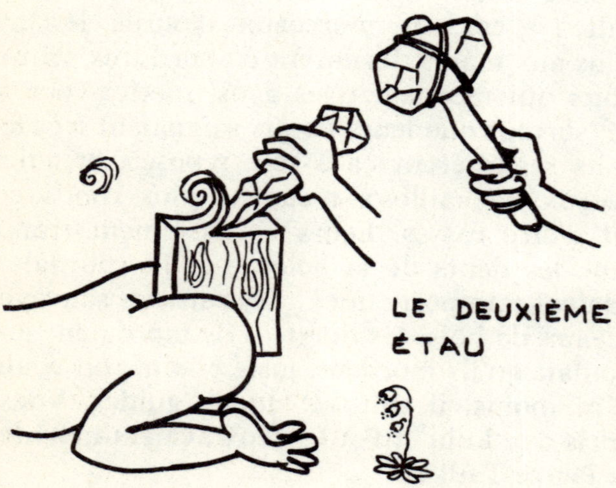

VINGT-CINQUIÈME LEÇON

L'homme devient paysan
Apparition de la sueur

Au joli temps de la nuit des temps, les hommes ne cultivaient pas la terre. Ce n'était pas la peine. Tout ce qui leur était nécessaire se trouvait tout prêt dans la nature, il suffisait de tendre la main. Tu tendais la main, tu la plongeais dans la verdure épaisse, n'importe où, sans regarder, tu ramenais quelque chose. A tous les coups. Et, en plus, tu avais la surprise. Des fois c'étaient des mûres toutes noires bien sucrées, des fois c'était une chicorée frisée très tendre, des fois une citrouille, des fois un lapin, des fois un aurochs, des fois un tigre. Naturellement, il ne fallait pas faire la fine bouche. Tu mangeais ce que tu ramenais, si t'en avais pas assez tu recommençais, de toute façon c'était de la bonne marchandise, rien que du sain, rien que du naturel. Dans ce temps-là, la nature était écologique et l'homme avait bon appétit. C'est parce qu'il était toujours au grand air, forcément.

Tout ça, je vous l'ai déjà dit, peut-être pas tout à fait exactement comme ça, j'ai changé quelques mots par-ci par-là sans ça vous m'auriez traité de voleur, mais enfin, pour l'essentiel, vous êtes au courant. Pourquoi cela ne continua-t-il pas comme ça jusqu'à nos jours ? Eh oui, vous avez mis le doigt dessus, c'est bien là la question. En fait, ce n'est pas simple. Je vais vous expliquer.

L'homme n'avait rien d'autre à faire qu'allonger la main, manger, boire, roter et dormir. Et faire l'amour ? Et faire l'amour. Ça lui laissait quand même du temps de libre. Pour passer le temps, l'homme s'amusa à inventer des inventions.

C'est ça l'emmerdant, avec lui. Les autres, quand ils n'ont rien à faire, ils se grattent s'ils ont des poils, ils sifflent s'ils ont des plumes, ils se masturbent s'ils ont des mains, enfin ils s'amusent gentiment et ne risquent pas de perturber l'ordre naturel des choses. Au lieu de cela, l'homme, faut que ça soulève les vieilles pierres rien que pour voir ce qu'il y a dessous, faut que ça foute le feu rien que pour inventer le feu, faut que ça tue tout ce qui bouge parce que ça vient d'inventer l'arc et qu'il faut bien tirer sur quelque chose... Vous voyez, des trucs comme ça. C'est parce que l'homme est la seule bête au monde à avoir un cerveau dans la culotte, voilà, c'est ça, vous avez tout compris, nous avons étudié cela au chapitre un, nous n'y reviendrons pas.

Enfin, bon, l'homme inventa la roue, le feu, le fil à couper le beurre, le fil à sécher le linge et le fil à double effet, qui séchait le linge et coupait le beurre en même temps. Il inventa l'échelle sans barreaux qui permettait de descendre très vite, il inventa le patin de feutre pour ne pas salir la boue quand il avait plu, la pierre de jet à manche, l'arc-mitrailleuse à cordes multiples... Tant et tant de merveilles !

Naturellement, des merveilles qu'on ne s'en sert pas, c'est comme pas de merveilles du tout, pareil. Tel que nous le connaissons, l'homme ne pouvait pas ne pas se servir de ses merveilles, vous pensez bien, c'était très rigolo très amusant, il s'en servit beaucoup, il y avait des merveilles qui étaient plus rigolotes encore que les autres, à s'en faire péter les boyaux du ventre de rigolade, oh la la, par exemple l'arc-mitrailleuse que je vous causais tout à l'heure, soixante flèches à la minute, tchiak tchiak tchiak, n'importe où dans la verdure, pas besoin de viser, soixante fois dans le mille, dzouinn dzouinn dzouinn, biches faons lapins perdrix perdreaux cochons cerfs faisans hérissons perroquets lézards aurochs tigres écrevisses singes escargots. Un raton-laveur. Bouffer tout ça on pouvait pas. D'abord, pour bouffer, pas besoin de se donner tout ce mal : suffisait de, comme je vous l'ai dit, tendre la main. Alors quoi ? Alors ça restait là, par terre, à saigner pourrir charogner. Puer. Vraiment très fort, puer. Et bon, on allait ailleurs, plus loin, dans un coin pas encore puant. D'ailleurs, ces choses à manger, c'était très contrariant : plus on en tuait pour s'amuser, moins il en restait pour manger. C'est à cause d'une loi de la nature qu'il y a dans la nature. Les lois de la nature, tant qu'on n'a pas essayé, on ne peut pas savoir comment elles sont. Là, il y avait une chance sur deux : peut-être que quand on tue toutes les bêtes il y en a davantage, ou peut-être qu'il y en a moins. Si c'est le premier cas, ça veut dire que la nature est sympa et optimiste et pas fière avec l'ouvrier. Si c'est le deuxième, ça veut dire qu'on est dans une nature rapiate, et mesquine, et bêcheuse, et lèvres serrées, et constipée, une salope de vieille fille de nature bien contente d'en faire baver aux gens.

Et voilà, pas de doute : on est tombés sur une nature peau de vache. Manque de pot. Ou alors c'est qu'elle joue nos vies à pile ou face, ce qui n'est pas sérieux sérieux, si vous voulez le fond de ma pensée.

***

A force d'aller plus loin et plus loin, voilà qu'on était revenus à l'endroit d'où l'on était partis. On avait tourné en rond, oui, c'est ça. Les bêtes ne puaient plus, depuis le temps, et ça, c'était bien. Mais aussi elles n'étaient plus là, et ça, c'était moche. Plus moyen de

L'HOMME INVENTE

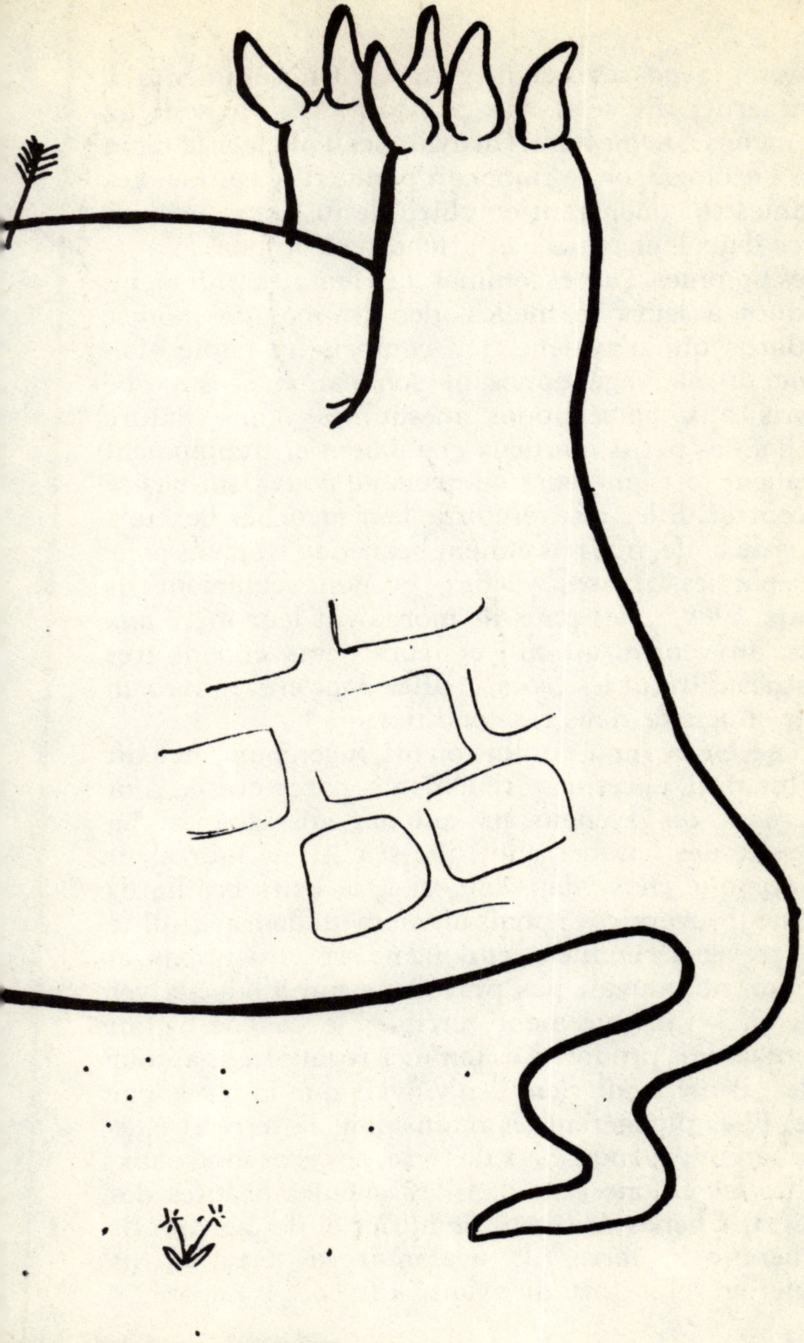

LE GASPILLAGE

s'amuser avec ses beaux gadgets. On commença à s'emmerder. Et ce n'était pas tout. Vers le soir, on commença à avoir faim. On avait beau plonger la main dans l'écologie, on la ramenait pleine de rien. Aïe. Les hommes se couchèrent en chien de fusil, mirent leur pouce dans leur bouche et attendirent la mort.

Les hommes. Pas les femmes. Les femmes traînaient, pendues à leurs mamelles, des grappes de mômes chialards qui n'avaient rien compris au noble stoïcisme du sauvage opposant son calme et superbe mépris aux persécutions mesquines d'une nature hostile. Ces petits merdeux gueulaient et trépignaient tellement fort que leurs mamans ne pouvaient pas se concentrer. Elles essayèrent de leur arracher la tête à coups de baffe, mais ils étaient beaucoup trop vifs pour ces épaisses grosses vaches, et non seulement ils évitaient les baffes mais ils mordaient leur mère aux seins, au ventre, au cul, et leurs dents étaient très pointues, surtout les crocs, et allez donc crever avec un noble stoïcisme dans ces conditions-là !

La nécessité rend, comme on dit, ingénieux. On a dit ça plus tard, après ces événements, parce que ce sont justement ces événements qui ont enseigné ça. La nécessité des femmes était que si elles ne fourraient pas quelque chose dans le gosier de leurs braillards elles ne trouveraient jamais un moment de tranquillité pour crever décemment, et donc ne crèveraient pas, et alors on ne pouvait pas prévoir ce qui allait arriver mais ça serait sûrement terrible, le cas ne s'était encore jamais produit. Les femmes regardèrent autour d'elles, il n'y avait rien, il n'y avait que la terre, par terre. Elles plongèrent les mains dans la terre et elles ramenèrent des morceaux de terre, des gros morceaux, et elles les enfoncèrent dans les gueules béantes des bébés. Les bébés cessèrent de hurler et de mordre. Ils mâchèrent la terre, ils avalèrent la terre, et ils gueulèrent plus fort qu'avant. « Encore ! Encore ! »

gueulaient ces pauvres petits innocents. Leurs mamans recommencèrent, un peu étonnées de les voir si contents de manger de la terre, et très déçues de voir qu'ils n'en crevaient pas. Elles regardèrent un peu mieux cette saleté de terre, et voici : il y avait dedans des choses grosses et croquantes et pleines de jus, des choses pas très bonnes à manger et même des fois pas bonnes du tout, et même franchement dégueulasses si on les comparait aux cuisses d'aurochs, aux lapins dodus et aux cailles fortifiantes dont on avait coutume de se nourrir avant ces jours de suie et de calamité. De récentes découvertes archéologiques ont apporté la preuve que ces choses étaient des betteraves sauvages, des carottes farouches, des navets barbares, des patates brutales et des truffes indomptables. Les femmes remplirent leurs ventres avec ces choses, et les enfants aussi remplirent leurs ventres, et leurs ventres furent énormes car il faut manger beaucoup de ces choses pour en tirer moitié autant de forces que d'un œuf de pigeon, et les hommes virent ces ventres, et ils donnèrent aux femmes des coups de pied dans l'estomac afin qu'elles leur vomissent directement dans la bouche cette nourriture qui gonflait leurs ventres, et les femmes leur montrèrent où se trouvaient ces choses, sous la terre, et les hommes dirent bon, creusez la terre et trouvez ces choses, trouvez-en beaucoup, et versez-les dans nos gosiers, et n'arrêtez jamais de creuser et de verser, creusez de la main droite et versez de la main gauche, enfin, démerdez-vous, quoi, j'ai causé. Ugh.

⁂

Par la suite, l'homme apprit à user avec plus de discernement des trésors que lui dispensait la nature. De toute façon, la nature en avait pris un bon coup et c'était bien fini l'ère de l'exubérance et de tout à gogo

LA PREMIERE CHARRUE

et des alouettes qui te tombent toutes rôties dans le bec. Il fallait désormais aller chercher la nourriture dans les bois, dans l'herbe, sur les arbres, sous la terre, parfois très loin. Naturellement, c'était l'affaire des femmes, mais si l'on avait justement envie de tirer un coup pendant que ces feignantes-là étaient parties au-delà des montagnes moissonner le blé sauvage, on était frustré et cela pouvait entraîner de graves traumatismes psychiques. Ici se place un événement important.

Tandis que les femmes, comme c'était leur devoir, leur vocation et leur suprême bonheur, pourvoyaient à la nourriture de leurs mâles, de leurs petits et à tous les menus travaux dégradants, les hommes mangeaient et digéraient comme aux vieux temps de la grande abondance. Ils avaient de belles et fortes dents blanches bien écartées, et entre ces dents se coinçaient de petits morceaux de nourriture, et cela leur agaçait les gencives. C'est pourquoi, dès que le cure-dents eut été inventé, ils se curèrent les dents avec ardeur et poussèrent un « Ah ! » de soulagement. Depuis ce jour, le curage des dents occupe une place importante parmi les occupations de l'humanité.

Promenons-nous dans les prés fleuris. Observons un

homme qui se cure les dents. Que voyons-nous ? Au fur et à mesure que l'outil agile s'active dans les interstices de sa denture, l'homme crachotte avec énergie les produits d'extraction tout autour de lui. Bien. A l'époque notoirement préhistorique dont nous nous occupons, il en allait de même. L'homme ne bougeant jamais de place — pourquoi l'aurait-il fait ? — les produits d'extraction de son intense activité buccale tombaient tout autour de lui selon un périmètre circulaire dont le rayon variable était compris entre deux grandeurs extrêmes, l'une maximale, l'autre minimale, formant ainsi un anneau de déjections de largeur remarquablement régulière. Ces déjections se composaient de matériaux variés : pépins de pomme et de citrouille, grains de blé, noyaux de cerises, de prunes ou de pêches, cailloux de lentilles, os de lapins, plumes de faisans, cornes d'aurochs... Or — or ! — voici que tout autour de l'homme, précisément sur cet anneau, se mettaient à pousser et à grandir et à fructifier et à mûrir des tas de bonnes choses : du blé, des citrouilles, des pommiers, des cerisiers, des pêchers, des lentilles... L'homme allongeait la main et mangeait cela, et il se disait que le bon vieux temps était peut-être bien en train de revenir.

Les femmes virent cela et elles pensèrent dans leurs têtes de femmes feignantes et évaporées : « Pourquoi là

LA DEUXIEME CHARRUE

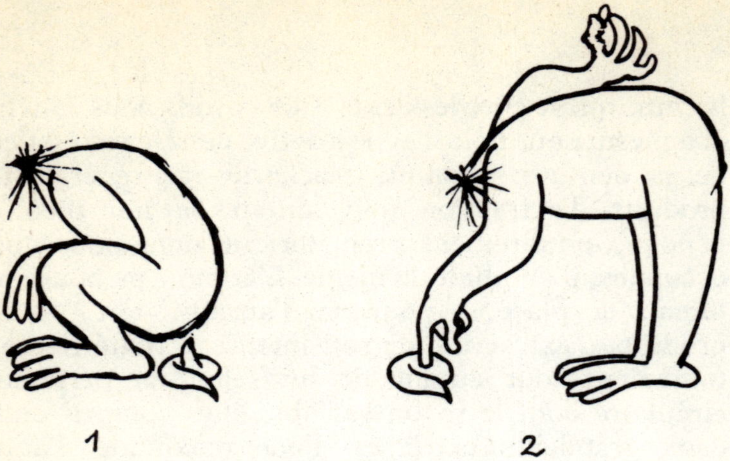

APRÈS LA DÉCOUVERTE DE L'ENGRAIS :

et pas ailleurs ? » Elles regardèrent de tout près, et voici : il y avait par terre les choses crachées par les hommes, et c'est de ces choses que sortaient de nouvelles choses bonnes à manger. Du grain de blé sortait une petite herbe à blé toute petite toute faible, et puis cette herbe grandissait, et elle portait du grain, elle en portait beaucoup. Du pépin de citrouille sortait une petite herbe à citrouilles, et elle grandissait, et elle portait des citrouilles, beaucoup et fort grosses. Du pépin de pomme sortait un pommier avec ses pommes, du noyau de pêche un pêcher avec ses pêches. Ça, alors !

Les femmes appelèrent cela « germer », et elles virent que germer était bon. Elles mirent du blé dans leurs bouches, et elles crachèrent sur la terre, et elles appelèrent cela « semer », et le blé germa, et il y eut beaucoup de blé sans avoir à se déranger. La même chose pour les citrouilles, pour les pommes, pour les lentilles, et tout cela germa, et poussa, et mûrit, et on eut beaucoup à manger. Elles semèrent aussi des os de lapin, des plumes de faisan et des cornes d'aurochs, mais il ne poussa que des chiens et des mouches vertes, c'est vraiment bizarre, la nature.

LE GESTE AUGUSTE DU SEMEUR

Vous avez compris qu'elles avaient inventé l'agriculture. C'est une date très importante. Par la suite, l'agriculture se perfectionna. Par exemple, on s'aperçut que ça poussait mieux quand on enterrait la graine dans une terre bien remuée. On inventa de creuser des sillons avec un machin nommé « charrue ». Il y fallait une grande force, si bien que l'agriculture, jusque-là ouvrage de dames exclusivement, s'ouvrit aux hommes : ils guidèrent la charrue tandis que la femme la tirait.

Dans ce temps-là, toute la famille soulageait ses entrailles là où ça les prenait. Et voici que l'on vit que les choses à manger poussaient bien mieux quand un caca était tombé sur la graine. Découverte d'une portée immense ! L'humanité était entièrement tributaire de l'agriculture, elle-même tributaire de la merde. On recueillit avec un soin extrême la précieuse matière. Les grands de ce monde déféquaient dans des vases d'or, de rubis et de lapis-lazuli et tenaient à procéder eux-mêmes à la répartition de la pâte divine au pied de leurs légumes préférés. Il y eut chaque année les grandes fêtes de la Merde, où la bienfaisante matière était à l'honneur. Au milieu d'une liesse incroyable, hommes, femmes et enfants, couverts des pieds à la tête d'une épaisse couche de merde sculptée en pleine pâte, chantaient l'hymne à la Merde, s'empiffraient de gâteaux de merde et buvaient à pleins tonneaux la merde liquide fermentée jusqu'à l'ivresse totale.

La civilisation de la Merde connut une apogée splendide. Hélas, comme de toute entreprise humaine, la rapacité vint en ternir l'éclat et en précipiter le déclin. Bientôt, les Grandes Guerres Merdiques ravagèrent la planète. Les peuples de proie menèrent des expéditions de rapine et de massacre, rapportant triomphalement les tinettes débordantes prises à l'ennemi. Le peuple en délire s'en barbouillait en des saturnales inouïes. On ramenait d'immenses cohortes de prisonniers de guerre qui, toute leur triste vie, étroitement enchaînés, devraient chier sans relâche sur les légumes. Le fouet, la purge permanente et les nourritures infectes — on croyait que plus la merde puait, meilleure elle était — avaient tôt fait d'avoir raison de ces malheureux. Ils rendaient l'âme en un suprême éclaboussement de diarrhée et leur corps était aussitôt livré aux cochons qui le transformaient en la matière fécale de haute qualité dont ces sympathiques animaux ont le secret.

Ah, le poète a bien raison lorsqu'il dit que ces temps heureux étaient autrement hauts en couleur que nos tristes époques d'engrais chimiques !

TABLE

L'impression de ce livre
a été réalisée sur les presses
des Imprimeries Aubin
à Poitiers/Ligugé

pour les Éditions Belfond

Achevé d'imprimer en mars 1984
N° d'édition, 667 — N° d'impression, L 16494
Dépôt légal, mars 1984

Imprimé en France